C
H
V

Herbert Heckmann

Der große Knock-out in sieben Runden

Roman

Carl Hanser Verlag

ISBN 3 446 11576 5

Umschlagentwurf: Heinz Edelmann
Gesamtherstellung:
Graphische Werkstätten Kösel, Kempten
Printed in Germany

And when I got to America
I say it blew my mind
And when I got to America
I say it blow my mind
Eric Burdon

1. Runde

Versuch auf den Gegner einzugehen.
Störaktionen mit der Linken.

Nach Neuyorkien, nach Neuyorkien
Sollst du jetzt das Geld mir borgigen,
Wo die Ware stumm sich kreuzt,
Wo genest der Europarier,
Wo der letzte Proletarier
Sich in seid'ne Tücher schneuzt –
Dahin, Alter, laß mich ziehn!

(Ludwig Eichrodt)

Mein Vater ließ mich viel auswendig lernen. Er freute sich, wenn ich den Reim fand. Aber er konnte es nicht verhindern, daß ich mir neue Reime ausdachte, die den Sinn verdarben. Ich wurde nach dem Kriege in einer kleinen hessischen Stadt geboren und besuchte nach dem glücklichen Verlauf einiger Kinderkrankheiten die dortige Volksschule, in der mein Vater sein Wissen unter die Kinder verteilte. Ich lernte das Zeichnen von Hühnereiern, Weihnachtsmännern und Standuhren. Nebenher laß ich die »Vollkommene Ehe« und Comic strips. Ich erhielt einmal einen Tadel wegen provozierenden Niesens. Meine Mutter strickte mir warme Strümpfe. Als ich 9 Jahre alt war, pflanzte ich eine Eiche in den Garten unserer Schule, während ein Minister von der Zukunft redete. Aus der Eiche wurde genau so wenig wie aus der Zukunft. Ich hatte zur selben Zeit einen Goldhamster, der sich in einer Drehtrommel Bewegung verschaffte.
Im Gymnasium schaffte ich es bis zur Obertertia, als Caesar ermordet wurde. Es war höchste Zeit. Mein Klassenlehrer behauptete, ich hätte für nichts Interesse.
Das war übertrieben. Damals interessierte ich mich für Frieda, wenn ich mich nicht irre. Ich habe kein sehr gutes Gedächtnis. Es ist vornehmlich der Geruch, der mir die Bilder vergangener Ereignisse heranschafft: der Pfefferminzduft den dicken Englischlehrer, der einmal in Oxford übernachtet hatte. Meine Nase besitzt den regsten Kontakt zu meiner Vergangenheit. Wenn ich den Faden verliere, ist sie schuld daran.
Nach meinem Versagen hielt mir mein Vater eine Predigt über die Notwendigkeit, etwas Vernünftiges zu

werden. Ich beherzigte seine Worte auf meine Art und begann in Frankfurt eine Buchhändlerlehre, besonders deswegen, weil ich glaubte, auf diese Weise am leichtesten zu Büchern zu kommen, denn Bücher steckten mir das Licht auf, das ich in der Welt vermißte. Jede Neuerscheinung nahm ich sofort mit aufs Klo und begleitete meine Körperentleerungen mit angestrengter Lektüre. Mein Chef trommelte mit den Fäusten gegen die Tür und drohte, mich samt meinem Lesestoff hinunterzuspülen. Ich wußte jedoch seinen Zorn zu mildern, indem ich seinen rheumageplagten Rücken massierte. Das Geschäft florierte nicht recht. Mein Chef trank, und ich las. Jedesmal, wenn ein Kunde den Laden betrat und nach dem Buch fragte, das ich gerade in den Händen hatte, geriet ich in arge Verlegenheit. In den meisten Fällen konnte ich mich nicht von dem Buch trennen, und der Kunde verließ verärgert den Laden. So kommt man nicht auf den grünen Zweig.

Wie auch immer: die Lektüre weitete meinen Blick. Aber was nützt der große Horizont, wenn man nur Wüste sieht. Leider dauerte das beschauliche Buchstabenidyll nicht lange. Mein Chef mußte den Buchladen verkaufen. Eine Wäscherei zog in die Räume. Ich dachte jedoch nicht daran, von nun an schmutzige Wäsche zu waschen und trat in eine wissenschaftliche Buchhandlung als Lehrling ein, wo ich freilich nicht die Muße hatte, mich mit den Neuerscheinungen auf das stille Örtchen zurückziehen zu können. Ich mußte, wie sich der Besitzer ausdrückte, psychologisch auf den Kunden einwirken, um ihn zum Kauf zu bewegen, und zwar selbst dann, wenn er nicht das geringste Interesse hatte, gerade das Buch zu nehmen, das ich empfahl. Einmal ist es mir gelungen, einem evangelischen Pfarrer ein Werk über Quantenmechanik aufzuschwätzen, was er jedoch einige Tage später gegen ein Gartenbuch umtauschte. Ich tat mein Bestes. Die Buchhändlerprüfung bestand ich mit leidlichem Erfolg. Was mich jedoch am meisten befriedigte, war die Tatsache, daß einige Erzählungen, die ich gegen die Welt, in der ich lebte, geschrieben hatte, von einer Zeitung gedruckt wurden. Es war, wenn ich mich recht erinnere, ziemlich wirres Zeug, weniger mit Herz als mit Galle geschrieben. Zu dieser Zeit wäre ich am liebsten für eine große Sache gestorben. Ich lief mit verachtenden Augen umher und studierte anarchistische Schriften. Bakunin und Stirner fütterten meinen Haß auf die ausbeutende Ordnung. Mein Vater wollte nichts mehr mit mir zu tun haben und warf mich aus dem Haus, für das er seine Gesundheit aufgeopfert hatte. Meine Mutter schickte mir jeden Monat etwas Geld, und zwar mit einem Briefchen, in dem eigentlich immer dasselbe stand.

»Du mußt das Gute im Menschen sehen.«

Sie dachte dabei an meinen Vater.

Damals sah ich jedoch das sogenannte Gute in Rose, deren Eltern ein Milchgeschäft besaßen. Sie fühlte sich zu Höherem berufen und liebte in mir den tintenzornigen jungen Mann. Die Frau, die unserer erbärmlichen Schwäche zu schmeicheln versteht, wird uns leicht das Liebste auf Erden, unsere unentbehrliche und höchste Hoffnung. Wir erwarten von ihr, daß sie unsre Illusionen hochpäppelt. Ganz instinktiv verstand das Rose ausgezeichnet. Sie brachte es fertig, daß ich große Stücke auf mich hielt. Später hielt sie einen Lyriker bei Laune. Ich ging in Wildwestfilme, saß in der Rasierloge, die Beine ausgestreckt, und ließ

das Geflimmer von Recht und Ordnung über mich ergehen. Da Rose nichts mehr von mir wissen wollte, hielt ich mich für einen Idealisten und schwelgte in Utopien. Eine nicht mehr ganz junge Frau verliebte sich in mich, und ich führte ihren Hund aus. Ich glaubte an mein Talent, so daß ich nichts dabei fand, ausgehalten zu werden. Die immer offenen Arme meiner Gönnerin, die von dem, was mich bewegte, nicht den geringsten Dunst hatte, gingen mir auf die Nerven. Als sie mich hinausschmiß, ich glaube, sie fand einen mehr auf ihre Seele eingehenden Ersatz, saß ich buchstäblich auf der Straße.
Vom Bücherverkauf hatte ich die Nase voll. Es ist eine deprimierende Sache, die Werbetrommel für Literatur und dergleichen zu rühren, mit einem wissenden Augenaufschlag die Bestseller aus dem Regal zu holen und sie dem Kunden mit dem Geschwätz des Einverständnisses in die Hand zu drücken. Als ich versuchte, die armseligen Ladenhüter zur Avantgarde zu erheben, geriet ich mit meinem Chef aneinander. Er war ein aufgeschlossener Geschäftsmann und magenkrank. Nicht einmal einen guten Rat gab er mir mit auf den Weg.
Jetzt saß ich wirklich in der Tinte und war gezwungen, auf das Arbeitsamt zu pilgern, um aus dem überreichen Angebot des Arbeitsmarktes etwas für mich herauszusuchen. Es blieb mir nichts anderes übrig, denn für das Geld, das ich noch besaß, konnte ich mir gerade die Haare schneiden lassen. Meine Bücher, die ich zu einem Antiquariat schleppte, hatten zu meiner Überraschung ihren Wert völlig verloren.

Mein erster Job war eine Aushilfestelle in einem

Schuhgeschäft. Gegenüber meiner Beschäftigung mit Literatur war es ein kultureller Abstieg, sich mit den Schweiß- und Plattfüßen der Menschheit abzugeben. Jedoch entwickelte ich geradezu einen Ehrgeiz, jedesmal herauszufinden, wo der Schuh drückte, und ich lernte, daß die meisten Männer zu große Schuhe tragen. Wenn der Kunde in seinen neuen Schuhen vor dem Spiegel auf und ab stolzierte, vorsichtig wie ein Küken, das gerade aus dem Ei gekrochen ist, dann war ich auf eine ganz dumme Art glücklich. Die Welt roch nach Leder und Schweiß. Man war sich auf einmal der Schritte bewußt, die man machte, wägte sie ab, genoß sie. Was konnte ich dazu, wenn der Neubeschuhte wieder in den rastlosen Trott zurückfiel, stolperte, in Hundescheiße trat und in Pfützen. Zu dieser Zeit lief ich in gelben Schuhen herum. Sie sahen so scheußlich aus, daß Passanten sich nach mir umdrehten. Ich genoß meine Schritte. Meine Schuhe quietschten vor Vergnügen.
Frau Kroll, die Frau des Ladenbesitzers, war sozusagen ein Bestandteil der Kasse, die sie nie verließ. Zur Kassiererin erzogen, war sie sich über all ihre Pflichten klar. Die Ehe verlief ebenso glücklich wie der Geschäftsgang. Frau Kroll war übrigens durchaus nicht häßlich, sie hätte sogar hübsch sein können wie viele andere, aber sie war vorsichtig und mißtrauisch und verzögerte sich auf der Schwelle der Schönheit, wie sie es auf der des Lebens tat. Ihre Haare waren wohlfrisiert. Ihre Bewegungen zu schnell oder zu langsam. Sie lächelte zu oft und zu plötzlich. Es reizte einen, herauszufinden, worin dieses allzu Berechnende ihres Wesens bestand, und warum man sich in ihrer Nähe immer unbehaglich fühlte. Dieser instinktive Widerwille,

den Kaufleute bei denen erregen, die mit ihnen in Berührung kommen, ist eine Genugtuung derer, die nichts zu verkaufen haben, mögen sie noch so jämmerliche Existenzen sein. Frau Kroll betrieb das Geschäft wie eine Religion. Nach jedem Ladenschluß betete sie den Rosenkranz der Einkünfte herunter, und in ihre Augen stahl sich eine gewisse Entrücktheit. Sie sprach nur wenig mit mir. Ich stellte mir vor, wie sie mit ihrem Mann im Bett der Liebe pflegen würde. Ob sie dann das Ritual ihrer Berechnung aufgeben könnte, um zu zerfließen wie ein Stück Fett in einer heißen Pfanne? Sie warf mir mißtrauische Blicke zu. Sie mußte bemerkt haben, daß ich über sie nachdachte.

Ich hatte ein möbliertes Zimmer bei einer Wirtin gemietet. Bilder ihres Mannes bedeckten die Wände, ein von der Kamera ertapptes scheues Gesicht, das man einfach bekommt, wenn man dem Leben nicht viel Widerstand zu bieten hat.

Über meinem Bett hing eine fleckige Landkarte von Nordamerika. Ein Fähnchen steckte in der Stadt Chicago. Ich fragte meine Wirtin, die sehr froh war, sich um mich kümmern zu können, welche Bedeutung diese Beflaggung habe, und erfuhr, daß ihre Tochter in Chicago lebte. Sie schleppte ein abgegriffenes Familienalbum herbei und zeigte mit zitternden Fingern das Glück ihrer Tochter. Ich sah schmalköpfige Jungen am Strand, eine breithüftige Frau unter einem Blumenhut und einen bebrillten, hageren Mann mit einem Rasenmäher, dahinter ein weißgestrichenes Haus. Die Farben der Aufnahmen schienen die Menschen und Dinge mit einem Zuckerguß zu überziehen. Die Gesichter hatten das Aussehen von Weihnachtsgebäck.

Die Landkarte verfolgte mich bis in meine Träume.

Ich fragte meine Wirtin, wie ihre Tochter nach Amerika gekommen wäre. Ich wollte alles ganz genau wissen und konnte mir stundenlang ausschweifende Berichte über den amerikanischen Soldaten anhören, der ihre Tochter geheiratet hatte.

Damals dachte ich zum ersten Mal daran, nach Amerika auszuwandern. Es schien mir ein Ausweg aus meiner miesen Situation zu sein, denn schon längst verkaufte ich keine Schuhe mehr, sondern stand mir in einem Kaufhaus die Füße in den Bauch und pries ein absolut zuverlässiges Teppichreinigungsmittel an. Nach Feierabend war ich jedesmal so heiser, daß ich mich keinem Mädchen mehr verständlich machen konnte.
Es ist erstaunlich, welche Rolle der Teppich im deutschen Haushalt spielt. Den nackten Fußboden zu Hause will niemand unter sich haben. Die Anschaffung des Teppichs ist das erste Zeichen des Wohlstandes, hinter dem sie alle her waren, ohne Ausnahme. Wie Lemminge. Die Frauen rissen mir das Reinigungsmittel buchstäblich aus den Händen. Einkaufstaschen schwenkend und mit gewinkelten Ellenbogen umdränten sie meinen Stand und verdrehten die Augen, wenn ich ihnen vorführte, wie absolut mein Reinigungsmittel wirkte.
»Das kriegen Sie nur bei mir«, quäkte ich und starrte in reinlichkeitslüsterne Gesichter. Innerhalb von drei Wochen hatte ich genügend Geld verdient, um mir einen Anzug leisten zu können, mit dem ich ein neues Liebesleben begann. Die Werbesprüche hatte ich mir so angewöhnt, daß sie mir selbst in den schönsten Augenblicken über die Lippen kamen.
Meine Wirtin schenkte mir eine Krawattennadel ihres

verstorbenen Mannes. Sie begann mütterliche Gefühle für mich zu entwickeln und riet mir, vernünftig zu essen. Als sie mich einmal mit einem Mädchen sah, redete sie eine Woche lang nicht mit mir.

Ich führte ein ungeheuer lächerliches Leben. Morgens taumelte ich, unfähig, meine Umwelt zu durchschauen, aus dem Bett, stürzte an das Waschbecken, rasierte mich, zog mich mit einer verzweifelten Sorgfalt an – und da hing ich im Spiegel mit verquollenen Augen, mir selbst Mut zublinzelnd, ein Familienbild meiner Niederlage.

Es machte mir schon gar nichts mehr aus, den ganzen Tag zu quasseln, ohne etwas dabei zu denken. Die Frauen quietschten, wenn ich einen Scherz wagte. Ich hatte mir eine Lustigkeit angewöhnt, die nichts mit mir zu tun hatte. Ich glaube, ich hätte mit Erfolg Hundescheiße verkaufen können.

Im Kaufhaus lernte ich einen Studenten kennen, der dort in seinen Semesterferien arbeitete. Er hieß Fred Beiz, ein dürrer, hochaufgeschossener Bursche, dessen Stirn die Haare vertrieb. Wir kamen in einer Mittagspause ins Gespräch. Er lud mich auf seine Bude ein. Fred war nur provisorisch eingerichtet. »Man kann nie wissen!« Er schenkte mir billigen Rotwein ein und legte los. Er war ein zappeliger Idealist, der hundert Gedanken in einen Satz unterzubringen versuchte. Er studierte Soziologie, wie sich das gehörte. In einem roh zusammengezimmerten Büchergestell standen mit dem Rücken zu mir die wohlbekannten Zentnerwerke. Die meisten waren durch meine Hände gegangen. Ich hatte sie gut verkauft – und dabei wissend die Stirn gerunzelt, als hätte ich den Weltgeist mit Löffeln gefressen.

Fred sagte: »Ich glaube, die Leute spüren, daß unsere Welt, so, wie sie ist, nichts taugt. Sie kann nicht mehr existieren, und die Leute erkennen das. Sie wollen eine neue Welt.«
Ich trank zuviel Rotwein und spürte, wie mir die Welt langsam entglitt. Fred schien hinter seinen Brillengläsern zu verschwimmen. Er ruderte wild mit den Händen. Ich begann zu lachen. Die Decke entschwebte. Die Bücher tanzten. Meine Sätze verselbständigten sich. Hatte ich sie gedacht, oder wiederholte ich nur den Käse, den ich tagtäglich zu hören bekam? »Was wollen wir mehr. Uns geht's doch gut. Besser ein Spatz in der Hand als eine Taube auf dem Dach. Hauptsache, die Kohlen stimmen. Bleiben wir doch auf dem Teppich.«
Ohne daß ich es wollte, geriet ich in meine Teppichreinigungskampagne. Jeder Mensch hat seine Platte. Ich sah die Enttäuschung in Freds Gesicht und wußte, daß er nicht eher ruhte, bis er mich in die Geburtswehen einer neuen Welt eingeweiht haben würde. Er gab sich redlich Mühe – und ich hatte das lausige Gefühl, nur gerissen auszuschauen und nicht mehr die Kraft zu haben, meine Rolle weiterzuspielen. Ich verließ Fred ziemlich angeschlagen und torkelte durch die nächtlichen Straßen, in ein rülpsendes Selbstgespräch verwickelt.

Meine Mutter schrieb mir, daß mein Vater einen Schlaganfall gehabt hätte. Ich fuhr sofort nach Hause. Nichts hatte sich geändert. In der guten Stube tickte die Standuhr und ordnete mit großväterlicher Behäbigkeit das Chaos der Zeit. Auf dem Schreibtisch neben dem roten Tintenfaß lagen aufgestapelt Schulhef-

te. Mein Vater dachte in Zensuren. Selbst Zeitungen verschonte er nicht.
»Kein Mensch schreibt heute noch gutes Deutsch!« Ein faustgroßer Bombensplitter diente als Briefbeschwerer. Im Barometer neben der Tür, gegen das mein Vater jedesmal, wenn er das Zimmer betrat, mit dem Fingerknöchel klopfte, spiegelte sich ein ausgestopftes Eichhörnchen.
»Vater geht es sehr schlecht«, sagte meine Mutter vorwurfsvoll. Ich ging in mein Zimmer und warf mich aufs Bett. Auf dem Schrank standen nutzlose Schulbücher. Mir fielen Träume ein, die ich einmal hatte. Mein Leben hatte noch nicht begonnen. Ich wartete auf Amerika.
Im Krankenhaus roch es nach Desinfektionsmitteln. Mein Bruder, sieben Jahre älter als ich, ein Studienassessor mit penetrant optimistischen Lebenserwartungen, und meine Schwester, die mit ihrem Mann gekommen war, sprachen kein Wort mit mir. Sie hatten sich bei meiner Mutter eingehakt, eine Verschwörung der Rechtschaffenheit. Mein Vater nahm keine Notiz von uns, als wir das Zimmer betraten. Er lag welk in den Kissen und atmete schwer. Mutter setzte sich auf den Stuhl, der vor dem Bett stand, und spionierte ängstlich in dem Gesicht ihres Mannes. Plötzlich versuchte sich mein Vater aufzusetzen: er starrte mich an, seine Lippen blähten sich, ließen jedoch kein Wort frei. Die Augen schienen zu rotieren. Ich versuchte den Blick auszuhalten und glaubte an einem Seil zu hängen, ermattete aber bald, ließ mich fallen. Väterliche Enttäuschung und Verachtung stießen mich in einen Winkel der Hilflosigkeit. Ich fühlte bei dieser fürchterlichen Demütigung, wie mein Selbstgefühl,

das schon immer drauf und dran war, mich im Stich zu lassen, plötzlich sich aufzulösen begann, spürte, wie es dann entschwebte und mich unwiderruflich, ganz offenkundig für immer verließ. Man kann sagen, was man will, so was ist ein schöner Augenblick. Ich fühlte mich geistig unendlich frei. Ich war nicht mehr die Hoffnung meines Vaters. Ich war ich, was das auch immer sein sollte, und die Ähnlichkeit mit meinem Vater schien mir nichts anderes zu sein als eine biologische Ironie. Eine Nonne betrat das Zimmer. Wir gingen für einen Augenblick auf den Gang. Ein Arzt sagte mir, wir müßten auf alles gefaßt sein. In der Küche des Krankenhauses klapperten die Teller. Es roch nach Bratkartoffeln. Mein Vater starb in derselben Nacht. Ich tat mir selbst unendlich leid.

Es gibt Leute, die reden von der Majestät des Todes; es ist die pure Angst, die sie zu Schönrednern und pietätvollen Flüsterern macht. Meine Gedanken schweiften ab, verirrten sich in Erinnerungen. An der Wand des Krankenzimmers hing die Fotografie einer blühenden Bergwiese. Auf dem Nachttisch, neben dem Bett, lagen die Brille meines Vaters und einige Apfelsinen. Eine plötzliche Begierde überkam mich. Ich ging hin und her. Am liebsten hätte ich auf der Stelle das Krankenhaus verlassen, um irgendwo ein williges Mädchen aufzugabeln. Meine Mutter wagte ich nicht anzublikken, aus Furcht, sie könnte meine geheimen Wünsche erraten. Sie wischte mit einem Taschentuch über die Stirn meines Vaters, die die Farbe von vergilbtem Papier hatte.

Bei der Beerdigung traf meine ganze Familie zusammen, fast alle in Schwarz. Sie sprachen mit gedämpfter Stimme. Onkel Willy, der Bruder meiner Mutter,

nahm mich nach der Beerdigung zur Seite und begann: »Du bist jetzt groß genug – und du solltest daran denken, was Vernünftiges zu werden. Dein Vater hat viel von dir erwartet.« Onkel Willy bot mir eine Zigarre an. Ich war das schwarze Schaf der Familie und wurde entsprechend mit guten Ratschlägen umworben. Es hätte nicht viel gefehlt und ich hätte geblökt.
Schließlich sprach man von dem Testament meines Vaters. »Was sein muß, muß sein!«
Meine Schwester trocknete ihre Tränen. Ich nahm die nichtssagenden Scheinhandlungen vor, die man von mir erwartete und ließ sie reden. Onkel Willy, der ein bißchen viel Wein trank, unterbrach plötzlich die Diskussion über die Sicherheiten und Versicherungen und sagte mit leiser Stimme: »Was wird Eugen jetzt machen?«
Alle verstummten und schauten verlegen zu Boden.
»Gebe Gott, daß es Gott gibt!« fuhr Onkel Willy fort und versiegelte seinen Mund mit einem tiefen Schluck.
Es wurde Kaffee und Kuchen serviert, und man sprach über Kindererziehung, über die hohen Preise und über die Sorgen beim Hausbauen. Tante Friedel schwärmte von ihren Krankheiten. »Bei welchem Arzt war Eugen in Behandlung?« fragte sie. »Bei Dr. Wagenfeld.«
»Wäre er nur zu Dr. Hillebrand gegangen, vielleicht säße er jetzt noch bei uns.«
Meine Mutter schluchzte auf. Ich saß erschöpft auf meinem Stuhl und betrachtete die Gesichter um mich herum. Ich glaubte allen Ernstes, ein perfekter Menschenkenner zu sein, und schlief ein.
Als die Stimmen lauter wurden, fuhr ich hoch. Der Wein hatte die Gesichter gerötet und die Zungen ge-

löst. Man lachte und quiekte. Wenn ich die Augen zumachte und nach einiger Zeit wieder hinschaute, kamen mir die Gesichter verändert vor. Sie schienen sich an den Rändern aufzulösen. Ich trank hastig meinen Wein aus, der warm geworden war und hefig schmeckte. Onkel Willy goß nach.
»Du wirst es schon schaffen, so wie du gebaut bist«, flüsterte er mir ins Ohr. Ich hatte nicht die geringste Ahnung, wovon er redete.
Am nächsten Morgen war der Spuk vorüber. Meine Schwester stand in der Küche und spülte die Gläser. Ich wußte beim besten Willen nicht, wie ich mich verhalten sollte. Die Bücher in meinem Zimmer, die mich einmal die Zeit hatten vergessen lassen, langweilten mich. Ich ging daran, meine alten Schulhefte zu zerreißen. Entsetzt war ich, als ich entdeckte, was in Fotoalben von meiner Kindheit übriggeblieben war: Grimassen, Verrenkungen, die lächerlichen Gesichter beim Erwischtwerden. Mein Vater hatte seine Familie mit der Kamera tyrannisiert. Er fotografierte, wie er glaubte, um das Schöne in dieser Welt festzuhalten. Das erste Bild, das er von mir aufnahm, zeigte mich als fünf Stunden alten Menschen mit festverschlossenen Augen. Ich sah abscheulich aus, die Trauer der Geburt stand mir im Gesicht. Es folgten Aufnahmen von mir mit aufgerissenem Mund (schreiend), mit zornigem Stirnrunzeln (hungrig), nackt, von vorne und von hinten, beim ersten Gehversuch, beim Stolpern, beim Pinkeln, im Arm meiner Mutter, an der Hand meiner Mutter, mit einem Hund, vor einem Pferd, im Zoo und schließlich Hand in Hand mit meinen Geschwistern. Mein Vater hielt erbarmungslos alle großen Augenblicke meines frühen Lebens fest. Seine Ka-

mera wurde für mich so etwas wie eine erzieherische Falle. Sie schien überall zu sein und triumphierte über mich stets mit einem arroganten Klick. Mein Vater machte sich viele Bilder von mir. Kein Wunder, daß ich nicht nachkam.
Schon sehr früh regte sich mein Widerstand. Ich wurde Grimasseur. In der Deformation meines Gesichtes leistete ich Erstaunliches. So gelang es mir, mich vor der Kamera in Sicherheit zu bringen.
»Kannst du dich denn nicht einmal normal benehmen«, schrie mein Vater mich an und fuchtelte mit dem Apparat herum. Ich versuchte, ein ernstes Gesicht zu machen und runzelte die Stirn.
»Später wirst du über dich selbst entsetzt sein.«
Ich kniff die Lippen zusammen und preßte die Knie aneinander. »Mußt du denn immer aus der Reihe tanzen?«
Ich wußte wirklich nicht, was ich tun konnte, um so auf das Bild zu kommen, wie ich in Wirklichkeit war. Die Kamera ist kein Spiegel. Sie gibt nur einen schäbigen Augenblick wieder, der in keinem Verhältnis zur Dauer steht. Die Fotografie ist eine hinterlistige Art der Lüge, und ich war als Sohn eines Fotoamateurs der lebendige Beweis dafür. Schließlich gab es mein Vater auf und widmete sich ganz der Landschaftsfotografie. Ich litt ein wenig darunter, daß es ihm nie gelungen war, mein wahres Gesicht auf ein Bild zu bannen.
Ich zerschnitt die Bilder mit der Schere und klebte die Schnitzel auf einen großen Bogen Papier zu einer lachenden Fratze zusammen. Das kam der Wahrheit am nächsten.
Zwei Tage später verließ ich ohne einschüchternden Abschied mein Elternhaus, schleppte einen Koffer

voller wahllos gepackter Habseligkeiten zum Bahnhof, setzte mich in den Zug nach Frankfurt und wartete ungeduldig, bis mit einem Stoß das Bild meiner Heimatstadt in den Hintergrund rückte.
Unter der riesigen, vielfarbigen Landkarte von den Vereinigten Staaten mit dem Fähnchen inmitten der Stadt Chicago, neben dem Vertiko aus Mahagoni, unter der schlierigen Alabasterlampe, in dem vollgestopften Zimmer der Witwe Caroline Werner, »Dreimal Schellen« und »Betteln und Hausieren verboten«, 95 Mark Miete und die Ratschläge für ein geordnetes Leben gratis, dort faßte ich den Entschluß, nach Amerika auszuwandern. Nur raus!
Ich lag grübelnd auf dem Bett, das unter meinem Gewicht knisterte, und starrte zur Decke, was immer sehr anregend auf mich wirkte. Ich malte mir aus, welche Rollen die Zukunft mir zudenken würde: die eines gerissenen Liebhabers oder eines erfolgreichen Geschäftsmannes, eines das Monatsende herbeisehnenden Ehemannes oder eines fabulierenden Hochstaplers. Alle diese Möglichkeiten und Aussichten erfüllten mich mit einem seltsamen Glücksgefühl. Am liebsten wäre ich auf die Straße gestürzt und hätte den Erstbesten angehauen, um mit ihm zu quatschen, um mich mit ihm zu freuen. Aber ich wußte nur zu gut, wie allein man in solchen Augenblicken ist. Die Menschen würden einen mißtrauisch mustern. Sie zwängen sich höchstens ein müdes Lächeln ab, das Distanz schaffte, und trotteten weiter, eingesargt in ihre eigenen Probleme und schadenfroh, wenn man hilflos und entmutigt zurückbliebe.
Ich verließ mein Zimmer, noch immer ganz kribbelig vor lauter Erwartungen, lief von einer Kneipe zur

anderen, trank und schwatzte, schlug fremden Menschen die Hand auf die Schulter und fiel Frauen um den Hals, die entsetzt oder beglückt aufquietschten. Mein Kopf dröhnte. Mir fielen neue Wörter ein, die ich laut und genüßlich deklamierte. Man hielt mich für einen Ausländer und verprügelte mich. Mit blutiger Nase schwankte ich durch die Straßen. Der Asphalt bog sich unter meinen Füßen. Schaufenster schluckten meinen Schatten. Ich traf ein Mädchen, das ich AMERIKA nannte. Mit ihr ging ich die amerikanische Geschichte durch, angefangen mit den Pilgrimfathers bis hin zu Donald Duck. Und sie seufzte:
»Nicht so stürmisch, Kleiner?«
Ich steckte siegestrunken mein Fähnchen in das Herz von Chicago und ließ AMERIKA zappeln.
Der Tag endete in einem ungeheuren Katzenjammer. Meine Wirtin schlug mit der Faust gegen meine Tür und schrie, sie müßte mir auf der Stelle kündigen, wenn ich noch einmal einen solchen Spektakel machen würde. Ich klammerte mich an das Vertiko und fixierte die Landkarte von Amerika. Es war alles noch beim alten. Mir war hundeelend.
Meine Stelle als Teppichreinigungsverkäufer verlor ich, nachdem ich drei Tage blau gemacht hatte. Als ich meinen Nachfolger, einen goldzahnigen Mitfünfziger, beobachtete, wie er fast dieselben Witze riß wie ich, wäre ich beinahe mit beiden Fäusten auf ihn losgegangen. Wer erkennt sich schon gern in einem anderen Menschen wieder, besonders, wenn dieser ein Schwätzer ist.
Ich begann wieder zu schreiben. Muße hatte ich genug dazu. *Anfänge einer Weltreise* nannte ich den Krampf und legte sie dem Feuilletonredakteur vor, der schon

etwas von mir gebracht hatte. Er empfing mich mit einem zerstreuten Lächeln. Es sah so aus, als würde er mich mit einem andern verwechseln.
»Nun, junger Dichter?«
Ich reichte ihm mein Manuskript. Er blätterte darin, las hier und dort etwas, schüttelte den Kopf, schnalzte mit der Zunge, nahm einen Bleistift, und ich erriet an der Art seiner Bewegung, daß er ein Fragezeichen machte.
»Ganz interessante Formulierungen«, sagte er, »aber viel zu subjektiv. Sie sagen ja immer ICH und nichts als ICH und ICH, als gäbe es nichts anderes auf dieser Welt. Das interessiert doch kein Schwein. Ich habe den Verdacht, daß Sie die Welt von Grund auf hassen. Sie ersticken ja im Zorn.«
»Gibt es denn nicht genug Gründe, um zornig zu sein?« warf ich ein.
»Der Zorn der Dummen wird die Welt erschüttern«, erwiderte er und kratzte sich mit dem Bleistift im Ohr. »Nur wer liebt, darf zornig sein.«
»Sie wollen also meinen Text nicht bringen?«
Ich streckte meine Hand aus, um das Manuskript wieder entgegenzunehmen. Er winkte ab.
»Wer sagt denn das? Natürlich drucke ich das. Sie mißverstehen mich. Ihr Text interessiert mich. Er ist symptomatisch für die Ichversponnenheit der heutigen Literatur, die nur wild draufloskritisiert, weil sie sich mit nichts identifizieren will – und wenn sie sich identifiziert, geht sie über Leichen.«
Er schaute mich sehr wissend an, seine rechte Hand lag gebieterisch auf einem Stoß von Papieren. Ich kümmerte mich nicht darum, was aus meinem Manuskript wurde. Wochen später brachte mir der Geld-

briefträger 90 Mark. Man ist verraten und verkauft, wenn man sein Heil in der Schriftstellerei sucht.
Aber ich konnte es nicht lassen. Ich saß stundenlang vor einem Stück Papier und wartete, bis mir ein Satz so wichtig erschien, daß ich ihn niederschrieb. Ich glaubte, auf diese Art und Weise meiner Vorstellungen Herr zu werden, die mich in einen Rausch von vagen Kenntnissen versetzten. Aber die meisten Sätze waren nicht auf meinem Mist gewachsen. Ich hatte gar keinen Mut zu eigenen Sätzen. Sie schienen mir abgeschmackt und leer. So versteckte ich mich hinter Zitate, und es wunderte mich gar nicht, daß sie meine geheimsten Gedanken ausdrückten.

Bei einer Dichterlesung traf ich einen aufsässigen Schnurrbart, darüber eine progressive Nase, zwei große Augen, die eine Brille belagerte: die Haare hatten biblische Ausmaße. Wir kamen ins Gespräch, das fast einen Tag lang dauerte.
Die Dichterlesung war öde. Der Autor las mit bösen Blicken auf das Publikum, das ohnehin seiner Meinung war, einige Gedichte vor, in denen die Welt ziemlich aufwendig zugrunde ging. Nachher diskutierte man. Jedes Problemchen wurde mit einem Wolkenbruch an Worten solange kritisch gewässert, bis man gar nicht mehr wußte, worüber man geredet hatte. Der Schnurrbart schloß die Augen und murmelte: »Ich habe den Eindruck, wir nähern uns mit Riesenschritten einer Scheiße in kosmischem Maßstab. Schau dir nur diese Typen an. Sie ballen die Hand zur Faust und stecken sie den Verlegern in die Tasche. Von einer anständigen Revolution keine Spur, alles nur Wichtigtuerei, ein paar radikale Tricks, ein Gesicht wie bei

einer Magenverstimmung und dann die Sammelbüchse. Mich schaffen diese Klugscheißer, die gar nichts verändern wollen. Nein, nein, nein. Sie erhalten die sogenannten Krisen künstlich am Leben. Sie wären todunglücklich, wenn es eine Lösung gäbe. Sonst müßten sie ja die Ärmel hochkrempeln.«
Der Schnurrbart blinzelte mich an.
»Du siehst mir auch so aus, als wolltest du eine Muse besteigen, um eine Nummer mit ihr zu schieben. Nichts wie runter. Literatur ist etwas für die Papierkörbe der Nachwelt. Was haben sie nur aus Papa Shakespeare gemacht! Mensch, schau dich selbst an. Dein Gesicht hängt voller Ausrufezeichen. Du hast schon zu viele Punkte gesetzt und mit Gedankenstrichen dein Schweigen mystifiziert. Ist das reell? Nein, sage ich. Das sind nur Bocksprünge deiner lüsternen Subjektivität, die sich in großen Vorstellungen suhlt. Ich kann diese Nabelschau nicht ausstehen. Dir wird die Literatur schon vergehen. Du träumst zuviel, treibst Haarspaltereien. Das ist nicht das Richtige. Da hat man nur Absichten und tut, als ob man täte. Auf die Dauer hält man das nicht aus. Zu viele Blähungen im Hirn trüben den Blick. Zu guter Letzt wirst du ein lyrischer Wohlfahrtsempfänger – und du transzendierst bei Sonnenuntergängen.
Warum geht denn keiner mit seinem Mädchen auf den Eiffelturm und zeugt einen neuen Präsidenten für Portugal? Da besteht eine echte Nachfrage. Wenn du etwas auf dich hältst, kommst du mit ein Bier trinken, sonst wird dir bei diesen Jammerarien nur noch dein Samen sauer.«
Der Schnurrbart bahnte sich einen Weg zum Ausgang. Ich folgte ihm. Der junge Autor sagte mit einem Blick

auf ein junges Mädchen, das vor Aufregung den Mund offenhielt: »Wenn ich die Syntax ändere, ändere ich auch die Welt.«
Der Schnurrbart zuckte zusammen. Als wir endlich draußen waren, sagte er: »Ich will dir sagen, was diese Typen machen. Sie hauen den ganzen bürgerlichen Kunstdom in Stücke und richten sich in den Trümmern mit Knoll–International ein. Sie machen aus der Kritik eine Modenschau für Ruinen. Aber sie treiben es nur auf Bütten. In Wirklichkeit sind sie lahme Ärsche, die schon von einem bißchen Publicityrummel besoffen werden und nach Moses und den Propheten schreien. Sag mal, da wir gerade von Geld reden, wie steht es denn da bei dir? Es wäre mir sehr unangenehm, wenn du erwartest, ich könnte dich einladen. Ich bin nämlich pleite.«
»Für ein paar Bierchen wird es schon reichen«, beruhigte ich ihn. Der Schnurrbart klatschte in die Hände: »Das nenne ich einen Gedankenleser. Es ist immer gut, wenn man die Nöte seiner Mitmenschen kennt.«
Er steuerte auf eine Kneipe zu, die, soweit ich mich erinnere, DIE SONNE MEXIKOS hieß. Wir setzten uns in eine ruhige Ecke. Der Schnurrbart wischte mit der Hand über den Tisch.
»Mach es so wie ich. Jeden Morgen gehe ich ans Fenster, stecke meinen Kopf in den Tag – und atme ein: nichts als Mief, die ganze Welt riecht nach unausgelüfteten Gesichtern. Das nimmt mir den Mumm. Ich weiß genau, wenn ich jetzt meinem Zorn freien Lauf ließe, ich käme nur außer Atem – und der Mief bleibt. Also bringe ich die Welt um das Erlebnis, meine Bücher lesen zu müssen. Ich schweige! Meine Literatur ist das Schweigen. Ich fresse alles in mich hinein – und

mit der Zeit werde ich ein Magengeschwür entwikkeln, daß die Ärzte vor Erstaunen ihr Konzept verlieren.«
»Ober, drei Bier! Kennst du Oblomow? Das nenne ich eine Existenz. Mir auf den Leib geschrieben. Wo bleibt das Bier?« Der Ober stellte die drei Gläser vor uns hin.
»Wo ist der dritte Mann?« fragte er und wedelte mit einem schmutzigen Handtuch.
»Der dritte Mann bin im Zweifelsfalle immer ich.« Der Schnurrbart war in seinem Element. Er verstand es, mit zahllosen Fragen mich um sämtliche Geheimnisse zu bringen, die ich mir zugelegt hatte. So fand er auch sehr bald heraus, daß ich nach Amerika auswandern wollte.
»Herr Ober, drei Bier!« schrie er und faßte mich spöttisch ins Auge. »Mann, du bist ja ein ausgekochter Romantiker. Machst einfach reinen Tisch, kaufst dir einen flotten Anzug für die Reise, lernst ein paar Liebesworte für die reichen Amerikanerinnen und ab. Was versprichst du dir denn davon? Geld, Ansehen, ein Denkmal am Mount Rushmore oder das große Erlebnis? Wo auch immer du auf dieser Welt, die aus Mangel an Vergleichbarem die beste aller Welten ist, hinkommst, sie kriegen dich in den Schwitzkasten, machen aus dir einen affirmativen Geldverdiener, wenn du nicht im Innersten weißt, daß du nur Rollen spielst. Etwas mußt du dir aufsparen, das in kein System, in keine Uniform, in keine Versicherungspolice hineinpaßt, sonst schlagen die Wellen über dir zusammen und du bist nur ein kleines Kieselsteinchen, das sich an anderen Kieselsteinchen ganz bedeutungslos glattreibt.«

Der Schnurrbart nahm einen tiefen Schluck. Schaum blieb an seiner Oberlippe kleben. Ein Mädchen setzte sich zu uns. »Wie steht's mit euch?«
»Immer aufrecht, wenn es darauf ankommt.« Der Schnurrbart legte einen Arm um ihre Hüfte und spitzte die Lippen. »Du siehst hier einen vielversprechenden jungen Mann mit künstlerischen und anderen Absichten. Er will nach Amerika auswandern. Ihm gefällt die abendländische Bruchbude nicht mehr, in die es überall hineinregnet.«
»Nimmt er mich denn mit?« fragte das Mädchen und zeigte ihren Hals.
»Das glaube ich nicht. Das, was du zu bieten hast, wird er auch drüben finden, und das noch amerikanisch.« Das Mädchen kicherte.
»Mach eine Fliege!« sagte der Schnurrbart und nahm seine Hand von der Hüfte. »Wir haben zu reden.«
»Spielverderber!«
»Du siehst«, erklärte mir der Schnurrbart, »wenn einer eine Dummheit machen will, findet er sofort einen Partner.«
In der SONNE VON MEXIKO ging es hoch her. Der Schnurrbart beugte sich weit über den Tisch und schrie, daß mein rechtes Ohr ganz feucht davon wurde. Von links stürzte der Lärm einer Musikbox über mich her. Hinter mir eine heisere Stimme. »Einen Doppelten!« O happy day!
Das hat mir gerade noch gefehlt. Aufhängen sollte man sich, wenn es nicht mehr schön ist.
Für mich ist Amerika ein Brutofen für lauter kleine Donald Ducks.
Ich zerfiel in viele Zuhörer, die sich untereinander nicht einig wurden. Gesichter gingen vor mir auf.

»'N Onkel von mir ist rübergemacht. Kam gerade recht, als Peggys Ehemann das Zeitliche segnete.
Gut gesagt. Nur nicht vom Tod reden. Könnte sich angesprochen fühlen.
O happy day.
Mann, das ist ja mehr Schaum als Bier. Die legen dich doch heute überall aufs Kreuz. Mit uns können sie es ja machen.
Also wie war das mit der Peggy?
Habe ich Peggy gesagt! Ist ja egal. Also diese besagte Peggy hatte eine Hühnerfarm. Nebraska glaube ich, liegt mitten drin. Mein Onkel mußte jeden Tag die Eier zählen. Er konnte sich schließlich nur noch durch Gackern verständigen. Was muß man viel reden, wenn sonst alles klappt!
Sage ich auch. Die Hauptsache, man schafft den richtigen Abflug.
Was ist denn aus deinem Onkel geworden?
Der putzte eines schönen Tages die Platte. Zu viele Hühner. So viel war einfach nicht in ihm drin! Stelle dir nur einmal vor, soweit das Auge reicht, nur Hühner. Auf so etwas muß man vorbereitet sein. Und du willst auch rüber. Mann, nimm dir an meinem Onkel ein abschreckendes Beispiel. Die haben heute für alles Maschinen. Ich wette, die haben inzwischen ein mechanisches Huhn erfunden. 'N Hahn wie du findet da überhaupt keine Arbeit.«

Der Schnurrbart baute aus Bierdeckeln ein Kartenhaus. Er quälte sich ein Lächeln ab.

»Für Verrückte gibt es immer Arbeit. Er wird die Freiheitsstatue waschen. Ist 'n Lebenswerk bei all dem Schmutz, den die Friedenstauben auf ihr abgeladen haben. Und wenn er Pech hat, stecken sie ihn in die

Armee, nice and easy, schneiden ihm die Haare, bringen ihm ein bißchen Vaterlandsverteidigung bei und dann ab nach Vietnam. Dort kann er den Arsch einziehen.«
»Was sein muß, muß sein!«
»Das sagst du, weil du Grießbrei im Kopf hast.«
»Mann, halt die Luft an. Ich war in Rußland. Du hast einen Veteranen vor dir. Wo bleibt das Bier?
Nice and easy.
Frank Sinatra ist auch nicht mehr das, was er war. Zuviel Schmalz in der Suppe. Altersträ
nen.
Ich frage mich nur, wo die ganzen Indianer hingekommen sind?
Karl May hat sie in Sachsen angesiedelt.
Mich kannst du ja verarschen. Ich glaube alles. Das Talent habe ich von meinem Vater geerbt. Bringen sie dem jungen Mann eine Stärkung. Er will sein Vaterland verlassen. Wir verlieren ungern einen Wähler, aber wir respektieren die Sehnsucht eines jeden.
Lieb Heimatland adeee!«
Verdammt noch mal, es langt, wenn einer singt. Alles herhören: Wir trinken auf das Wohl unseres Auswanderers. Musik! Ich will den Badenweiler Marsch hören.
Was hat denn das mit Amerika zu tun?
'N Marsch paßt zu jedem Arsch!
Oh Susanna ...
Jetzt fängt der auch noch an. Ist ja die reinste Heilsarmee. Ich werde mir noch das Trinken abgewöhnen müssen. Also junger Mann, du setzt dich in einen Düsenclipper, schließt die Augen und batsch! hast du Amerika unter den Füßen. Ohne Teppich, versteht sich, du bist kein Regierungsmitglied.

America, here I come.
Richtig! Und du kaufst dir eine Zigarre.
Eine Havanna.
Richtig!
Du zündest sie dir an.
Richtig!
Und man wird dich gleich wegen Brandstiftung verhaften. Aus der Traum!
Du warst schon besser!
Lassen Sie sichs nicht gereuen, denn es haben uns diese Scherze manche vergnügte Stunden gemacht.
Wer redet hier so geschwollen?
Mein Name ist Frohwein.
Das hätte meine Tante hören müssen, sie wär' am Leben geblieben.
»Sie wollen also nach Amerika? Sehr tapfer. Ein Mann, der nicht seine Träume verschläft.«

Der Schnurrbart betrachtete den Sprecher durch ein Bierglas.

»Sie singen wohl Tenor?«
»Wie man's nimmt. Ich hatte einmal das Vergnügen in Amerika gewesen zu sein.«
Ein Weltmann! Redet wie 'n Schwuler. Das haben wir gern.
Wie kommst du da drauf?
Ich weiß das eben. Intuition.
Ich möchte nicht alles wissen, was du weißt.
Schau ihn dir doch an. Dem haben sie drüben derart den Hintern vernagelt, daß er nur noch geschwollen daherreden kann.
Laß doch den Mann einmal ausreden!
Wenn ich alle Leute ausreden lassen würde, wo käme ich denn hin?

Ein solcher Schritt will überlegt sein. Amerika ist eine Mausefalle. Nichts für Anfänger, Junge. Dann kannst du keine romantische Kugel schieben. Onkel Sam läßt dich ganz schön tanzen, bis dir die Zunge das Feigenblatt ersetzt. Ich hatte einen Frisörladen in Chicago. Da kreuzte doch eines Tages so ein Typ auf, Schultern wie ein Möbelwagen, schaute nach rechts, schaute nach links und sagte: »Feiner Laden hier.« »Danke!« antwortete ich, »was darf ich für Sie tun?« »Sie wollen doch, daß der Laden gut in Schuß bleibt?« »Natürlich!« »Für einen sauberen Hunderter im Monat halte ich Ihnen die bösen Menschen vom Leib.« Keinen Piep mehr.
Und was hast du gemacht?
Haare geschnitten und gezahlt.
So was nenne ich hohe Lebenskosten.
Die haben dich ganz schön eingeseift.
Und die Polizei?
Ich muß raus.
Grüß ihn von mir!
Wo bleibt der Badenweiler Marsch?
Die Platte ist im Eimer. Ein Irrer hat sie den ganzen Tag spielen lassen. Immer rummdada. Mann, ich kam mir vor wie auf einer Parade. Alles zuckte an mir. Ich mußte den Kerl rausschmeißen.
Wenn ich noch einmal jung wäre, Mann, ich würde glatt eine Annonce aufgeben SUCHE ABWECHSLUNG. FREMDE LÄNDER NICHT AUSGESCHLOSSEN.
Du warst doch niemals jung, kamst gleich als alter Knacker zur Welt mit einer Glatze und einem Bruch.
Im Anfang war das Gängelband!
Du hast gut reden. Das ganze Leben liegt noch vor dir.

Amerika.

Der Schnurrbart stieg auf einen Stuhl.

Der Mensch ist dadurch gekennzeichnet, was er aus seiner Begeisterung macht.

Bravo! Weiter!

Ich muß erst ein Bier haben.

Jemand drückte dem Schnurrbart ein Glas in die Hand. Er kämpfte lange um sein Gleichgewicht.

Und er erblickte die schon längst beobachtete Statue der Freiheitsgöttin wie in einem plötzlich stärker gewordenen Sonnenlicht. Ihr Arm mit dem Schwert ragte wie neuerdings empor, und um ihre Gestalt wehten die freien Lüfte.

Großaufnahme.

Der Schnurrbart spielte mit einiger Anstrengung die Freiheitsstatue.

Mann, wenn dich jetzt ein Bildhauer sehen könnte. Bis auf das Geschlecht stimmt alles.

In Wirklichkeit ist die Freiheit nichts anderes als eine mythologische Hure.

Weißt du eigentlich, wovon du redest?

Ich zerrte den Schnurrbart vom Stuhl herunter. Sein Gesicht war in Schweiß gebadet.

Ich muß gar nicht verstehen, was du sagst, ich höre dir einfach gern zu.

So ist das mit den Dichtern.

Wo steckt der Auswanderer? Du kannst doch deine Freunde nicht verdursten lassen.

Ein Tenor schrie:

Ich gebe einen für die Jugend aus.

Gut so, immer rangeschmissen. Die verlöten dir noch den Arsch. Laß die Finger weg.

Ich kannte einen Matrosen, der hatte sich das ganze Amerika auf den Bauch tätowieren lassen, und wenn er lachte, gab es ein richtiges Erdbeben.
Du hast vielleicht einen Umgang.

Der Schnurrbart machte Platz für seine Stimme.

Stell' dir mal vor: Columbus hätte Amerika gar nicht entdeckt.
Na und? Da wäre eben ein anderer gekommen. Amerika war gar nicht zu vermeiden.
Nehmen wir doch einmal an, Amerika wäre heute nur ein weißer Fleck. Terra Incognita?
Das Wort ist ziemlich selten geworden. Also gut, nehmen wir einmal an. Mit mir kannst du es ja machen.
Na siehst du. Was würde denn da ein junger unternehmungslustiger Mann, den Kopf voller Ideen, überhaupt machen! Der Laden stinkt ihm zu Hause. Alles bekannt. Immer dieselbe Suppe – und immer derselbe Löffel, du kannst nur Erlebtes erleben, und du willst raus, weg, verstehst du, die Klamotten verfaulen dir am Leib, du kennst sämtliche Witze und Tricks, um den Kopf über Wasser halten zu können, du hast die Nase voll, gestrichen voll, nimmst irgendeinen Dampfer und guckst nach Westen, und du siehst nur die Sonne untergehen. Kein Amerika, nur Ozean, Fische. Die Augen fallen dir aus dem Kopf.
Du machst mir Angst. Ein Bier.
Ist doch so. Amerika gibt's gar nicht. Ist 'ne rosarote Erfindung, damit die Leute was zu hoffen haben.
Nun mach' mal einen Punkt. Du diskutierst mir noch den Schwanz weg. Herr Wirt, eine Weltkarte. Ich bin ganz durcheinander. Wo bleibt die Weltkarte?

Der Wirt kam hinter seiner Theke hervor und knallte einen zerfetzten Atlas auf den Tisch.

Das ist von der Welt übriggeblieben.
Alles in der Schule gehabt.
Es läßt sich überall gut leben, nur da nicht, wo die Ausgaben die Einnahmen übersteigen.
Wo ist Westen?
Immer links.
Laß mal sehen. Mehr Wasser als sonst was. Die Sintflut steht vor der Tür. Hier ist Amerika, sieht aus wie eine zum Trocknen aufgehängte Unterhose.
Laß deine dreckigen Pfoten weg.
UNITED STATES
liegt zwischen 24° 30′ – 49° nördlichem Breitengrad und 66° 50′ – 124° 31′ westlichem Breitengrad.
Mensch, du bist ja ein Matrose!
Na klar, Schiff ahoi. Was sagst du jetzt. Ist das nicht ein Beweis.
So meinte ich das nicht.
Spuck es aus!
Wenn du glaubst, du könntest drüben auf eine nagelneue Pauke hauen, alles wäre rosig und in Stanniol eingewickelt, du würdest Piepen verdienen, hättest etwas fürs Bett und die Gesundheit, wenn du glaubst, du könntest ganz oben schwimmen, mit 'ner Brillantnadel am Schlips und 'nem desinfizierten Hintern, da bist du schief gewickelt. Das ist nämlich eine Erfindung des Werbefernsehens. Die machen dich mit Utopien und chromblitzenden Versprechungen fertig, quasseln vom einmaligen Erlebnis und Sprays gegen den Mief und lassen dich dann auf Ladenhütern sitzen.
Und was ist, wenn ich darauf zurückkommen darf, der rote Fleck auf der Landkarte?
Das ist die Wirklichkeit, Sportsfreund. Und wer wandert schon gern in die Wirklichkeit aus?

»Jetzt langt es mir. Ich laß mir doch nicht meine Gäste von einem solch verschimmelten Miesmacher beleidigen, der in jede Suppe spucken muß.«
Er schlug auf den Schnurrbart ein, der vor Schreck sich zu wehren vergaß. Meine Schlichtungsversuche waren nicht sehr erfolgreich. Eine Faust traf mich an der Schläfe, und die SONNE VON MEXIKO ging unter.
Als ich wieder aufwachte, spürte ich Widerstand in meinem Rücken. Es war kalt. Der Schein einer Straßenlaterne fraß einen hellen Flecken aus der Dunkelheit. Das Ummichherum kam mir wie eine Schale vor, die von mir abgefallen war.
Der Schnurrbart wankte auf mich zu.
»Na, alter Auswanderer, wieder zu Hause? Du warst ganz schön weg. Lagst da wie der große KNOCKOUT persönlich. Kannst du laufen?«
Ich zog meine Knie an und stemmte mich hoch. Überall schiefe Ebenen. Der Schnurrbart stützt mich. Sein blutverschmiertes Gesicht brachte mir die Ereignisse wieder in Erinnerung.
»Komm, wir gehen auf meine Bude. Ein starker Kaffee wird das Riesenrad anhalten. Frankfurt bei Nacht gleicht einem rußigen Hintern. Eine angeborene Zärtlichkeit verführt mich zu sagen: es läßt sich hier leben.«
Nach endlosem Umherirren stöhnte er: »Du wirst es nicht glauben, aber ich vergesse immer wieder, wo ich wohne. Ist eine Art Krankheit. Was mir da schon alles passierte. Ich klingelte bei wildfremden Menschen, die gar nicht daran dachten, mich zu kennen, geschweige denn mich bei ihnen wohnen zu lassen.«
Mir war es so übel, daß ich die Tragweite dieser Er-

öffnung gar nicht begriff und gottergeben neben dem Schnurrbart hertrottete, der mit abenteuerlichen Erklärungen seine Verlegenheit zu verbergen suchte.
»Für mich ist das Finden meines Wohnsitzes so etwas wie Lösung eines prinzipiellen Problems.«
Ich war erleichtert, als er das Problem schließlich löste und den richtigen Schlüssel für das dazu passende Schloß fand. Kaum hatte ich einen Stuhl erobert, schlief ich ein, was wahrscheinlich den Schnurrbart nicht daran hinderte, einfach weiterzureden.
Als ich wieder aufwachte, erklärte er mir: »Du hast eine große Begabung für den Schlaf. Aus dir kann noch etwas werden.«
Ich pulverte mich mit Kaffee etwas auf und ließ mich von dem Schnurrbart ausfragen. Er stocherte in meinem Leben wie in einem Dreckhaufen herum. Er nahm es in alle Teile auseinander und als er es wieder zusammensetzte, begann ich mich zu hassen. War ich tatsächlich drauf und dran, mit einem ausgewachsenen Ödipuskomplex nach Amerika zu flüchten. Von dieser Seite hatte ich meine Pläne noch gar nicht betrachtet.
Als ich den Schnurrbart verließ, waren 24 Stunden unserer Bekanntschaft vergangen.
»Ich schreibe dir mal!« sagte ich.
»Wer weiß, wo du landest?«
»Ich laß es dich wissen.«
Ich ging. Meine Müdigkeit war verschwunden. Ich begann zu rennen. Passanten zeigten, daß sie mich für total verrückt hielten. Das kam der Wahrheit ziemlich nahe.

Es war höchste Zeit, daß ich daranging, meine Pläne zu verwirklichen. Ich belegte einen Kurs Englisch für

Fortgeschrittene in der Volkshochschule. Zuerst fiel es mir sehr schwer, meine eigenen Gedanken in der englischen Sprache auszudrücken, aber ich fand sehr schnell heraus, daß es darauf gar nicht ankommt. Man muß das, was man sagt, mit dem in Zusammenhang bringen, was der andere hören will. Man muß nicht eine Sprache beherrschen, sondern das, was in einer bestimmten Situation zu sagen ist. Kennt man die paar Reizwörter, die das Einverständnis markieren, ist man ein gemachter Mann.

Was meine Finanzen anging, so war mit ihnen kein Staat zu machen. Sie waren ganz einfach nicht vorhanden. Meine Wirtin, die sonst die Liebenswürdigkeit selbst war, begann mich wegen meiner Zahlungsunfähigkeiten etwas böse anzuschauen. Ich war mit der Miete zwei Monate im Rückstand. Um überhaupt etwas in die Finger zu bekommen, sah ich mich gezwungen, die bronzene Statue eines Speerwerfers, die auf der Vitrine stand, in Geld umzusetzen. Fünfzehn lausige Deutsche Mark zahlte mir ein Antiquitätenhändler und fügte hinzu, er selbst würde keinen Pfennig daran verdienen. Natürlich fand meine Wirtin beim täglichen Aufräumen sehr bald heraus, daß der Speerwerfer nicht mehr die Vitrine zierte. Sie machte mir eine furchtbare Szene, schlug die Hände über dem Kopf zusammen und verkündete, daß ihr Mann, Gott habe ihn selig, so etwas nie getan hätte, nie.

»Also gut!« erwiderte ich. »Sie haben sicherlich recht – und ich kann mich nicht verteidigen. Was sollte ich denn tun, verhungern?«

Ich mußte ein sehr verzweifeltes Gesicht gemacht haben, denn Mitleid milderte ihre Züge. Sie nestelte an ihrem ewig grauen Witwenkleid.

»Sie hätten doch etwas sagen können!«
»Wer bettelt schon gern um Mitleid?« murmelte ich und schaute zu Boden.
Sie führte mich in ihre vor Ordnung strotzende Küche, in der man von dem Fußboden hätte essen können, und kochte mir einen Kaffee. Auch holte sie eine Likörflasche aus dem Küchenschrank und füllte zwei Gläser randvoll.
»Ein Trostpflästerchen!« sagte sie, ein Lächeln andeutend, und trank ihr Glas in einem Schluck, der Übung verriet, leer. Ich folgte ihrem Beispiel. Der Likör entzündete eine innere Wärme in mir. Meine Wirtin goß zum zweiten Mal ein. Eine leichte Röte breitete sich in ihrem Gesicht aus. Sie schob ihr Kleid, das verrutscht war, über ihre Knie, die bleich unter den schwarzen Strümpfen hervorschimmerten.
»Es ist immer besser, wenn man sich ausspricht«, belehrte sie mich.
Und ich sprach mich aus. Nach vier Gläsern Likör war sie den Tränen nahe, und ich tätschelte ihren Rücken. Ihr Atem roch nach Likör. Sie war Mitte Fünfzig, allein – und ich saß in der Tinte. Sie hielt meine Hand fest.
Ich sagte: »Ich mag Sie, bei Ihnen fühle ich mich geborgen.«
»Meinen Sie das ernst?« Sie zupfte an ihrem Kleid.
»Und ob!« Der Likör wirkte bis in meine Fingerspitzen und süßte meine Worte. Meine Wirtin löste sich in eine bonbonfarbene Wolke auf.
»Das dürfen wir nicht tun«, sagte sie, und auf dem Brett des Handtuchhalters stand in Fraktur:
HABEN ALTE LEUTE JUNGEN MUT
UND JUNGE ALTEN, IST ES GUT

Ich verirrte mich in ihre Kleider. Ihre Augen waren ein freudiges Entsetzen aus kühlem Weiß und warmem, fleckigem Grau.
»O nein, nein. Ja!«
Sie bestand nur aus Kleidern. Die Haut dazwischen wie Papier voller Hieroglyphen. Ein altes Lesebuch.
»Halt mich fest, ganz fest!« seufzte sie. »Amerika ist weit weg«, dachte ich. Wir umklammerten uns wie zwei Ertrinkende, und unser Liköratem kreuzte sich.
»Als ich so alt war wie du, tanzte man Tango.«
Am nächsten Morgen ging ich mit 15 Deutsche Mark, die mir meine Wirtin gegeben hatte, zu dem Antiquitätenhändler, um den Speerwerfer wieder zurückzukaufen. Das Kunstwerk sollte jetzt plötzlich 80 Mark kosten. Als ich dem Antiquitätenhändler zu verstehen gab, daß ich es war, der ihm den Staubfänger verkauft hatte, erwiderte er: »Junger Mann, ich kann mir keine Gesichter merken – und außerdem tut das gar nichts zur Sache. Wenn Sie den Speerwerfer haben wollen, will ich 80 Mark sehen. Das ist ein Freundschaftspreis.« Ich sagte ihm, er solle sich das einmalige Kunstwerk in den Hintern stecken und ging.
Meine Wirtin erleichterte mir mein Leben, wo sie nur konnte. Sie brachte mir jeden Morgen das Frühstück ans Bett. Sie roch nach Seife, und ihre Schürze war mit Blümchen besteckt. Ich verlor jedes Zeitgefühl.
Eines Tages sagte sie zu mir: »Weißt du schon, daß die Leute über uns reden.« Sie kicherte, ein Lachen ganz oben in der Kehle.
»Nur Neid!«
Würde ich jemals Zeiten des Wohlergehens erleben, ohne ein schlechtes Gewissen zu haben!

In der nächsten Zeit verbrachte ich viele Nachmittage in den Lesesälen der Frankfurter Bibliotheken und las Bücher über Amerika. Es waren Besuche in einer anderen Welt. Ich trat in einen von Schweigen beherrschten Saal. Blicke verfolgten mich mißbilligend, wenn ich zu einem freien Platz schlich, mit voller Erwartung hinsetzte, die Beine weit ausstreckte und mein Buch aufschlug. Kaum hatte ich zu lesen angefangen, wurde ich das Opfer eines mir unerklärlichen Juckreizes, der über meinen Körper wanderte und den ich kaum durch gelegentliches Kratzen beschwichtigen konnte. Meist begann er im Rücken, wo man sich selbst am wenigsten auskennt und wo die Hand nur unter schwierigen Verrenkungen des Kreuzes zu Hilfe eilen kann. Besser war es dann schon, wenn ich meinen Rücken ab der Stuhllehne auf und ab schob, was jedoch Geräusche verursachte, die wie Explosionen in der andächtigen Lesestille wirkten. Versuchte ich den Juckreiz einfach auszuhalten, war ich sehr bald derart ungeduldig, daß ich mich am liebsten mit meinen eigenen Händen zerrissen hätte. Ich muß zugeben, daß ich mich ungern kratzte: aber es gehörte einfach zum Zeremoniell des Lebens.
Einmal beugte sich ein alter Mann, der mit gespreizten Fingern in einem Buch blätterte, zu mir herüber und flüsterte hinter vorgehaltener Hand: »Sie müssen ja etwas Interessantes lesen. Darf ich mal sehen?« Seine Augen weiteten sich hinter der Brille.
Ich ließ von meinem aufgewiegelten Körper ab und hielt ihm mein Buch unter die Nase: eine Geschichte des anfänglichen Amerika, in der viel von Gebetbüchern und Handelsbilanzen die Rede war. Der Alte schloß enttäuscht die Augen und winkte ab.

»Was gibt es denn da zu jucken, junger Mann?« murmelte er und kehrte zu seinem Buch zurück.
Mir gegenüber saß ein bleicher junger Mann, der einen ganzen Bücherstapel vor sich hatte. Er blieb nicht lange bei einem Buch. Hastig durchstöberte er die Seiten, wobei er mißbilligende Zischlaute ausstieß. Neben ihm rutschte ein schweratmender Glatzkopf auf seinem Stuhl hin und her. Nach jedem Satz schaute er auf, lehnte sich zurück und lächelte überlegen. Ich haßte seine besserwisserische Physiognomie und seine zarten Finger, die lüstern über die Seiten strichen.
Es war jedesmal eine höchst merkwürdige Gesellschaft von Lesenden, die sich in der lauernden Stille des in jungfräulichem Weiß gehaltenen Saals versammelte, ohne daß einer mit dem andern das geringste zu tun haben wollte. Ihre Geliebten waren die Bücher, die sie liebkosten, streichelten, aufblätterten, eifersüchtig betrachteten und fast mit einer wollüstigen Hingabe studierten: Bücher über Gott, beruhigende Orthodoxien, Schweinsledernes, sich selbst genügende Skepsis, Dichtungen, die Lust an der Melancholie, grüne und blaue Hoffnungen, Revolutionäres, bizarre Phantasien, Lunatisches, Saturnisches, erotische Paradiese, Lettern, die einander gegenüberstanden wie Ritter mit gefällten Lanzen, Beunruhigungen zwischen den Zeilen, Papier, das unter den Fingern raschelte. Auswege aus der Wirklichkeit. Die große ERSATZwelt.
Und was für Leser, mein Gott, armselige Korinthenkacker und Hämorrhoidenopfer, die in der Druckerschwärze unterzutauchen suchten, Fiktionäre, die große Bruderschaft der Zeittöter, der Tintengläubigen, Voyeure, Adepten der Neugier, der Krisenwühler und Jammerweiber. Wenige Frauen sah ich unter ihnen.

Meist waren es alte Männer und Studenten in den wunderlichsten Posen und Stellungen, die etwas Obszönes an sich hatten.
Ich freundete mich mit einem vogelgesichtigen Greis an, der immer dasselbe Buch vor sich liegen hatte, an dem er nur zu nippen schien. Ich weiß nicht mehr, welches Buch es war, ich weiß nur noch, daß es den Alten ungemein belustigen mußte, denn er zog zuweilen mit einem leisen Kichern die Aufmerksamkeit der anderen auf sich. Einmal verließen wir zusammen die Bibliothek.
»Sie interessieren mich, junger Mann«, begann er, »ich möchte zu gern wissen, was Sie, wenn Sie mir die Frage erlauben, in diesem Raschel- und Räusperkabinett zu suchen haben. Bei mir ist es etwas anderes. Ich bin allein, meine Frau ist schon lange tot. So verlange ich jetzt nach der Gesellschaft der Bücher, die geduldiger sind als die Menschen. Große Sprünge kann ich nicht mehr machen. Aber Sie? Sind Sie Student?«
Ich verneinte.
»Habe ich mir gedacht«, fuhr er fort, »das sieht man schon an der Art, wie Sie ein Buch lesen. Sie suchen Bestätigung Ihrer Gedanken, ja ich möchte sagen, Ihrer Träume, wenn Sie lesen. Sie haben mehr Hoffnung, als Ihnen die Welt erfüllen kann. Meine Hoffnungen sind Erinnerungen geworden.«
»Ich will nach Amerika auswandern«, platzte ich heraus, »und da möchte ich mich erst etwas informieren. Hoffnungen sind ja ganz schön und gut, aber schließlich muß man wissen, was einen erwartet.«
»Sie werden mir doch nicht einreden wollen, daß Sie daran glauben, drüben ein neues Leben anfangen zu können? Sind Sie eigentlich glücklich?«

Die Frage kam so unvermittelt, daß ich nichts Vernünftiges zu sagen wußte – und während ich Belangloses von mir gab, versuchte ich ganz für mich herauszufinden, ob ich denn in Wirklichkeit glücklich wäre. Der Alte beobachtete mich feixend. Es machte ihm ohne Zweifel Spaß, wie ich mich mit meinen Erklärungen abquälte.

War ich denn glücklich? Mir fielen Werbeslogans ein, die ein vielfältiges Glück propagierten: eine gute Verdauung, Potenz und dergleichen, eine Haut ohne Pickel, Unterhosen, die die Männlichkeit betonten, ein frischer Atem, eine Rasur, ein neues Fahrgefühl, ein gutgepolstertes Bankkonto, ein komfortables Bett, südliche Urlaubspläne und Kultur durch ein Theaterabonnement, gute Zähne natürlich, sicheres Auftreten und Freunde durch Fremdsprachen, Erfolg, Erfolg, Erfolg und einen reibungslosen Orgasmus, Revolution und das richtige Bewußtsein, Gesundheit und Reformhauskost, neue Erfahrungen, Trips, Aufgeklärtsein, das große UPTODATE? Dabei sein können. Mitmischen, Fettauge sein in der Einheitssuppe der Gegenwart, immer im richtigen Augenblick ja sagen können. Glücklich? »Ich kann Ihnen beim besten Willen nicht sagen, ob ich glücklich bin.«

Er nahm mich mit in seine Wohnung und zeigte mir mit geschwätzigem Stolz seine Bücher, die eine ganze Wand bedeckten, Rücken an Rücken wie eine Armee auf der Flucht.

»Sie werden es nicht glauben«, sagte er mit einem Blick auf die alten Möbel, »aber das Zimmer ändert sich während meiner Abwesenheit. So alt die Sachen auch sein mögen, sie finden doch, weiß Gott wie, noch immer die Kraft zu altern. Ich meine nicht die Möbel, sondern die Atmosphäre. Sie ist anders: sie dringt intensiver und unbewußt in uns ein, wie der Tod, gegen den man sich feige immer weniger wehrt, je älter man wird. Ich fühle alles langsam in mir und um mich herum mürber werden. – Trinken Sie den Tee stark?«

Ich mußte ganz einfach pissen und wagte nicht, das Gespräch auf diesen Gegenstand zu bringen. Solche Nöten können einem die erhabensten Augenblicke vermiesen. Man sitzt nur da und glaubt zu platzen. Ich durchlitt höllische Qualen und sagte aus heiterem Himmel: »Ich habe eine wichtige Verabredung.«

Der Alte mußte seinen Tee allein trinken. Ich fand mit knapper Not einen unbeobachteten Platz in einem Hinterhof und glaubte allen Ernstes völlig auszulaufen. Es war mir unbegreiflich, wo all das Wasser herkam, das meine Verzweiflung wegspülte. Ein ganz dummes melodramatisches Glücksgefühl ergriff Besitz von mir. Ich ging pfeifend nach Hause und beschloß nach diesem Befreiungsakt, an die Verwirklichung meiner Auswanderungspläne zu gehen. Aber so einfach war das gar nicht.

Auf dem amerikanischen Konsulat fragte man mich, ob ich einen sicheren Arbeitsplatz oder einen Bürgen in Amerika vorweisen könnte. Ich konnte weder das eine noch das andere. Der junge Konsulatsangestellte, der die deutsche Höflichkeit besser beherrschte als die deutsche Sprache, sagte wohl zehnmal, es täte ihm leid, und ich sah Amerika davonschwimmen. Er gab mir einen Stoß Formulare. Na gut, ich nahm mich zusammen und verkündete: »Das kriegen wir schon hin.«

Meine Wirtin jammerte, als ich ihr von meinen Plänen erzählte.

»Du könntest es hier so schön haben!« Sie riß die Augen bedeutungsvoll auf und tat alles, um mich von meinem Vorhaben abzubringen. Sie mästete mich wie eine Weihnachtsgans. Sie schenkte mir sogar die Uhr ihres verstorbenen Mannes, die ich jedoch nicht aufzuziehen wagte, weil ich fürchtete, ich könnte ihrem Rhythmus verfallen.

Und dann die Stunden, in denen wir Likör tranken und Süßholz raspelten. Sie blühte auf. Sie hatte eine lohnende Aufgabe, sie hatte mich. Der Himmel hing voller Geigen und Würste. Ich fraß mich in ihr Vertrauen hinein.

»Willst du das Rumpsteak gut durchgebraten?« rief sie. Sonst hatte ich nicht allzu viel zu tun. In gewissen unbewachten Augenblicken, wenn ich in meinem Zimmer saß, inmitten der lächerlichen Vasen, Porzellanhunde und gestickten Decken, WO EIN WILLE IST, IST AUCH EIN WEG, überkam mich ein großer Katzenjammer, und mir wurde die beschämende Komik meiner Situation bewußt.

Das alles war meine eigene Schuld. Ich vergaß über alle Möglichkeiten, die ich mir ausdachte, die notwendigen Schritte in der Gegenwart. Ich hatte tatsächlich die absurde Vorstellung, daß ich mich bei jeder Entscheidung nur festlegen würde. So tat ich gar nichts, lag auf der faulen Haut und ließ meine Wirtin großartige Speisezettel ausdenken. Noch über das Grab hinaus spürte ich den Vorwurf meines Vaters. Davon handeln sehr viele Bücher. Ich ließ mir einen Schnurrbart wachsen und war sehr stolz auf dieses Naturereignis.

Mein Freund aus der Bibliothek, der sich gern mein frivoles Geschwätz anhörte, erklärte mir, daß auch Untätigkeit eine Anpassung an die bestehenden Verhältnisse sei. Er sagte: »Gerade die heutige Gesellschaft, die mit dem Fleiß hausieren geht, sehnt sich im Grunde nach der illusionären Welt der Trägheit, in der gebratene Tauben dem Erholungssüchtigen ins Maul fliegen. Die perfekte Maschine ist die Ausgeburt der Trägheit, sie triumphiert über die Mühe, die sie herstellte. Der träge Mensch besitzt keine Eigenschaften. Er resigniert angesichts der verlockenden Alternativen. Seine Vorstellung von Unschuld erschöpft sich in dem Streben, der Alltäglichkeit zu entgehen. Er will sich um alles in der Welt nicht beschmutzen. Die Jünger der Faulheit vergessen jedoch dabei, daß die reine Möglichkeit Tod bedeutet. Aber das stört unsere von Illusionen wachgehaltene Gesellschaft nicht: sie macht die Trägheit zum Advokaten des Warenangebots. Nur so ist das utopisierende Geschwätz unserer Zeit zu verstehen, die sich ganz der Trägheit verschrieben hat. Das ganze Unheil besteht darin, daß wir nicht genau wissen, wer der Mensch in Wirklichkeit ist und wozu er überhaupt fähig ist.«

So unrecht hatte der Alte nicht. Ich war mir selbst nie ganz sicher. Zuweilen pumpte ich mich mit wilden Vorstellungen voll, glaubte eine Bombe zu sein, aber ich ging einfach nicht los. Ich wartete bibbernd auf den großen DER DIE DAS, auf Amerika.

Meine Bibliotheksbesuche wurden durch einen höchst merkwürdigen Zwischenfall beendet, von dem selbst die Zeitungen berichteten. Da ich Augenzeuge war, ja im gewissen Sinne sogar Mittäter, traue ich mir zu,

das Ereignis ziemlich wahrheitsgetreu wiederzugeben.
Es war an einem Freitagnachmittag, als ich plötzlich aus meiner Lektüre gerissen wurde. Ein junger Mann, der mir schon die ganze Zeit durch ein nervöses Zukken seines Kopfes aufgefallen war, sprang von seinem Platz auf, schrie: »Ich habe es satt!«, nahm sein Buch und schleuderte es über die Köpfe der Lesenden, die entsetzt aufschauten und sich an den Tischen festhielten. Die Zeit schien still zu stehen. Das Buch flatterte wie eine Fahne in der Luft. Als es gegen die Wand klatschte, löste sich die Spannung der Zuschauer. Ich weiß nicht mehr, wer als nächster mit seinem Buch warf. Ich kann mich nur noch daran erinnern, daß auch ich nach einem Schmöker griff und ihn aus dem Handgelenk heraus nach dem jungen Mann schmiß, der die Schlacht eröffnet hatte. Ein verbissener Kampf begann. Allerlei Gelehrtes flog mir um die Ohren: Erstausgaben, Bibliophiles, stauberfahrenes Papier. Etwas traf mich an der Stirn und nahm mir für einen Augenblick die Sicht. Ich griff nach dem Nächstliegenden und schleuderte es von mir. Ein schweres Buch fiel mir in den Rücken. Ich konterte. Die mit den dicksten Büchern waren die Erfolgreichsten. Mit Amerika konnte ich nicht viel Staat machen. Da hatte ich mein Pulver schnell verschossen. Die Aufsichtsbibliothekarin, die eine Weile der Bücherschlacht fassungslos zugeschaut hatte, war einer Ohnmacht nahe. Sie schrie mit tränenerstickter Stimme:
»So hören Sie doch auf, um Gottes Willen! Das sind unbezahlbare Werte!«
Sie griff zum Telefon und rief einen der Direktoren zu Hilfe, der jedoch, als er den Lesesaal betrat, nicht

mehr viel zu tun hatte. Die Schlacht war geschlagen – und keiner wußte so recht, wofür und warum. Über den Boden zerstreut lagen aufgeschlagene Bücher. Ein Leser blutete aus der Nase. Ein Tisch war umgestürzt. Wir starrten uns betreten an und hoben die Bücher wieder auf. Die Bibliothek durften wir nicht mehr betreten, unter keinen Umständen. Mir konnte es recht sein. Amerika rückte näher.
Mein alter Freund, der an diesem Nachmittag nicht im Lesesaal gewesen war, amüsierte sich über alle Maßen, als ich ihm von dem Papiermassaker erzählte. Er wollte alle Einzelheiten genau wissen. Zum Schluß sagte er mit einem spöttischen Augenzwinkern: »Trösten Sie sich, junger Mann, Sie sind mehr Literatur als Sie ahnen!«
Ich tat, als hätte ich die Bedeutung des Satzes nicht verstanden. Als ich mich verabschieden wollte, bat der Alte mich, noch einen Augenblick zu warten. Er trat an sein Büchergestell, griff einen Band aus der untersten Reihe heraus und gab ihn mir. Es war Mark Twains »A Tramp Abroad«.
»Damit Sie in Übung kommen!«
Und wie ich in Übung kam. In der Straßenbahn blätterte ich in dem Buch und mußte sehr bald furchtbar lachen. Einige Fahrgäste hielten mich für übergeschnappt und starrten mich schadenfroh an. Ich versuchte mein Lachen in die Nase zu verstecken, um weniger Aufsehen zu erregen. Das ging eine Weile gut, aber dann schaffte es meine Nase nicht mehr und ich platzte heraus, daß eine Frau ihr Wechselgeld verlor und der Schaffner die Endstation ankündigte. Der ganze Wagen geriet in Aufruhr. Ein dicker Mann mit Pfannkuchenohren bezog das Ganze auf sich und po-

stierte sich in seiner beunruhigenden Größe und Breite vor mir auf. Ich klappte den Mark Twain zu und verließ den Wagen an der nächsten Station. Das Lachen dauerte in mir an. Längst war es nicht mehr Mark Twain, über den ich lachte, ich lachte über alles, was mir ins Blickfeld kam, über kaufgeile Frauen, über die Verlockungen der Schaufenster, über den von Tauben beschissenen Goethe, der olympisch ins Leere schaute, über Männer, die ihre Gedanken nicht verbergen konnten, über Kinder, die nicht wie ihre Eltern aussehen wollten.

Ziemlich erschöpft kam ich in der Wohnung meiner Wirtin an. Sie selbst war nicht da. Die Likörflasche, die ich sofort aus dem Küchenschrank holte, reichte nur noch für drei Gläschen. Es war nun an der Zeit, daß ich über mich selbst lachte. Meine Umgebung erwies sich als eine adäquate Kulisse für diese Welturaufführung meiner Selbstbelächlung: der weiße Küchenschrank, in dem von schmerzstillenden Mitteln bis hin zu bitteren Mandeln so ziemlich alles zu finden war, was man im Leben brauchte, der Abreißkalender hing neben dem Handtuchhalter, auf den Stühlen lagen rote Sitzkissen, die Tischdecke war mit gestickten Vögeln geschmückt, einige Tierbilder belebten die Wand, meistens Katzen, die ungemein erotisch wirkten. Meine Wirtin liebte Tiere. Ihr Herz floß jedesmal über, wenn sie einen Hund auf der Straße sah. Ich hatte den Verdacht, daß ich von diesem Mitleid mit der Kreatur etwas abbekam.
In der Mitte der Küche hing einer dieser altmodischen Fliegenfänger von der Decke herunter. In meinem damaligen Zustand konnte ich dieses Ding nur symbo-

lisch nehmen. Ich gab eine prächtige Fliege ab. Da saß ich nun, mit einem hysterischen Lachen gegen mich selbst kämpfend, als meine Wirtin, bis zur Nasenspitze mit Lebensmitteln vollbepackt, die Wohnung betrat. Das Leben ging weiter.
»Dir scheint es zu gut zu gehen«, sagte sie voller Mißtrauen und schaute sich in ihrer Küche um. Alles war beim alten, nur ich schien ihr verändert.
»Magst du mich nicht mehr?« quengelte sie, stellte die Lebensmittel auf den Küchentisch ab und kam nach Versöhnung äugend auf mich zu. »Ich habe zwei Forellen mitgebracht und Likör.« Sie roch nach Veilchenduft. Das Übliche.
»Fehlt dir was?«
»Mir fehlt überhaupt nichts.«
»Ich weiß, du hast irgend etwas gegen mich«, jammerte sie. Es hatte jetzt keinen Sinn, ihr mit liebevollen Sätzchen zu erklären, daß ich lediglich über mich selbst gelacht hatte. Sie hätte alles auf sich bezogen. Sie brauchte den Vorwurf, um sich mit mir wieder versöhnen zu können. Plötzlich war mir gar nicht mehr zum Lachen zumute. Ich ließ die Flügel hängen –
»Ich muß etwas unternehmen!«
»Du könntest mit deinen Talenten doch leicht eine Arbeit finden. Mein Bruder hat eine kleine Druckerei. Er würde dich sofort einstellen. Du interessierst dich doch für Literatur. Er druckt Geburts- und Todesanzeigen.«
Das hatte mir gerade noch gefehlt. Ich nahm meinen Mark Twain, verließ die Küche und warf mich auf mein Bett. Wenig später klapperten Kochtöpfe. Es war zum Heulen. Der Hunger stellte sich ganz auto-

matisch ein. Vor mir Forelle blau. »Ausgezeichnet!« lobte ich.
Meine Wirtin hatte meinen Ausbruch noch nicht ganz verdaut und saß mit gesenktem Blick am Tisch. Sie kaute herausfordernd langsam. Ihr Kinn zitterte.
»Das war das Lieblingsgericht meines Mannes.« Ihre Stimme schwankte.
»Ich habe doch gesagt, daß es ausgezeichnet schmeckt.«
»Was hast du nur gegen mich?« Sie ließ die Gabel auf den Teller fallen. Die weißen, toten Augen der Forelle. Die Architektur der Gräten. Blaugrau die Haut am Tellerrand. Als Kind ekelte ich mich vor Fischen. Als Kind glaubte ich, daß Amerika in Frankreich läge.
»Jetzt hör' doch endlich auf mit deinen Fragen. Ich habe ganz einfach lachen müssen. Über alles. Verstehst du das nicht?«
»Also auch über mich?«
Alles endete bei ihr.
Erst als wir Likör tranken, taute sie wieder auf, und ihr Trotz zerrann zu einem verheißungsvollen Lächeln, das ihr über Kochtöpfen wissend gewordenes Gesicht mit einer Röte überzog.
»Ich wußte ja, daß du Sinn für Humor hast.«
»Wenn ich nur weiß, du hältst zu mir: dann ist mir alles egal.« Das Selbstmitleid stand ihr gut. Sie nahm ihre Hand zu Hilfe. Ihr Kopf schaukelte vor Begeisterung. In der Wohnung über uns orgelte die Wasserspülung.
»So wie die Dinge jetzt stehen, kann ich nicht nach Amerika. Man muß einen Arbeitsplatz vorweisen oder einen stinkreichen Bürgen.«
»Du weißt, meine Tochter lebt drüben. Ihrem Mann geht es sehr gut. Er besitzt eine Spielwarenfabrik. Du

müßtest ihn einmal sehen, er sieht aus wie der älteste Sohn meiner Tochter. Komischer Kauz, konnte nie mit ihm warm werden.« Das war meine Chance. Ich goß nach. Der Likör floß über den Rand des Glases. Auf dem Tisch bildete sich ein Netz von klebrig feuchten Ringen.

»Könnte dein Schwiegersohn ...« Ich machte eine Pause und lauerte auf ein geschwindes Verstehen. Es war mir lieber, wenn sie den Gedanken aussprechen würde. Aber ich wartete vergebens. Ihr Gesicht zerfloß in glücklichem Selbstmitleid. »Laß uns doch von etwas anderem reden!«

Mir blieb nichts anderes übrig, als selbst mit der Sache herauszurücken.

»Könnte dein Schwiegersohn mir nicht einen Job verschaffen?« Sie stieß ihr Likörglas um und begann auf der Stelle wie ein Schloßhund zu heulen.

»Ich wußte es ja«, schrie sie auf. »Du willst mich nur ausnutzen.«

Amerika rutschte weg.

»Verräter!« Sie legte ihre ganze Verachtung in diesen Ausruf und fiel mir um den Hals.

»Das kannst du mir doch nicht antun!«

Ich brauchte eine gute Stunde umsichtiger Überzeugungskraft, um sie dazu zu bewegen, den Brief an ihren Schwiegersohn zu schreiben. Ich schwitzte. Immer wieder fiel ihr etwas ein, was gegen einen solchen Brief sprechen würde: »Er kennt dich doch gar nicht! Ohne Brille kann ich nichts sehen.« Ich klemmte sie ihr über die Ohren und diktierte den Brief. Als der letzte Satz geschrieben war, lag die ganze Küche voll von zerknülltem Papier, die Likörflasche war leer, und meine Wirtin wollte unbedingt mit mir zusammen nach Amerika fliegen. »Ich habe gehört, die Amerikaner leben nur aus Büchsen. Davon kann doch ein Mensch auf die Dauer nicht existieren.« Ihre Stimme schwankte. Sie wollte sich erheben, blieb aber auf dem Stuhl kleben.

»Ich durchschaue dich!« triumphierte sie. Ich half ihr beim Aufstehen und geleitete sie zu ihrem Bett. Sie deutete eine Umarmung an und plumpste in Schlaf. Über ihr wellte sich eine Heidelandschaft unter Glas. Ich hatte leider nicht das Talent, meine Vergangenheit wie einen Roßapfel zu verlieren.

Am nächsten Morgen trug ich den Brief zum Postamt im Hauptbahnhof. Der Schlitz des Briefkastens war plötzlich nicht mehr der Schlitz eines Briefkastens.

STÜNDLICHE LEERUNG

Die Zukunft begann zu keimen. Ich versuchte mein Glück in einem Spielsalon, fütterte einen Automaten mit 20 Pfennigen und wartete. Die Zahlentafel stellte sich auf Null ein. Ich katapultierte die erste Kugel ins Spiel. Sie schoß hin und her, klirrte gegen die Scheibe, beruhigte sich und rutschte durch einen Engpaß. Die erste HUNDERT erschien mit einem Klirren auf der Zahlentafel.

ZACK ZACK ZACK

110 111 112

Ich schob meinen Bauch gegen den Automaten und mogelte die Kugel in eine günstige Position. Wieder ein Engpaß.

Gib's ihm. Ja, nun mach schon – und noch einmal, langsam, den Bauch vor, die Zahlen beeilen sich. Lämpchen leuchten auf. BONUS. Himmelherrgott, so

ein Scheißding, haut einfach seitwärts ab. Läßt Papa im Stich.
614, ein mieser Anfang. Besser, wenn man gleich groß rauskommt, dann steigen die Chancen, die Zuversicht wächst, wer gleich unten hängt, verliert die Courage. So ist das, meine Herrn, Adam gibt da ein prächtiges Beispiel ab. Komm schön, gut so, rin ins Loch. Zack, 814, und noch einmal mit Musik und durch, den Bauch vor, die Kugel rutscht weg. Rote Lämpchen. Jetzt zählt's, jetzt muß man Punkte sammeln, jetzt ist Weihnachten.
O GOTTLIEB
ein bißchen mit den Hüften nachhelfen. Und wieder weg. 1575.
Das Lachen des Clowns auf der beleuchteten Scheibe.

Wer ist hier der Clown? Alle guten Dinge sind drei. Also raus damit, die Feder anziehen, loslassen, der Bolzen schnellt vor und stößt die dritte Kugel ins Spiel. Mann, das läuft ja wie geschmiert, da kann man sich zur Ruhe setzen, nur noch zugucken und zackzackzack, nice and easy. So ist es recht. Glück ist ein Kontaktzufall, die Kugel macht, was der Automat will. Gib ihm Saures! Gottlieb, here I come, 2511 und noch einmal rein, jetzt klappt's, Mädchen mach die Beine auseinander und Ah und Ach, der Clown blinzelt wie ein Zuhälter, Glück muß man haben, sonst kann man sich gleich wieder in seine Vorhaut zurückziehen. Amerika ist ein großer Automat, man muß nur am richtigen Hebel sitzen, Gottes Gnade, auserwählt sein. Bin ich auserwählt oder nur so ein geiler Eckensteher, Mann, man muß ja schließlich wissen, woran man dran ist, man kann doch nicht unvorbereitet baden gehen, so etwas ist einfach unfair. Der Kasten klirrt BONUS. EXTRABONUS. Die große Schau. Alles ist Zahl, alles Statistik, keiner rutscht durch das Nest. 2917. Ob es die Welt so weit schafft? Sind nicht meine Sorgen. Die Zukunft ist nur solange interessant, solange meine Hoffnung etwas in ihr investiert hat. 3042. Die Sache wird utopisch. Superman räumt in Disneyland auf. Donald wandert ins Weltall aus. Bauch vor, die Tasten drücken. Here, I come, Gottlieb, jetzt mußt du einen ausgeben. 1 zu 0 für das Individuum.

Ich geriet ganz aus dem Häuschen und stemmte mich gegen den Automaten, der vor Aufregung rasselte und in allen Farben aufleuchtete. Zahlen marschierten über meine Stirn. Meine Nase glühte auf, die Ohren klirrten. Stromstöße ließen mein Herz tanzen.

Hier ist Superman, der Rächer der Enterbten, die glückliche Marionette, die auf jede Gefahr eine Antwort weiß. Ich denke nicht, ich reagiere.

Da riß der Faden. Ein schadenfrohes TILT grinste mir entgegen. Der Clown verglühte. Ich stand im Abseits. Gottlieb triumphierte. Ziemlich angeknackst flüchtete ich in ein Kino, wo ich sehr schnell Gelegenheit hatte, mich mit einem unerschütterlichen Helden zu identifizieren. Ich erschoß ein halbes Hundert Bösewichter, liebte drei Frauen und ritt schließlich der Sonne entgegen. Daraufhin war ich geistig wieder ganz gut in Form.

Die Verfluchung der Welt ist keine angemessene Antwort auf die Welt.

Mit brennenden Füßen kehrte ich in die plüschene Stille meines Zimmers zurück. Ich zog sofort meine Schuhe aus und massierte meine Zehen. Es gibt nichts Lächerlicheres als einen Fuß, der gerade einem Schuh entstiegen ist. »Bist du endlich da?« rief meine Wirtin aus der Küche. Zu meiner Schande mußte ich mir eingestehen, daß ich Hunger hatte. Die Leere meines Magens teilte sich meinen Gedanken mit.
»Ja!« grunzte ich.
»Wo hast du nur so lange gesteckt?«
»Den Brief befördert.«
»Das wußte ich.« Ihre Stimme wurde schrill. Mit der Zeit hatte ich herausgefunden, die Gefühle meiner Wirtin an ihrer Stimme abzulesen. Ihr Herz lag auf der Zunge, und sie genoß es dort. Sie trat in mein Zimmer.
»Du kannst gleich essen, wenn du willst.«
»Das ist nett von dir.«
»Nicht der Rede wert. Willst du wirklich nach Amerika?« Ich spielte den Pessimisten. »Das, woran man nicht glaubt, wird bestimmt eintreffen.« Sie strahlte sibyllinische Erfahrungen aus.
Plötzlich stellte ich fest, daß sie die Karte von Amerika entfernt hatte. Ich sah nur einen weißen Fleck. Diese Geschichtsfälschungen!
»Was hast nur mit der Karte gemacht?«
Sie schaute mich voller Ordnungsliebe an. »Ich hoffe, du hast Verständnis dafür, daß ich den Staubfänger weggeworfen habe.«
Mir verging der Appetit.
Europa machte es mir nicht leicht, ihm den Rücken zu kehren. Mit allen erdenklichen Listen, liebgewonnenen Gewohnheiten und Bequemlichkeiten versuchte es

mich zu umgarnen und einzulullen. Ich hatte böse Träume. Ich war auf der Flucht, als ich einen schwarzen Bock hinter mir herstürmen sah. Er schlüpfte mir zwischen die Beine, hob mich hoch und trug mich wieder zurück, und zwar nicht brav über Wege und Straßen, sondern geradezu durch dick und dünn, so daß meine Haut in Fetzen von mir flog. In wenigen Augenblicken war ich wieder in trauter Umgebung. Meine Wirtin in Überlebensgröße und aufgedonnert wie eine Tragödin, hieß mich mit höhnischen Worten willkommen.
»Schau, bist du wieder da! So soll man dich lehren, daheim zu bleiben.« Hierauf zog sie mir neue Sachen an, die mir derart lächerlich erschienen, daß ich mich nicht mehr aus meinem Zimmer wagte. So erlosch das Universum, Amerika.
Ich erwachte mit einem bitteren Geschmack im Mund. So konnte es nicht weitergehen. Wenn sich nicht bald etwas ändern würde, war ich drauf und dran, eine Art Schoßhund zu werden, der bei besonders freudigen Gelegenheiten sogar mit dem Schwanz wedelte.
Der Tag fing mit einer Zeitung an.

FÜR LEUTE MIT JUGENDLICHEM SCHWUNG (VON 18 BIS 25 JAHRE)
5 STUNDEN EISERN ARBEITEN AM TAG! TÄGLICH FREUDIG 51 DM KASSIEREN! FÜR STUDENTEN UND SCHÜLER UNGEEIGNET.

Die Zeitung wippte über die Kaffeetasse. Meine Wirtin saß mir gegenüber, in einem dicken wollenen Kleid und in roten Pantoffeln. Die frischen Brötchen lagen in einem Bastkörbchen.

»Es gibt Regen.«
Ich schaute der Höflichkeit halber zum Fenster hin. Bewölkt. Der Kalender kündete einen abnehmenden Mond an.
»Mir egal«, murmelte ich und biß in ein Brötchen.
»Das sagst du so leicht hin. Es kommt immer darauf an, wie man sich fühlt.«
»Ich werde den Job nehmen.«
Meine Wirtin fingerte nach ihrer Brille.
»Die Hauptsache, es ist etwas Reelles.« Das war ihr Lieblingswort. Sie nahm die Zeitung und verirrte sich in den Sterbeanzeigen, die sie zu ausschweifenden Klagen über die Welt und die Menschheit verleiteten. Ich ließ meinen Kopf herunterhängen, fuhr mit der Zunge über die Lippen und betrachtete das Linoleum der Küche, das von dem vielen Darüberhintrampeln ganz rissig war.
»Da ist ein Hans Reis gestorben. Er wurde nur 22 Jahre alt. Das ist doch dein Alter. Stell dir vor: aufhören, ehe man richtig anfängt. Glaubst du, daß es ein Paradies und eine Hölle gibt?«
Die Zeitung knisterte.
»Wir werden es schon erfahren«, murmelte ich und hoffte damit das Thema beerdigt zu haben, aber meine Wirtin nahm dies nur zum Anlaß, der Sache nun erst recht auf den Grund zu gehen. Eifer rötete ihre Wangen.
»Es ist doch nicht alles aus, wenn wir tot sind.«
Das war kein Gespräch am Anfang des Tages. Ich nahm ihr die Zeitung weg und stand auf. Es gelang mir nicht, gegen die Angst anzukämpfen, die sich von meinem Magen aus überall in mir breitmachte. Die Freiheitsstatue ließ ihren erhobenen Arm sinken. Die

Börsenkurse rutschten in den Keller, in den Hoden verschimmelte der Samen. Aus! Es war zum Mäusemelken. Ich zog meine Jacke an und stürmte die Treppe hinunter. Im Briefkasten lag ein Prospekt
»GREIFEN SIE ZU, SOLANGE DER VORRAT REICHT
REGENMÄNTEL IN ALLEN GRÖSSEN«
Aus Gründen der Werbung fing es an zu regnen.

Zwei Monate lang verkaufte ich mit jugendlichem Schwung Suppenwürfel. Ich hatte ja Routine und machte den Suppenwürfel zu meinem Lebensinhalt. Amerika rückte näher. Meine Wirtin versuchte alles, um mich aus meinen Verdienststrapazen in die Idylle ihrer Fürsorge zu locken. Es gelang ihr nicht.
Da endlich traf die Antwort aus Amerika ein, die langersehnte. Ich hatte es schon aufgegeben, jeden Morgen im Briefkasten nachzuschauen. Meine Wirtin rückte erst nicht mit der Sprache heraus. Sie druckste geheimnisvoll herum und sah aus wie ein Weihnachtsmann, der die Geschenke am liebsten selbst behalten möchte. Ich mußte mich ganz schön ins Zeug legen, bis sie zu ihrer Brille griff und mit belegter Stimme den Brief vorlas. Ein Glas Likör half ihr dabei. Der Inhalt des Briefs behagte ihr überhaupt nicht. Für mich war er Engelmusik. Die Spielzeugfabrik CHILDREN'S PARADISE in Chicago erwartete meinen Eintritt. Die Sache war also ausgelöffelt. Der Schlaf hatte die Wirkung eines Kaffeewärmers.
Am nächsten Morgen sah die Welt ganz anders aus. Meine Wirtin empfing mich mit einem pikierten Gesicht.

»Du kannst es wohl nicht abwarten, bis du weg bist?«
Auf dem amerikanischen Konsulat händigte man mir einen Fragebogen aus, der mein Ziel wieder in weite Ferne rückte. Ich hasse es, durch amtliche Fragen mich festlegen zu lassen: man ist dann geboren, getauft, männlich oder weiblich, in die Schule gegangen, ledig, wohnhaft und so weiter: eine eingegrenzte, gestempelte Persönlichkeit, über die es Akten gibt. Ein paarmal hatte ich beim Ausfüllen ähnlicher Fragebogen meiner Phantasie die Zügel schießen lassen; der Erfolg war, daß ich noch mehr Fragebögen erhielt, für die ich Wochen brauchte, bis ich sie zur Zufriedenheit der Ämter ausgefüllt hatte. Schließlich war ich das, was ich nicht sein wollte. Schwamm drüber!

Ich trug die Papiere in eine Kneipe, wo ich mit Hilfe einiger Glas Bier ihren Inhalt ausführlich studierte. Es war eine harte Nuß, und mir schwirrte der Kopf vor lauter Bestimmungen und Fragen. Amerika entartete zu einem bürokratischen Labyrinth. Kaum hatte ich ein Problem gelöst, tauchte ein anderes auf. Ich war bald nicht mehr sicher, wie ich hieß. Sie wollten sogar wissen, ob ich Schulden hatte. Ziemlich niedergeschlagen landete ich bei einem Fotografen, der mir erklärte, daß er kein Paßfoto von mir machen könne, wenn ich nicht den Kopf still hielte. In der Hitze der Lampen schwitzte ich wie ein Pavian.
Ich zeigte Profil, um mein Ohr besonders zur Geltung zu bringen und preßte meine Lippen zusammen.
Auf dem Bild sah ich mir nicht ähnlich. Mein ganzes Gesicht schien sich in meine Nase geflüchtet zu haben, die auf eine provozierende Weise in die Zukunft ragte.

Meine Wirtin zerfloß in Trauer, als ich mit den ersten Anzeichen des Abschieds nach Hause kam. Die Aufregung reizte meine Magensäfte. Sie wollten mehr verdauen als sie zu verdauen hatten. Der Hunger war mir vergangen. Der bloße Gedanke ans Essen weckte Übelkeit in mir. Meine Wirtin zeigte kein Verständnis und schmollte in der Küche.
Als ich sämtliche Papiere beisammen hatte, marschierte ich wieder zum amerikanischen Konsulat und wartete in einer Schlange von aufgeregten Auswanderern. An der Wand hing eine Fotografie des Grand Canyon, die nicht ganz meinen Erwartungen entsprach. Ich vergewisserte mich, ob ich all meine Papiere noch bei mir hatte. Auf meiner Geburtsurkunde entdeckte ich einen Fettflecken. Schließlich war ich an der Reihe. Der Konsulatsangestellte, der unter einem Bürstenhaarschnitt sein Gesicht für einen unerschütterlichen Optimismus trainierte, legte gleich los.
»Sie wollen also auswandern?« »So ist es!«
»Haben Sie einen bestimmten Grund?«
Was sollte ich darauf antworten? Columbus hatte mir die Schau gestohlen. Ich war ein wenig zu spät dran für das große Abenteuer.
Gibt es denn gar keine Dinge in dieser Welt, die nicht Dinge sind, von denen ich immer höre?
»Ich habe einen Job in einer Spielzeugwarenfabrik.« Meine Hände begannen zu schwitzen und hinterließen feuchte Flecken auf der Tischplatte. Jetzt mußte ich irgendeinen schönen, zuversichtlichen, alles erklärenden Satz herausbringen, aber mir fiel nichts ein. Ich schaute zum Fenster hinaus. Beim Anblick des gepflegten Rasens füllten sich meine Augen mit Sonnenschein und das Herz mit der Vorstellung, der Mensch

Ich entnahm diese Karte dem Buch:

....

und möchte dazu sagen:

Auf dieses Buch wurde ich aufmerksam durch (Zutreffendes bitte unterstreichen): Empfehlung eines Bekannten, Geschenk, Rat des Buchhändlers, Buchbesprechung, Rundfunksendung, Anzeige, Prospekt, Schaufensterauslage, Interesse für den Autor. – Vielen Dank für Ihre Bemühungen! Carl Hanser Verlag

Porto
20 Pf

An den

Carl Hanser Verlag

8000 München 80

Kolbergerstraße 22

sei doch der Vervollkommnung fähig, von der die Weltverbesserer reden. Plötzlich verstand ich die geheimen Beweggründe von Donald Duck – und ich wußte, was es heißt, den Kopf nach fetten Würmern in das Wasser zu stoßen und den Bürzel wie eine Fahne zu hissen.

»In Deutschland fällt mir die Decke auf den Kopf«, sagte ich und legte all meine Karten auf den Tisch, die echten und die gezinkten, so daß der Konsulatsangestellte vor Schreck den Bleistift hinlegte und mich mit einem wohlerzogenen Lächeln anstarrte.

»Sie erhalten Bescheid!«

Da saß ich wieder wartend vor der Tür. Eine Woche später erhielt ich die Aufforderung zu einer ärztlichen Untersuchung. Ich fürchtete, mit einer mir unbekannten Krankheit schwanger zu gehen, und begann, mich für meinen Stuhlgang zu interessieren. Auch schlief ich schlecht und mußte mir von meiner Wirtin sagen lassen, daß ich ruhig etwas zunehmen könnte.

Der Arzt begann bei meiner Zunge. Man sah seine Halsmuskeln deutlich sich fingerdick zum Kopf spannen. Sein Atem roch säuerlich.

»Gibt es irgendwelche Geisteskrankheiten in Ihrer Familie?« Er klopfte mich ab und guckte mir in die Unterhose. Ich sah nicht recht ein, was das mit Amerika zu tun haben sollte. Zum Abschluß mußte ich in ein Reagenzglas pissen. Ich hatte nie geglaubt, daß einem das unter gewissen Umständen so schwerfallen könnte.

Meine Anstrengungen waren jedoch nicht umsonst. Acht Tage später hatte ich das Visum.

Über Frankfurt hing eine dicke Schmutzwolke, die nicht vom Fleck wollte. Der Wert der Kohlenmonoxyd-Konzentration betrug etwas über einen Millionstel Luftanteil. Der Verputz bröckelte von den Häusern. Die Straßenbahnen quietschten in den Schienen. In den Schaufenstern vergilbten die Attrappen. Die Zeitungsverkäufer wurden zu Testamentsvollstreckern. Der Anteil von Fleisch in der Bratwurst war nicht mehr der Rede wert. Es war höchste Zeit für die Zukunft, für eine bessere Zukunft.
Wenn man länger an einem Ort bleibt, dann entblößen sich die Dinge und Menschen immer mehr. Sie fangen ganz einfach an zu faulen und sich an den Rändern aufzulösen.
Voller Tatendrang kehrte ich unter die Fittiche meiner Wirtin zurück, die begriffen zu haben schien, daß es mir ernst mit meinem Amerika war. Sie vermied dieses Thema und ging zu Likör über. In einem Brief an ihre Tochter kündete sie meine baldige Ankunft an.
Über meine Abschiedsveranstaltungen will ich kein Wort verlieren: sie waren stark erotischer Natur und kosteten mich sieben Pfund meines Gewichts. Schließlich gab es nicht mehr viel zu verlieren. Europa verblaßte.
Der Lärm von Neubauten ließ die Fensterscheiben klirren. Die Decke bröckelte in winzigen Stückchen auf den Fußboden. Meine Wirtin fütterte sich mit Schlaftabletten. Sie schien gar nicht zu merken, was um sie herum geschah. Sie brütete etwas aus.
»Du kannst nicht nach Amerika«, eröffnete sie mir.
Ich ließ mich in einen Sessel fallen.
»Und warum, wenn ich fragen darf?«

»Ich weiß nicht, wie ich es dir sagen soll.«
»Nur keine Hemmungen!«
»Und du bist mir nicht bös?«
»Wie kommst du darauf?«
»Ich habe dein Horoskop stellen lassen.«
»Was du nicht sagst!«
»Du darfst auf keinen Fall weg!«
»Ist das alles?«
»Die Sterne lügen nicht: du wirst schon sehen.«
»Und was ich alles sehen werde!«
»Willst du es nicht einmal lesen?«
»Nein!«
»Du bist ein Atheist.«
»Was hat das damit zu tun?«
»Du glaubst an gar nichts. Aber Jupiter steht dir im Wege.«
»Ich werde einen Bogen um ihn herum machen.«
»Das sagst du so leichthin. Vergiß nicht, daß ich es gut mit dir meine. Und du machst dich nur lustig über mich.« Ein Schluchzen drängte sich zwischen ihre Worte. Es bestand kein Zweifel, sie glaubte fest an mein Unheil. Das verriet schon ihr mitleidiger Blick. Sie behandelte mich wie einen Todeskandidaten und stopfte mich mit Henkersmahlzeiten voll.
»Hast du es dir auch gut überlegt?«
Ich versteckte mein Visum, denn ich wußte, daß sie in meinen Sachen herumschnüffelte. Man konnte nie wissen, wozu ein Mensch in der Lage ist, wenn er einem andern das Leben retten möchte.
Schließlich war es soweit. Ich kaufte eine Flugkarte und packte meine Koffer.
Noch eine letzte Nacht.
Meine Wirtin kochte wie eine Furie. Die Küche glich

einem Heerlager. Düfte wetteiferten miteinander. Deckel klapperten.
»Hast du auch nichts vergessen?« fragte sie geheimnisvoll.
»Mehr wäre nicht in die Koffer gegangen.«
Wir setzten uns zum letzten Mal an einen Tisch. Sie hatte Kerzen angezündet. Gestickte Tischdecke. Silbernes Besteck. Teller mit Goldrand. Ich hatte Angst vor der Feierlichkeit. Das konnte ja heiter werden. Ich öffnete die Weinflasche und goß ein.
»Wie in alten Zeiten!« murmelte sie. Sie trug schwarz und hockte wie für einen Fotografen da, die Hände im Schoß verschränkt. Wir stießen an.
»Sag was!«
»Was soll ich sagen?«
»Sag, daß es dir leid tut!«
»Mir tut es leid!«
Wir griffen zu Messer und Gabel.
»Schmeckt's?«
»Ich werde deine Kochkunst vermissen.«
»Du kannst ja hierbleiben.«
»Soll ich wieder auspacken?«
»Du spielst mit deinem Schicksal.«
Da waren wir wieder bei Jupiter.
»Was hat denn das Horoskop gekostet?«
»Das sage ich nicht.«
»Ich habe gehört, wenn man ein besonders großes Honorar zahlt, steigen die Zukunftserwartungen.«
Das Roastbeef war saftig. Meine Wirtin beobachtete mich beim Kauen. Sie selbst aß fast nichts. Nur kleine Häppchen, die sie endlos im Mund umherbewegte.
»Ich trinke auf deine Zukunft!« Sie griff nach dem Glas und hob es hoch. Ich reagierte mechanisch.

Die Nacht nahm ihren Lauf. Ich träumte mich kreuz und quer durch meine Vergangenheit. Mehrmals stand ich auf und wog meine Koffer. Der Morgen lärmte in alter Routine. Meine Wirtin lag ganz aufgelöst neben mir, die gefärbten Haare hingen ihr wirr ins Gesicht. Mich ergriff die ungeheure Trauer ihres faltigen Hinterns.

Der Tag meiner Abreise war gekommen, und ich hatte nichts Eiligeres zu tun, als mich mit einigen Freiübungen auf die Strapazen vorzubereiten. Die Gelenke knackten.
Meine Wirtin flatterte ins Zimmer.
»Um Gottes willen, bist du krank?«
Ich erhob mich. War ich endlich gerettet? Der Wasserkessel pfiff in der Küche. Ich stieg in meine Hose und überlegte mir eine Methode, mit der ich die auf mich zukommenden Entscheidungen und Endgültigkeiten am leichtesten hinter mich bringen könnte. Ich wußte jedoch nur zu gut, daß es keine Rettung außerhalb des Monströsen gibt. Ich fing bei mir selbst an und rasierte mich. Dieser Spiegel würde mich nie mehr sehen. Ich nutzte dies aus und gab mir mit meinem Gesicht keine Mühe. So müssen Selbstmörder auf sich losgehen, um das bis zum Haß Gekannte für immer auszulöschen, in der verzweifelten Hoffnung, daß ein Ende auch ein Anfang ist. Reisefertig betrat ich die Küche, meinen Koffer hatte ich im Flur abgestellt.
»Der Kaffee ist schon fertig. In der Zeitung steht, daß ein Flugzeug in den Alpen abgestürzt ist.«
Ich köpfte ein Ei. Jetzt durfte ich mich nicht auf das Glatteis irgendeines Abschiedsgesprächs begeben. Eidotter tropfte auf meine Hose. »Scheiße!«

»Soll ich es schnell reinigen?«
»Das Gelb steht mir gut«, murmelte ich. Die Küchenuhr wirkte lauter als sonst.
»Wirst du mir einmal schreiben?« Meine Wirtin löste sich vom Herd. Sie wagte nicht, mich anzusehen.
»Ich werde alle von dir grüßen.«
»Hast du die Geschenke für die Kinder?«
»Alles im Koffer.«
Fieberhaft raste ich noch einmal durch die Wohnung, zog alle Schubladen heraus, durchwühlte die Schränke.
»Ich bring dich zum Flughafen.«
»Bitte nicht.« Der Geruch von Mottenkugeln und alter Seife betäubte mich. Ich schlüpfte in meinen Mantel. »Stell dir vor, das Bild über meinem Bett ist in der Nacht heruntergefallen. Das ist ein schlechtes Zeichen. Überlege es dir noch einmal!«
»Schade um die Gebirgsschlucht.«
»Nur der Rahmen ist kaputt!«
»Das liebe Heimatland. Ich gehe jetzt«, sagte ich und hob den Koffer hoch.
»Ist er nicht zu schwer?«
»Nein, wirklich nicht.«
»Es muß also sein. Vergiß mich nicht.«
»Ich schreibe dir.«
»Schon gut. Ich habe Angst. Paß auf dich auf. In Amerika sind schon viele verschwunden.«
Ich stellte meinen Koffer wieder ab. Sie griff nach meiner Hand, führte sie gegen ihre Stirn.
»Aber, aber!«
»Du kannst mir nicht sagen, daß ich nicht verzweifelt sein soll. Dir ist es gleichgültig, was aus mir wird. Völlig gleichgültig.«

Ich stand hilflos da. Abschiedsdemut. Stammelte: »So habe ich das nicht gemeint.«
»Du könntest es hier so schön haben.«
Unsere Gespräche entstammten einer Spieluhr. Wenn das so weiterging, würde ich noch Sodbrennen an den Arsch bekommen. Ich griff erneut nach meinem Koffer und schritt entschlossen zur Tür. Meine Wirtin hielt meine Hand fest wie einen Knochen. »Hast du auch nichts vergessen?«
Ich mimte Nachdenklichkeit. Schüttelte den Kopf. Antwortete sarkastisch. »Leider nicht!« Sie schluchzte auf. Ich deutete eine Umarmung an und ging. 1 2 3 4 Schritte.
Nichts geschah. Ich wagte nicht, mich umzusehen. Ich hatte das Gefühl, das alles nur zu wiederholen. Man ist kein unbeschriebenes Blatt. Die Tür quietschte, als ich sie aufriß. Hätte schon längst einmal geölt werden müssen.

DREIMAL SCHELLEN
BETTELN UND HAUSIEREN VERBOTEN

VORSICHT FRISCH GEWACHST

BITTE DIE TÜR SCHLIESSEN

Ich rannte mit meinem Koffer auf die Straße. Wenn mich nicht alles täuschte, war ich endlich unterwegs. Auf dem Flughafen lebte ich auf. Das war Kintopp. Mein Koffer entschwand auf einem Fließband. Ein verschlafenes Mädchen wünschte mir einen guten Flug. Die Reisenden hatten sich mächtig aufgedonnert. Ihre Gesichter zeigten eine der Reklame abge-

guckte Blasiertheit. Wie bei einer Theaterpremiere. Deutsch klang wie eine Fremdsprache. Ich kaufte mir eine Zeitung und stellte beim Lesen fest, daß die Wörter keinen sinnvollen Zusammenhang ergaben. Meine Finger waren Eiszapfen, schwärzten sich an den unverständlichen Neuigkeiten. Ich beschenkte den nächsten Papierkorb. Mir war kotzübel. Mein Magen rebellierte. Ich rannte mit angewinkelten Armen in die Toilette, fingerte nach Groschen, zitterte, schwitzte und hätte beinahe die Klinke von der Tür gerissen. Die Kloschüssel glänzte unschuldig weiß. Ich war fest überzeugt, daß mich meine Wirtin vergiftet hatte. Verzweifelt sank ich auf die Schüssel und verlor an Gewicht. Mein Inneres schien sich nach außen zu kehren. Weg damit. »Laßt mich jetzt in Ruhe!«
Die Wände waren rotzgrün.
In mir rumorte es. Jammerschade um all die guten Sachen. Das Liebesmahl. Von allem ein schlechter Nachgeschmack. Gekrümmt saß ich da und verwünschte meine Wirtin, das gute alte Europa, das mich nicht losließ. Es war ein quälender Abschied. Wasser gurgelte über mir. Ich atmete tief ein und verließ halbwegs befreit und nüchtern wie ein frischgeborener Säugling die Zelle.
Eine Stewardeß strafte mich mit Schullehrerinblicken. »Sie sind der letzte!«
Vor mir stöhnte ein dicker Mann, der zwei Mäntel mit sich herumschleppte, um seinen Hals hing ein Fotoapparat. Jedesmal wenn ihn die Stewardeß anschaute, strahlte er übers ganze Gesicht und stammelte: »I love Germany!«
Wir stiegen in einen Bus, der uns zum Flugzeug brachte. Ich fürchtete in den Knien einzuknicken und hielt

mich mit beiden Händen fest. In einer Kurve fiel der dicke Mann gegen mich. Sein Fotoapparat bohrte sich in meine Brust.
»I love Germany.«
Als ich die Einstiegstreppe zum Flugzeug hochmarschierte, versuchte ich mir einzureden, daß dies ein großer Moment wäre. Es war kein großer Moment. Erinnerungen lenkten mich ab. Ich ließ mich auf einen Fensterplatz nieder, schnallte mich an, streckte die Beine aus und wartete auf den Start.

Motoren heulten auf. Das Flugzeug rollte auf die Startbahn, zögerte einen Augenblick und schoß dann vor. Die Erde war nur noch eine Landkarte in herbstlichen Farben. Ein Gong ertönte. Mir wurde schlecht.
»AMERICA, HERE I COME!«

2. Runde

Viel Beinarbeit. Erster Niederschlag.
Rettung im Clinch.

»Herr Büsching macht in seinen wöchentlichen Nachrichten die Anmerckung, daß, da zugleich Ueppigkeit und Theuerung von Jahr zu Jahr merklich zunehmen, es begreiflich sey, warum die Europäer so stark nach America wandern, welches allen Ansehn nach künftig einmal der Sitz der Religion, der Künste und Wissenschaften und auch der Freyheit werden können.«

Journal Frankfurt/Main 1774. 9. April

Wir flogen einen Friedhof an. Das Flugzeug neigte sich nach rechts, und der Friedhof erhob sich wie eine Wand. Ich konnte die Kreuze deutlich erkennen, sah Menschen und Kränze, dann wischte der Flügel drüber. Der Schatten des Flugzeugs kroch über das geometrische Muster der Stadt. Häuser, Straßen und langsam vorwärtsrutschende Autos. Tupfer von Grün dazwischen. Wir verloren an Höhe.
Meine Ohren begannen zu schmerzen, mein Magen schien sich von mir loszulösen und ganz für sich nach unten zu plumpsen. Ich stemmte mich mit meinen Füßen gegen den Boden. Es war ungefähr drei Uhr nachmittags. Die Sonne glänzte auf dem Metall. Ich spürte, wie ich unter mir wegrutschte. Eine Rasenfläche flog heran. Die Räder faßten Boden. Der Motor heulte auf.
»Bleiben Sie bitte solange angeschnallt bis . . .«
Eine Frau puderte ihr Gesicht. Zeitungen wurden zusammengefaltet. Aus meinem Fenster sah ich weißgrau die Gebäude des Flughafens. Fahnen strafften sich im Wind. Wir näherten uns einer Halle. Männer in orangeroten Jacken winkten. Lastkarren huschten vorüber. Ich löste den Sitzgurt, reckte meine Glieder, erhob mich und drängte, jeden Schritt genießend, zum Ausgang. Die Stewardeß hatte ein von langem Lächeln erschöpftes Gesicht. Ich trat ins Freie und wäre beinahe in die Knie gegangen. Hitze umklammerte mich, daß der Schweiß nur so von meiner Stirn tropfte. Das konnte ja heiter werden. Es hätte mich nicht gewundert, wenn Orchideen aus meinen Ohren gewachsen wären.

Als ich über die Einstiegtreppe amerikanischen Boden betrat, war ich von oben bis unten naß. Zu großen Gefühlen hatte ich gar keine Kraft. Mein Hemd klebte an mir. Meine Füße schienen zu schwimmen – und mit jedem Schritt wurde die Qual nur noch schlimmer. Nach dem herbstlich kühlen Europa diese geile Dampfbadatmosphäre, die den Körper durchwalkte. Ein intensiver Benzingeruch hing in der Luft. Ich war im Lande Henry Fords. Das blecherne Summen übertönte die aufgeregten Gespräche der Reisenden. Der Beamte, der meinen Paß durchblätterte, war in Hemdsärmeln. Er verglich mich sehr lange mit meinem Paßbild.
Sollte ich mich in der kurzen Zeit schon derart verändert haben? Ich suchte mein Gesicht in der Glasscheibe der Kabine und fand ein Plakat.

AMERICA WELCOMES YOU.

Kühle kroch durch die feuchten Kleider. Vor der Zollabfertigung stauten sich die Fluggäste. Über uns standen Menschen hinter Glas und winkten. Man sah, wie sie sprachen, den Mund zu riesigen Begrüßungswörtern aufrissen, Kinder hochhielten, Tränen abtrockneten, lachten. Um mich herum begann das gleiche Schauspiel.
»Schau dir nur Betty an. Sie hat sich überhaupt nicht verändert. Wie sie das nur macht?«
Münder deuteten Küsse an. Ein junger Mann schrie mit Stentorstimme:
»Ich liebe dich.«
Und ein Mädchen hinter Glas hüpfte hoch.
»Die möchte ich auch haben. Genau meine Kragen-

weite.« Der das sagte, korrigierte den Sitz seiner Krawatte, fischte in seiner Hosentasche nach einem Taschentuch und polierte sein Gesicht.
»Mann, wie ich mich auf New York freue. Endlich wieder zu Hause. Europa hängt mir zum Hals heraus. Für jeden Stein, an dem Geschichte klebt, verlangen sie Eintritt. Und die Nutten erst. In Paris nehmen sie sogar Traveller Checks. Quietschen wie alte Treppen.«
»Ich habe meiner Frau Wasser aus dem Jordan mitgebracht.«
»Glauben Sie, daß es hilft?«
Das Reisegepäck schepperte auf einem Fließband heran. Ich griff meinen Koffer, passierte den Zoll und studierte einen Augenblick die Gesichter der Wartenden. Daß es niemand auf mich abgesehen hatte, weckte das Gefühl einer grenzenlosen Freiheit in mir. Eine Woche wollte ich in New York bleiben, um dann meinen Job in Chicago anzutreten. Mal reinriechen. Das echte, ungeschminkte Amerika. Ich schwitzte wie ein junger Liebhaber. Es kann losgehen, Mister Metro Goldwyn Mayer.
Ich stieg in ein Taxi und bat, mich in ein billiges Hotel mitten in New York zu fahren.
Der Taxifahrer schob seine Kappe in die Stirn und grinste. »Noch so einen Fahrgast und ich mache den Laden zu. Wissen Sie, was ich tun werde: ich fahre Sie zu mir nach Hause und lege Sie meiner Frau ins Bett, dann habe ich wenigstens einen Scheidungsgrund.«
Er lachte mir zu, startete den Motor und schoß vor.
Ich kurbelte das Seitenfenster herunter.
»Wie in einem Ofen.«
»Und dabei soll man einen klaren Kopf behalten,

Mann, New York ist eine Klapsmühle. Hier lernen Sie das Durchdrehen, wenn Ihnen das nicht schon Ihre Eltern vererbt haben.« Die Bremsen quietschten. Ich stieß mit dem Kopf gegen die Scheibe.
»So ein Kinderarsch.« Der Fahrer hob theatralisch die Hände, ließ sie aber sofort wieder resigniert sinken.
»Ich denke nicht daran, dem andern den Spaß zu machen, daß ich aus dem Häuschen gerate. Ist ohnehin nicht gut für den Blutdruck. Sie müßten mal sehen, wieviel Pillen ich schlucke. Alles für die Katz'. Aber man soll den Glauben nicht verlieren.«
Reklametafeln säumten die Straße und erinnerten an die täglichen Bedürfnisse: Schlafgerechte Matratzen, Sonnenöl, hautpflegende Seifen, Ice cream, Steaks und gegrillte Hühner in fetten Farben. Mir lief das Wasser im Mund zusammen. Die Luft zitterte, und mit ihr zitterten die Häuser, die Lagerhallen, Garagen, Fernsehantennen und Brücken. Alles schien sich in einem silbernen Flimmern aufzulösen, das nach oben in einen schlierigen Dunst überging.
In Europa, fiel mir ein, war schon die Nacht angebrochen. Die Skyline von New York rückte näher. Ein Tier, das auf den Hinterbeinen stand. Darüber die Sonne, eine fette Orange. In monströser Steifheit Beton und Stahl bis zum Bersten geschwollen mit Träumen und Großmannssucht, die Kulissen einer ungeheuren Komödie, in der ich mich um eine Hauptrolle bemühte.
»Können Sie sich vorstellen, daß ich mein ganzes Leben lang in dieser gottverdammten Stadt zugebracht habe – ein ganzes Leben.« Der Taxifahrer deutete ein angeekeltes Gesicht an. Er hatte nur eine Hand am Steuerrad. »Mann, das färbt auf einen ab. Wo kom-

men Sie denn eigentlich her, wenn ich fragen darf.« Er musterte mich abschätzend von der Seite. Wir hielten vor einer Stauung.
»Aus Deutschland.«
»Zu Besuch?«
»Nein für immer.«
»Holy Mackerel. Sie sind noch jung. Vielleicht finden Sie die Kraft, wenn es Ihnen bis oben hin steht, wieder abzuhauen. Sonst werden Sie auch verbraten. Schauen Sie nur mich an. Die Ärzte zerbrechen sich den Kopf über mich.« Die Autos hinter uns krächzten mit den Hupen. »Das kommt davon, wenn man zuviel quasselt. Ich mach ja schon. Denen kann es nicht schnell genug gehen. Zeit ist Geld. Und die Leute, die Geld haben, haben auch Zeit. Ohne Geld sind sie in New York eine armselige Ratte. Wissen Sie, New York ist wie eine Frau: wenn man sie eine Zeitlang nicht sieht, ist es ja ganz aufregend, wieder mitten rein zu kommen, aber immerzu, Mann. Das verdirbt die besten Absichten. Da möchte man am liebsten eine Bombe unter dem Empire State Building hochgehen lassen, um seine Ruhe zu haben. Können Sie das verstehen?«
Die Schatten der Hochhäuser hüllten die Straßen in ein gespenstisches Halbdunkel. Nur ein schmaler Streifen Himmel. Die Fenster glichen einander so haargenau, daß einem davor übel werden konnte. Im Erdgeschoß die Parade der Geschäfte. Papiergirlanden, Pappschilder, Konservendosen, Schaufensterpuppen. Neonlampen heuchelten Tageslicht. Der Verkehr staute sich und kroch auf die Kreuzungen zu. Der Lärm fegte alle Gedanken aus meinem Hirn und zurück blieb eine dumpfe Monotonie. Ich hatte das Ge-

fühl, als wenn man mich gefressen und wieder ausgekotzt hätte.
Wir kamen kaum voran. Von der Straße war nichts zu sehen. Chrom und Blech zogen sich wie eine schuppige Raupe über den Asphalt. Die Häuser zitterten auf ihren Fundamenten. Durch Drehtüren wirbelten Leute auf das Trottoir. Sie blieben für einen Augenblick stehen, schauten sich um und überließen sich der Straße.
»Wenn ich Sie so betrachte, frage ich mich, was ich wohl machen würde, wenn ich dies alles zum ersten Mal sehen müßte. Mann, ich würde schreiend davonlaufen.«
»Sie übertreiben.«
Der Taxifahrer nahm die Hand vom Steuer und schlug sie sich auf den Schenkel.
»In diesem Scheißladen kann man gar nicht genug übertreiben. Wir leben hier von Übertreibungen. Daran werden Sie sich noch gewöhnen müssen, sonst sind Sie geliefert. Himmelherrgott, ich möchte nicht in Ihrer Haut stecken.«
»Ich fühle mich bis jetzt ganz wohl.«
»Das ist es ja gerade.« Er fuhr an den Randstein.
»Wir sind da! Sie werden es mir danken. Murphy hat ein Herz für Fremde. Sagen Sie nur, Virgil habe Sie geschickt. Das haut schon hin.«
Ich zahlte, und er gab mir den Koffer.
»Sehen Sie zu, daß Sie den Kopf über Wasser behalten.« Ich stand auf dem Broadway. Vor mir über einer gelben Schwingtür ein verwittertes Schild
HOTEL MURPHY
JEDES ZIMMER
MIT EINEM FERNSEHAPPARAT

Daneben ein Restaurant, das einen betäubenden Duft von Knoblauch und heißem Öl ausstieß. Hinter Glas die Attrappen von Speisen: Steaks und Pommes frites aus Kunststoff. Kubanische Küche. Nur die Fliegen waren echt.

MURPHY WELCOMES YOU

Murphy war eine Frau. Sie war so dick, daß ihr geblümtes Kleid der Fleischmassen gar nicht Herr werden konnte. Sie schienen nach allen Seiten hin auszubrechen, besonders nach vorn. Sie hatte eine Brust, an der sich gut ein halbes Dutzend Melancholiker hätte ausweinen können. Ihre Hände beschäftigten sich mit Stricknadeln.
»Nun, Sweetheart«, trällerte sie mit hoher Stimme, und ihr Körper geriet in zitternde Bewegung, »wo drückt der Schuh?«
»Ich möchte ein ruhiges Zimmer. Virgil schickt mich.«
Mein Sprüchlein hatte Erfolg.
»Virgil ist ein Schatz. Ohne ihn hätte ich schon längst den Laden dicht machen können.« Ihre Augen taxierten mich. Ich schwitzte noch mehr und lockerte meine Krawatte. Ein Ventilator klapperte. Murphy thronte mit ägyptischer Würde in der Rezeption. Neben ihr hing ein Schlüsselbrett. Die Wand über den Brieffächern war mit bonbonfarbenen Postkarten bedeckt. Ich wagte nicht, mich zu rühren. Der Schweiß lauerte.
»Sie sind wohl Ausländer?«
Ich erklärte ihr, daß ich vor einer guten Stunde auf dem Kennedy-Flughafen gelandet wäre.
Ein Lachen rollte wie eine Springflut über ihren Leib

und ließ ihre Augen verschwinden. Sie konnte sich gar nicht beruhigen.
»Sie sollen sich bei mir wohl fühlen«, japste sie ganz außer Atem und angelte sich einen Schlüssel.
»Nummer 37, macht 7 Dollar für eine Nacht. Gleich zu zahlen. Wenn Sie irgendwelche Probleme haben« – ihr Lachen verebbte –, »kommen Sie zu mir. Murphy pleases even the hard to please.« Eine orkanartige Heiterkeit entrückte sie mir wieder für einige Zeit. Als sie in die ernste Wirklichkeit zurückkehrte, war sie ganz erschöpft. Sie reichte mir ein Anmeldeformular und schaute mir neugierig zu, als ich es ausfüllte. Dabei beugte sie sich vor, so weit sie konnte. Ein Duft von Schweiß und süßem Parfüm wehte mir entgegen. Als ich dem Formular und Murphy sämtliche Fragen beantwortet hatte, war ich ziemlich am Ende meiner Kräfte. Sie klingelte, und ein schnauzbärtiger Mann mit einem krankgelben Gesicht schlurfte heran. Seine rote Uniformjacke stand offen und zeigte ein schmutziges Unterhemd. »Nummer 37, Gonzales«, rief ihm Murphy zu. Gonzales nickte, knöpfte einen Knopf seiner Jacke zu, griff meinen Koffer, öffnete die Tür des Aufzugs und stieß zwischen den Zähnen hervor: »Bitte sehr.« Murphys Hände beschäftigten sich wieder mit den Stricknadeln.
Im Aufzug, der ruckartig hochstieg, las ich: »Das Hotel Murphy versichert seinen Gästen seiner besonderen Freundschaft und wird es sich ganz besonders angelegen sein lassen, ihnen den Aufenthalt in New York so angenehm wie möglich zu machen.«
Es dauerte eine Ewigkeit, bis wir im dritten Stock anlangten. Gonzales schaute auf meine Schuhspitzen.
»Bitte sehr.« Er stieß die Tür auf.

Von meinem Zimmer hatte ich einen Ausblick auf ein Gewirr von Feuerleitern. Sie glichen stehengelassenen Kulissen eines utopischen Films. Ich holte Atem, und ganz Amerika stürzte auf mich ein, stellt mir monströse Fragen und quälte mich mit Ahnungen. Ich streckte mich auf dem Bett aus und versuchte mich an das Halbdunkel zu gewöhnen. An der Wand knallbunt das Bild eines Leuchtturms. Wogende Wellen. Viel Blau. In meinem Zustand hätte mir eine Legion von Leuchttürmen nichts genutzt. Lag wie ausgewälzt da, auf einem quietschenden Bett und vergaß vor Mutlosigkeit fast das Atmen.

Amerika, eine Faust in die Magengrube. Ich war fertig, ehe ich richtig angefangen hatte.

Das erste Mal da tut's noch weh!

Ich fühlte mich zu schwach – zur Analyse, wie zur Synthese. Hatte auch gar keine Lust, den Ansturm der Eindrücke abzuwehren und ließ alles mit mir geschehen. Murphy sank auf mich herab, und ihr Lachen wollte kein Ende nehmen. Es war eine tolle Zirkusnummer.

Ich mußte eine Stunde gepennt haben, als ich wieder aufwachte. Säuerlicher Geschmack auf der Zunge. Die Klimaanlage röchelte. Mein Hemd klebte feuchtkalt an mir. Ich zog mich aus und stellte den Fernsehapparat an. Auf dem Bildschirm regnete es Leuchtfäden, ein Summton schraubte sich in die Höhe und siehe da: Donald Duck erschien. Das Bild wellte sich und rutschte wieder weg. Ich holte es zurück. Donald Duck sprang hoch und schoß davon, hinter ihm her ein bulliger Hund mit dolchartigen Zähnen. Die Jagd besiegte alle Hindernisse. Es war überhaupt nicht komisch.

Ich stellte mich unter die Dusche. Ein lauwarmer Wasserstrahl klatschte mir auf die Schultern; erst ganz allmählich wurde er kälter, und ich wartete, bis die Kühle tief in mich hineingewachsen war. Als ich in frischem Hemd und frischer Hose in den Aufzug trat, schaute ich zuversichtlicher in die Zukunft.
Murphy winkte mir zu, als ich das Hotel verließ. »Don't get lost!«

Und schon knallte mir die lärmende Hitze der Straße um die Ohren. Ich sah nur Menschen und immer neue Menschen. Nach wenigen Schritten war ich wieder in Schweiß gebadet. Eine Bar kam mir zu Hilfe. Durch ein kreisrundes Loch in der Tür, Blick auf die Rettung. Bläuliches Licht tropfte aus Spiegeln und Flaschen über die Theke. Auf den Barhockern Schulter an Schulter die Durstigen, mit den Händen den Worten nachhelfend. Nur rein!
Ich steuerte auf einen freien Barhocker zu. Hinter der Theke agierte ein sommersprossiger Barkeeper, der mit einem festgefrorenen Lächeln über die Häßlichkeit seiner Blumenkohlohren und seiner gebrochenen Nase triumphierte. »Das Wetter macht Durst«, krächzte er, als ich ein Bier bestellte. Griff sich ein Glas und stellte es unter den Bierhahn. Schaum wuchs hoch. Ich konnte es kaum abwarten. Über der phosphoreszierenden Batterie von Whiskyflaschen hingen schwarzeingerahmte Fotografien von Boxern und Pferden, Muskeln und Fesseln. Hinter den Bildern steckten Fähnchen und Pfauenfedern.
Die Blicke der Gäste waren auf einen Fernsehapparat gerichtet, der im Hintergrund der Bar auf einer Konsole stand.

»Schau dir nur die Jets an.« Mein Nachbar wies mit seinem leeren Bierglas auf den Bildschirm hin. »Die haben heute Spinat in den Knochen. Man könnte glauben, sie wären in der Tanzstunde. So albern staksen sie herum. O'Brien, ich muß noch ein Bier haben, sonst verliere ich den Verstand.«
»Ist schon längst geschehen«, knurrte der Bierkeeper
»O'Brien, halt deine verdammte irische Schnauze, sonst sage ich deiner Mutter, daß du sonntags nicht in die Kirche gehst.«
Honiggelbes Bier schoß in das Glas.
»Du solltest dich was schämen, deine arme Frau zu Hause verschimmeln zu lassen.«
Das Bier schmeckte fade. Ich trocknete in dem kühlen Dämmerlicht.
»Sie haben wohl einen Trauerfall in der Familie?« Mein Nachbar drehte seinen Hintern und starrte mich prüfend an. »Sind Sie vielleicht leberkrank?«
Ich sagte ihm, wie es um mich stand.
»O'Brien, du alter irischer Bastard, sieh dir nur diesen Weltreisenden an, setzt gerade seinen Fuß auf das Land der Freiheit und der hohen Steuern, und wohin führt es ihn zuerst? O'Brien, wenn du da keinen ausgibst, bete ich nicht mehr für deine gottverdammte Seele.«
O'Brien streckte mir seine Hand über die Theke entgegen. »Freut mich, Sie kennenzulernen. Schade, daß ich nicht 20 Jahre jünger bin, ich würde gern mit Ihnen in den Ring steigen. Nur zum Spaß, versteht sich.« Er ging in Boxerstellung.
»O'Brien, nimm dem Mann nicht gleich die Courage. Den werden sie schon genauso runterkriegen wie uns.«
Der Raum voller Rauch. Über den Bildschirm ritt der Ritter Ajax mit gefällter Lanze gegen den Schmutz.

»Was wollen Sie, wenn ich fragen darf, denn in Amerika anfangen?«
Ich erzählte ihm von meinem Job in der Spielzeugfabrik, was er so komisch fand, daß er vergaß, den Bierhahn zuzudrehen.
»Spielzeuge? Hast du das gehört? Mensch, ist das ein Ding. Sie sind wohl der Weihnachtsmann? Noch ein bißchen jung, würde ich sagen.« Sie fielen mit Fragen über mich her, schlugen mir auf die Schulter, schüttelten mir die Hand, sagten ihren Namen und luden mich ein.
»Sieh dir nur diesen Springer an!«

Mit breiigen Beinen betrat ich wieder die Straße. Als ich nach oben schaute, fiel mir Dreck in die Augen. Zwischen den Hochhäusern milchig-grau der Himmel – dort oben war es noch Tag – unten auf der Straße bewegte sich der Verkehr in einem kränklichen Zwielicht. Um mich herum der Lärm, ein Gefängnis aus Blech. Menschen in Tuchfühlung, auf dem Trottoir, vor den phantastischen Schaufenstern, die aufgerissenen Mäulern glichen, vor den Schnellgaststätten, in denen sich Steaks auf dem Rost krümmten. Gieriger Hunger in den Gesichtern, die beim Kauen zitterten. Vor den Kassen das Zeremoniell des Zahnstochers und Zahlens. Wasserdampf zischte aus den glänzenden Kaffeemaschinen, in den Konditoreien türmten sich Gebirge aus giftgrünem Gebäck, ein Brautpaar aus Zuckerguß auf einem Schokoladenparkett, der Marzipangruß zum 50. Geburtstag, zum 60., zum 70.
Es roch nach Fett, Hot dogs, Benzin, Hamburgers, Ketchup, Pizzapies, Schweiß und Staub, nach Parfum und Tabak.

TAKE A PUFF IT'S SPRINGTIME

Ich atmete durch den Mund, um nicht den Gestank der Abgase zu riechen. Kinder steckten ihre Nase in rosarote Zuckerwatte. Ein Polizist wartete auf ein Verbrechen.

ON SALE   BEAT UP FOR GOD   DISCOUNTS

Ausrufezeichen marschierten auf. Die Stimmen und Buchstaben überschlugen sich.
Ein Abfallwühler murmelte aus zahnlosem Mund.

FUCK THE WHOLE WORLD.

Ich wartete darauf, daß Sprachblasen aus den Mündern hervorwachsen würden.

POW BRR THUD WOW REEF DONG UNNNG

Eine Sprache, die nur noch Lärm ist: Aktion, Gewalt, Revolution zur Befreiung der Laute vom Sinn. Das große Orchestrion der Urlaute.

GULP

Ich wehrte mich gegen den Lärm, indem ich mit mir selbst sprach. Ich baute mir aus meinen Worten eine Zuflucht, aber in dem Getöse verstand ich mein eigenes Wort nicht. Ich war nur noch ein Teil des Lärms. Ich stand im Ring.
Vor einem Vergnügungslokal stauten sich Neugierige. Im Schaufenster ein Gogogirl hinter Gitter. Goldfran-

sen schlugen gegen ihre Schenkel. Ihre Brüste hüpften. Ihr Nabel rotierte. Männer blickten interessiert. Einer schrie: »Jesus! Wenn die so weiter macht, verliert sie ihre Titten.«
Das Mädchen war eine schwitzende Maschine, phosphoreszierend blau im Scheinwerferlicht. Der Schlagzeuger hatte hundert Hände.
Eine dicke Negerin murmelte:
»Wenn ich mit meinem Arsch wackele, gibt's einen Wirbelsturm.«
»Weitergehen, weitergehen.« Ein Polizist drängte die Schaulustigen zur Eile.
»Mann, fassen Sie mich nicht an, ich kriege eine Gänsehaut.« Plötzlich erlosch die Musik. Das Gogogirl erschlaffte, ließ die Arme hängen, pendelte aus. Ihre Augen suchten Anerkennung.
»Und jetzt ins Bett, Häschen!«
»Shoeshine, shoeshine!«
Ein Schwarzer humpelte heran und winkte mit einer Schuhbürste. Er trug eine rote Baseballmütze und weiße Turnschuhe. Seine Augen taxierten die Schuhe, die vorübereilten: Leisetreter, Fußfasser, Schlürfer, schiefe Absätze, Luxusschlappen, Eckensteher, Schleicher, Asphalttrommler. »Hey, Mister, mit diesen Drecklatschen können Sie keine Schau abziehen. Die vermasseln Ihnen den ganzen Auftritt.« Aus einem Schallplattenladen bellte JAZZ. Der Lautsprecher über dem Eingang schepperte.

COME ON BABY BE MY BABY I AM YOUR BABY

Bremsen quietschten, Jimi Hendrix stand in einem Blütenfeld, die Gitarre wie eine Sense haltend.

DRIFTING ON A SEA OF FORGOTTEN TEARDROPS
ON A LIFE-BOAT
SAILIN' FOR YOUR LOVE
SAILIN' HOME

Tauben flogen mit klatschenden Flügeln auf und verschwanden zwischen den Häuserwänden. Ein alter Mann lehnte an einem Hydranten und las in einem Buch, während der Verkehr sich in den Straßen aufbäumte, Trillerpfeifen das Getöse zerschnitten, Zeitungsverkäufer die Neuigkeiten zerdehnten, in den Augen der Liebespaare das Verlangen nach einem Hotelzimmer aufleuchtete und die Schundwarenhändler die Preisschilder vertauschten.
Die Zeit lief sich heiß.
Ich ließ mich treiben, eingeklemmt zwischen zielstrebigen Passanten, Müden, Schwulen, Nutten und ausladenden Frauen, zwischen frühreifen Kindern, denen nichts entging, die mit obszönen Gebärden auf die Herausforderung der Straße reagierten – sie alle schienen träumerisch gelöst, vom Rhythmus der City verführt, Tänzer eines gigantischen Balletts, das von der Utopie regiert wird.

THIS WORLD IS A KILLER BROTHER

Es war schwierig, so wenig wie ich dabei zu sein. Reizworte gaukelten mir ein besseres Leben vor. Schönheit, Jugend, Potenz und eine gute Verdauung.

LUST NENNEN SIE JEDE REGUNG UND JEDEN ZUSTAND DES LEIBES UND DER SEELE

DIE NATURGEMÄSS AUSZUKOSTEN GENUSS VERSCHAFFT!

Die Waschmittel gegen das schlechte Gewissen. Vitamine, Hormone, Perücken, blitzend weiße Gebisse.

DISCOUNTS
DISCOUNTS
DISCOUNTS
DESODORANTS

Am liebsten hätte ich einfach drauflos gekauft, um Herr über all die Ladenhüter zu werden, über Bruchbänder, Fußsalben, Haarwuchsmittel, Wunderdragées, Eieruhren, Flaschenöffner, Korsetts und bonbonfarbene Andenken. Die Freiheitsstatue aus Gips.
Aus einer Schwarzwalduhr hüpfte ein kleiner Vogel und sperrte den Schnabel auf.
»Die will ich haben«, schrie ein Kind. Seine Hände wischten über das Schaufensterglas und hinterließen feuchte Spuren. Hinter dem Glas schützte noch ein Eisengitter. Die Preisschilder überwucherten die Waren.

ORIGINALLY $ 10 NOW ONLY $ 2.50

Frauen verirrten sich in den Läden. Sie ließen sich tausenderlei Dinge zeigen, zögerten und erlagen dann doch der Faszination der einmaligen Gelegenheit. Die gutgebügelten Verkäufer trugen die Selbstsicherheit von Liebhabern zur Schau. Sie warten auf den großen Augenblick ihres Auftritts. *Can I help you?* Pause, Lächeln, unaufdringlich, lauernd, jede Geste in Gänse-

füßchen. *I'm sure you'll enjoy it.* Wieder ein Lächeln, Bewunderung. Mit einer fast priesterlichen Fingerfertigkeit packen sie die Waren ein. *Come again.* Vorhang.
Woolworth nahm kein Ende. Hier waren die Waren so billig, daß man den Glauben an sie verlieren konnte. Sie prostituierten sich in raffinierten Arrangements. Lädierte Schaufensterpuppen in Reizwäsche. Silberblick der Lust. Den Körper voller Stoßflecken und Dellen. Anfassen erwünscht. SATISFACTION GUARANTEED OR DOUBLE YOUR MONEY BACK

Mit Fragezeichen geschmückte Slips, Peek – a – boo – bras. STARTLING EXQUISITE DESIGNS FOR LIVING SEDUCION LINGERIE FULL GEAR FOR STRIPPERS. HOW MUCH? AH. AN INCREDIBLE $ 15.– IT'S EASY WHEN YOU KNOW HOW
Der große Zwangsvollzug. Die ermüdete Lust kitzeln. Schlag nach bei Kinsey. Bringen wir es hinter uns.

MAKE LOVE – BUY!

Ich wartete vergeblich auf den Aufstand der Schaufensterpuppen, auf den Augenblick, in dem sie ihre wächserne Lethargie verlieren würden, um auf die unentschlossenen Passanten zu stürzen.
»Himmelherrgott, passen Sie doch auf, wo Sie hinlatschen!« Die Gebäude verschwanden nahezu unter der Schminke der Reklame. Ich hatte Times Square erreicht, Ecke Broadway – 42. Straße. Über die Außenwand des Times-Gebäudes wanderten in gepunkteter Leuchtschrift die Neuigkeiten der Welt.

LITTLE ACTION IN VIETNAM – POPE PAUL PRAYS FOR PEACE – MURDER IN CENTRAL PARK – LITTLE ACTION – POPE PAUL PRAYS – COME TO WHERE THE FLAVOR IS COME TO – LONGER – YET MILDER – DON'T BE SURPRISED IT CAN HAPPEN TO ANYONE.

Die Zeit floh. Neuigkeiten veralteten schon beim Hinsehen. Ein Mann neben mir ging in die Knie und fotografierte in dem Augenblick, als die Buchstaben zu POPE PAUL aufmarschierten.
»Hast du ihn?« schrie seine Frau, die hinter einer Sonnenbrille verschwand.
»Ich habe ihn.« Der Mann erhob sich triumphierend und drehte an seiner Kamera.
»Versuch's lieber noch mal: Du weißt, was das letzte Mal herauskam. Man konnte überhaupt nichts erkennen.«
Der Mann ging wieder in die Knie und lauerte.
»Jetzt!« Die Frau klatschte in die Hände.
Taubendreck traf meine Stirn.
»Du kommst aber auch immer zu spät«, jammerte die Frau. Sie hatte silbergefärbtes Haar, das wie eine Tortendekoration auf ihrem Kopf wirkte.
Der Mann trug eine Schirmmütze. Sein Gesicht war vor lauter Fotografieren erschöpft. Er sah sehr oft nach seiner Frau.
Ich ließ die kreisenden Neuigkeiten hinter mir und überquerte den Broadway. Ein Schwarzer trug eine riesige Pappuhr auf seinem Rücken!

JEWELED – LEVER WATCHES
THAT ARE RELIABLE

SHOCK-RESISTANT ANTI-MAGNETIC AND ANTI-INFLATIONARY

In der Mitte von ausgelassenen Zuhörern stand ein dürrer, hochaufgeschossener Alter, der aussah wie jemand, der aussah wie Abraham Lincoln. Buschige Augenbrauen gaben dem Blick Nachdruck. Er war ganz in Schwarz. Um seinen Händen, von denen er beim Reden viel Gebrauch machte, mehr Ausdruck zu geben, hatte er sie in weiße Handschuhe gezwängt.
»Ich habe nachgedacht«, sagte er und schaute in Erwartung des Beifalls um sich. Seine Finger fuhren in die Höhe. »Der Mensch pflanzt sich fort.« Er ballte seine Hand zur Faust, was einen symbolischen Eindruck machen sollte. Einer schrie! »Bravo! Endlich sagt einmal einer die Wahrheit.«
»Vor 500 Jahren lebten hier nur einige wenige Indianer wie im Paradies – und heute, wo ich hinsehe, nur Menschen, ganze Massen von Menschen. Und was tun die Menschen, denen die Langeweile schon ganz selbstverständlich ist, bitte sehr, ich habe nachgedacht, sie vermehren sich, um nicht allein sein zu müssen. Sie bevölkern die unschuldigen Landschaften, bis kein Grashalm mehr zu sehen ist.«
Seine rechte Hand krümmte sich zu einem Würgegriff.
»Sie bringen sich gegenseitig um, aus Langeweile, führen Kriege, erfinden heimtückische Pillen, die uns böse Träume schenken, verpesten das Wasser mit Chemikalien, die das Gehirn aufweichen, verwüsten die Natur und morden die letzten Walfische. Und warum, frage ich?«

Er breitete seine Arme aus und kniff die Augen zusammen, so daß das Drohende seiner Brauen besonders zur Geltung kam.

»Wir sind die Sklaven unserer Begierden. Wir können nicht allein sein. Und so wird es mit dem Wahnsinn weitergehen, bis der Erzengel Michael die Trompete zum großen Wecken bläst. Dann wird es keinen Baum mehr geben, keinen Strauch, sondern nur noch Konservendosen und Plastikbeutel. Die Welt wird eine einzige riesige, verrückte Stadt sein, von größenwahnsinnigen Architekten entworfen – und ihre Bewohner werden die Maschinen beneiden, die die Langeweile besiegt haben.«

Er redete mit den Armen. Seine Stimme überschlug sich unter dem Ansturm seiner Einfälle.

»Mensch, Opa, du machst mir Angst!«

»Noch ist es nicht zu spät«, stammelte der Prophet erschöpft und ließ seine Arme sinken.

»Wir müssen dem Sex entsagen – und wie Brüder und Schwestern zusammenleben. Und nur die Auserwählten, auf die die Gnade Gottes fällt, dürfen zeugen.«

»Mann, du willst doch nicht sagen, daß du auserwählt bist. Bei dir ist der Ofen aus!«

Ein sommersprossiger Polizist drängte sich durch die Zuhörer und redete auf den Propheten ein.

»Laß es gut sein, Moses!«

Und Moses ging mit hochmütigen Schritten weiter und bedauerte die Verstockten, die amüsiert die Schultern zuckten.

»Recht hat er«, schrie eine Frau in einem verschlissenen Regenmantel. Ihr Gesicht war vor lauter Entschlossenheit ganz aufgedunsen.

»Ihr riecht alle nach Verwesung.«
»Das ist der Geruch der Liebe.«
»Ihr seid übertünchte Gräber.«
»Ist das eine Beleidigung?«
»Das Weltgericht ist nicht mehr fern.«
»Du kannst mich einmal am Buckel kratzen. Und wenn schon der ganze Laden hochgeht, ist doch nur 'n Geschäft für die Beerdigungsinstitute. Die machen aus'm schönen allgemeinen Weltuntergang 'n schnellen Dollar. Von wegen Untergang, wenn einer untergeht, geht 'n anderer rauf. So ist das, Mama, wie bei einer Waage.«
»Ihr werdet schon sehen!«
Ihr künstliches Gebiß verstellte ihre Stimme. Sie nahm all ihre Kraft zusammen, um überzeugen zu können, aber es gelang ihr nicht; sie verhedderte sich in zornigen Sätzen. Ihr Regenmantel dämmte die Bewegungen. Sie wandte sich hilflos um und watschelte davon. Auf ihrem Rücken schaukelte ein Schild.

BAN THE SIN
NOT THE BOMB
BUY
US SAVING BOMBS

Ein Zeitungsverkäufer mit weißer Papiermütze hielt den Polizisten vertraulich am Arm fest.
»Bibeln sollten wir in schlechten Zeiten verkaufen. Das ist 'n Geschäft. Da könnte man sich gesund stoßen. Angst macht fromm. Das weiß ich von meiner Alten. Sie rutscht mir auf den Knien nach.«
»Mann, sehen Sie zu, daß Sie Ihre Zeitungen verkaufen, sonst veralten sie.«

»Mach ich, Mister FBI, mach ich.« Er wippte unternehmungslustig auf den Füßen und schrie im Diskant: »Onassis stiftet einen Friedenspreis. Der Klu-Klux-Klan erster Kandidat.«

Passanten veränderten den Schauplatz.
Ich konnte über die demiurgische Phantasie nur staunen, die sich in den Gesichtern austobte, die Nasen aufblähte, zuspitzte, abrundete, Lippen aufwarf, zusammenzog, Ohren aufblätterte, das Kinn hervordrängte, zurücknahm, den Hals dehnte, die Stirn hochschob, abflachte – und es entstanden Orangen, Hasen, Tiger, Ratten, Elefanten, Eichhörnchen, melancholische Hunde, satte Nilpferde, Schweine, Giraffen, Pinguine, Birnen und Coca-Cola-Flaschen. Ich sah kein Gesicht, das nicht absurde Erinnerungen in mir hervorgerufen hätte. Wenn es keine Ähnlichkeiten gäbe, dachte ich, würden die Menschen rein verrückt werden.
In einem Schaufenster versammelten sich Hallowe'enmasken aus Gummi, streichkäsfarbene Häßlichkeiten der Adam Family, der giftgrüne Frankenstein, blutlippige Gorillas, langzähnige Vampire, rotäugige Werwölfe, Jack the Ripper mit geilem Grinsen. Stahlhelme über hakenkreuzzernarbten Fressen, säurezerfressene Visagen, die traurige Eckigkeit der Roboter, warzengeschmückte Hexen, Fratzen wie entblößte Genitalien, die Mona Lisa mit einem Schnurrbart. Und unmittelbar daneben Johannes XXIII. auf einer Kaffeekanne, Prozellanaschenbecher, den kopflosen Leib einer rosaroten Frau darstellend, zwischen ihren aufgeblähten Brüsten eine Zigarette. Ein tätowierter Hintern als Blumenvase, die nackte Marylin Monroe auf

Untersetzern. WC's als Senffässer. Gummiwürste, künstliche Scheißhaufen – die Siebensachen der Schadenfreude: Männerwitze »Durch Lachen Freunde«. »Wie unterhalte ich eine Party?« Der Eiffelturm, der Petersdom, die Towerbrücke. Adolf Hitler als Pfeifenkopf, Stalin als Briefbeschwerer, Mao Tse-tung auf einer Krawatte, John F. Kennedy mit einem Heiligenlächeln. Welthistorischer Nippes. Kartentricks. Zauberutensilien. Weiße Mäuse aus Kunststoff und immer wieder Frauenbrüste mit bonbonprallen Knospen aus Pappe, aus Gummi, aus Ton, aus Porzellan – für das durstige Kind im Manne.

BE TALLER INSTANTLY

Ein junger Mann probierte die Maske eines Vampirs an. Der Gummi klatschte gegen seine Wangen.
»Wie sehe ich aus?« Seine Stimme klang ängstlich hohl. Die Maske verzog sich bei den Mundbewegungen.
»Großartig!« Der Verkäufer führte den jungen Mann vor einen Spiegel.
»Na, haben Sie jetzt Angst vor sich selbst? Fühlen Sie sich verändert, blutdürstig, wenn ich mir die Bemerkung erlauben darf. Wir wollen, daß unsere Kunden zufrieden sind. Sie müssen sich unter der Maske wohl fühlen wie unter Ihrem eigenen Gesicht. Sie sehen bezaubernd aus. Die Mädchen werden auf Sie fliegen. Sie lieben ein bißchen Grausamkeit, wenn ich so sagen darf. Sie wissen schon, was ich meine?«
Der junge Mann schob den Kopf vor.
»Ich werde meine Mutter damit überraschen.« Er zahlte hastig und rannte aus dem Laden.

»Wie ist es mit einem Button?« Der Verkäufer wandte sich mir zu. »Diese Dinger sagen, was Sie nicht laut auszusprechen wagen. Sie möbeln ihre Persönlichkeit auf.« Er steckte mir, ehe ich ihn daran hindern konnte, einen Button an die Jacke.
»Dort ist der Spiegel!«
Ich schaute an mir herunter.

THE HELL WITH THE BOSS

»Da weiß jeder, wie er mit einem dran ist.« Der Käufer klappte das Revers seiner Jacke hoch. Ich beugte mich vor und las.

SEX
HAS
NO CALORIES

Neu geknöpft betrat ich die Straße. Die Knöpfe waren überall. Sie wiederholten sich, sie signalisierten phantastische Wünsche, die jedoch auch nur von Knöpfen beantwortet wurden. Sie besaßen die Aufdringlichkeit von Preisschildchen. Woolworth nahm kein Ende.

SOCK IT TO DREAMLAND
I AM THE GREATEST
LETS MEET AGAIN ON DOOMESDAY

Gibt's denn überhaupt Wünsche, die nicht durch das Klingeln der Ladenkasse beerdigt werden? Alte Hure Phantasie, die sich bei jedem Erfolg aufs Kreuz legt. Die Kohlen müssen stimmen.
Vor einem Feuerhydranten tanzte eine barfüßige, jun-

ge Frau. Sie trug eine rote Nelke im Haar. Ihr Rock blähte sich im Luftstrom einer Entlüftung, die durch ein zerbeultes Gitter drang. Ihre Brüste wölbten das Bild Beethovens auf dem Hemd.
»Swing it sister!« schrie ein Schwarzer und klatschte den Takt. In einer Zigarrenkiste lagen einige Geldmünzen. Die Frau hielt die Augen geschlossen, spreizte die Finger, schlug die Knie gegeneinander, beugte sich zurück. Aus einem Kofferradio krächzte ein Schlager.

I CAN'T GIVE YOU ANYTHING BUT WHOOPIE.

Die Frau bewegte sich mit einer schlafwandlerischen Langsamkeit. Sie deutete ihre Bewegungen nur an. Plötzlich riß sie die Augen auf, sah die neugierigen Männer, zögerte, lächelte und stieg hüfteschwenkend aus dem Rock. Sie hatte eine Gänsehaut. Beethoven zitterte.
»Verkühl dir nur nicht den Arsch!«
»Weitermachen!«
»Zeig her, was du hast!«
»Ich besorg dirs, daß dir die Augen übergehen.«

A PIECE OF ASS, A BANANA, A BEEFCAKE, A BISCUIT, A GOBBLEDY – GOOKER, A GUM DROP, A HAIRPIE, A HONEYFUCK, A JELLY ROLL, MEAT, MUSH, A PIGEON, PIGMEAT, VIRGIN COKE, A QUAIL.

100 % PURE BEEF HAMBURGER
2 FOR 25 CENTS

Hungrige Gesichter drängten sich vor. Die Frau zerrte an Beethoven. Ein Polizist fiel ihr in den Arm, bückte sich nach dem Rock, legte ihn ihr um die Hüften und führte sie zu dem Streifenwagen, der am Bordstein parkte.
»Laß doch die Puppe tanzen, Mister Hoover!«
»Sehen Sie denn nicht, daß das Mädchen krank ist.«
»Wo denn?«
»Na raten Sie mal?«
»Die ist so high, daß sie die Engel im Himmel mit den Flügeln schlagen hört.«

GOD IS POT   GOD IS ESCAPE

»Daß die einem doch immer den Spaß verderben müssen. Wenn ich mir einmal eine Freude machen will – schon kommt Sergeant Gesetz und haut mir auf die Pfoten. Die Cops haben ihre Nasen auch überall. Komm, wir hauen ab, das sind doch alles Verlierer.«
Junge Männer in Samtjacken und gesäßengen Hosen schlenderten vorüber, geschminkte Gesichter unter blonden Perücken. Klingende Armbändern.
»Warum so traurig, Fremder?«
Ein Liliputaner führte einen Bernhardinerhund an der Leine. »Paß nur auf, daß er dich nicht aus Versehen verschluckt!« Ein Transvestit lachte hinter vorgehaltener Hand.
»Ach sag das nicht!«
Der Liliputaner stellte sich auf die Zehenspitzen und grinste, die Mütze schief auf dem Kopf.
»Komm nur her, Muskelprotz, mein Dolly kann Karate. Der legt dich aufs Kreuz, daß du am liebsten noch einmal geboren werden möchtest – und zwar von einer besseren Mutter.«

»Fall nur nicht in einen Gully!«
»Laß die Luft, Mister Universum. Auch ich könnte dein Vater sein.«
Der Bernhardinerhund schnupperte an einem Abfallkasten, lief auf einen Schönheitssalon zu, stieß seine Schnauze gegen den Schoß einer grellgeschminkten Frau, die ihre Hände entsetzt hochriß und die Beine spreizte, trottete auf einen fotografierenden Japaner zu. Und hinter ihm her, an der Leine, wild gestikulierend, der Liliputaner.
»Dolly, schön brav, Dolly, was hast du nur?«
Dolly verliebte sich in mein rechtes Hosenbein. Der Japaner fotografierte selbstvergessen. Ich versuchte mir vorzustellen, was ich für ein Gesicht gemacht hatte. In dem Schaufenster des Schönheitssalons, vor dem ich stehen geblieben war, konnte ich mich kaum erkennen. Riesige weiße Buchstaben verstellten mein Gesicht. Durch die Öffnung eines O's sah ich Frauen, die unter mächtigen Trockenhauben gebannt ihr Spiegelbild belauerten, teigige, mißtrauische Gesichter, die an sich selbst zu zweifeln wünschten, aufgehetzt von hochkalkulierten Vorbildern.

IT'S A NEW AGE
THERE'S A
NEW LOOK

Es roch nach versengtem Fleisch. Friseure gerieten außer Rand und Band. Sie zelebrierten den Selbstmord der Individualität. Die Frauen warfen sich kuhäugige Blicke zu. Ihr Spiegelbild übertraf sie.
Schräg gegenüber das imposante Fenster eines Buchladens. Die Bücher hinter gelbem sonnenschützenden Glas. Alle Farben mit einem Honigton. Die Tür weck-

te eine Glocke. Leser schauten erschrocken auf. Entweihte Stille. Fahrige Gesten des Ertapptseins. Bis zur Decke hoch der Aufmarsch von Büchern nach Sachgebieten geordnet für Träumer, Müßiggänger, Neunmalkluge, Kunstliebende, Zaghafte, für ewige Privatgelehrte, verkannte Genies und Voyeure.
Die neue Religion: der Okkultismus. Kontakte mit den Verstorbenen. Umgang mit Geistern. Amulette gegen weibliche Verhexung, der alte Spinner Yeats und die unentwegte Madame Blavatsky.
Ich war eine ägyptische Königstochter.
Musik aus dem Jenseits. Seelengekitzel. Geheimniskrampf. Unterleibsmystik, aufgebauschte Gefühlskrawalle, Herumstochern in verwesten Träumen. Die große Enthüllung: CHRISTUS WAR EIN FREIMAURER
»Gehen Sie mit den Büchern sorgfältig um. Sie haben auch eine Seele.«
Der Verkäufer mit schwerberingter Hand und Astrologenstirn, ein zerlesenes, eselsohriges Gesicht, beobachtete die Seitenraschler, trieb sie zur Eile an.
»Meine Herren, wir sind keine öffentliche Lesehalle.«
In der Astrologie wühlte ein Kurzsichtiger, besessen von der Unmöglichkeit, ein ganz normales Schicksal zu haben. Seine Jacke war an den Ellenbogen mit Lederherzen verstärkt. Er strich mit der Nase über die Seiten und murmelte Bestätigungen. Neben ihm standen in verzückten Stellungen die Voyeure vor dem Angebot des papiernen Sex. Eine zuckende Neonlampe verleitete sie zu ausschweifenden Träumen. Schmachtende Eingeweide.

THE UNEXPURGATED MARQUIS DE SADE

CAUGHT IN THE ACT
KAMASUTRA

Rezepte für Aphrodisiaca. Spreizbeinige Colleggirls. Das Einmaleins der Positionen. Schöne Jünglinge vor griechischen Tempeln. Preisschildchen bekleideten ihre Männlichkeit. Nackte Mädchen auf Motorrädern, in Badewannen, im Flugzeug, unter der Peitsche mit aus dem Mund schielender Zunge, rosafarbene Haut im Hintergrund die amerikanische Nationalflagge. Die Geißel der Geschlechtskrankheiten.
EROTICA! THE PASSIONS, PAIN, PLEASURES AND RHYTHM OF LOVE in Stereo.
Und inmitten der Auferstehung des Fleisches das traurige Gesicht Sigmund Freuds.
Der Verkäufer stürzte auf einen alten Mann zu, der gerade dabei war, mit einer fast träumerischen Bewegung seinen bibbernden Schwanz zwischen die Seiten eines Buches zu pressen. Bücher flogen von den Regalen.
»Sind Sie verrückt geworden?«
Der alte Mann ließ entsetzt das Buch fallen und zitterte.
»Holen Sie die Polizei!«
»So einem gehört der Pimmel ab!«
»Geiler Knacker!«
Der Verkäufer zeigte ein vor Empörung gerötetes Gesicht. »Auf Heller und Pfennig zahlen Sie mir den Schaden.«
Der alte Mann weinte vor sich hin und nestelte an seiner Hose herum. Jemand hielt ihn am Kragen fest. Schadenfreude.
»Nicht zu glauben, vögelt eine Schwarte.«

Etwas blöd im Kopf verließ ich den Laden. Ein Junge wischte über die Marmortheke eines Eissalons. Ältere Frauen unter mächtigen Blumenhüten löffelten versonnen Eis. Die Augen voller Erinnerungen.
Ein alter Neger torkelte auf mich zu und packte mich am Arm.
»Kennen Sie Joe Sutherland?«
Ich schüttelte den Kopf.
»Joe Sutherland steht vor Ihnen, und ich will verdammt sein, wenn ich mich irre. Ich heiße Joe Sutherland und bin durstig seit Geburt. Wie ich morgen heiße, weiß ich noch nicht. Vielleicht klaut man mir meinen Namen. Das passiert. Muß mir dann etwas Neues ausdenken. Rockefeller zum Beispiel. Was sagen Sie dazu? Mit einem solchen Namen kommt man voran auf der Leiter nach oben. Da braucht man gar nichts dazu zu tun. Glauben Sie nur nicht, daß mein Vater an Joe Sutherland dachte, als er meine Mutter aufs Kreuz legte. Er wäre in der Hose geblieben, wenn er gewußt hätte, was er da zustande brachte. Ich bin ein Verlierer, Mann, und jeder weiß das. ›Joe‹, sagen sie, ›willst du einen Quarter?‹ ›Klar‹, sage ich. ›Dann kratz' mit einmal den Buckel.‹ ›Klar‹, sage ich, ohne die Flutsch zu verziehen. Was ich alles schon gekratzt habe!«
Er machte mit der Hand ein obszönes Zeichen und entfernte sich in Richtung auf eine Bar. Je näher er ihr kam, um so selbstbewußter wurden seine Schritte. Er fiel fast in die Tür.
Wenige Augenblicke später stand er wieder auf der Straße und wedelte mit den Armen.
»Ich bin ein Vogel!« schrie er und sprang in die Höhe.
Ein sehr sorgfältig gekleideter Herr schaute in eine

andere Richtung. Vor einem Waffengeschäft drückten sich einige Schlägertypen in Lederjacken herum, auf dem Rücken silberne Totenköpfe.
»Siehst du das Messer dort? Das wäre das richtige für einen fetten, dicken Arsch.«
Der gutgekleidete Herr hob interessiert die Brauen. Er trug weiße Gamaschen.

Ich wußte mit mir nichts anzufangen und geriet in einen Strudel von Möglichkeiten, die meine Ahnungen weit überstiegen.

QUICK $ 500 – DONATE YOUR BODY TO COLUMBIA MEDICAL SCHOOL

Ich tauchte in einem Kino unter. Auf der breiten, leicht gekrümmten Leinwand flimmerte eine orangefarbene Wüste, über die ein abgezehrter, bartstoppeliger Mann taumelte. Er warf die Hände vor, sank in die Knie und hielt sein Gesicht in die Sonne. In Großaufnahme die geröteten Augen, die gelb zerflossen.
Ich tastete mich im Dunkeln nach einem freien Platz, setzte mich hin, streckte die Beine aus und versuchte mich auf den Film zu konzentrieren. Vor mir räkelte sich ein dicker Mann und stöhnte. Sein massiver, haarloser Schädel nahm mir die Sicht. Ich rückte zur Seite, um besser sehen zu können, aber immer wieder lenkte der Mann durch sein sonderbares Gebaren meine Aufmerksamkeit auf sich. Ich stellte zu meinem Entsetzen fest, daß er auf eine groteske Art und Weise den Helden auf der Leinwand nachahmte, den Kopf vorstieß und die Hände ausbreitete. Die Sonne loderte in grellen Farben. Die Musik schwoll an. Der Mann vor mir röchelte.

»Mensch, alter Scheißer, schlaf deinen Rausch zu Hause aus! Das ist hier keine Penne!«
Ein Mädchen kicherte. Der röchelnde Atem wurde schneller und ging in einen pfeifenden Ton über. Ich beugte mich vor und versuchte den schweren Mann, der vornüber zu kippen drohte, festzuhalten. Er entglitt jedoch meinen Händen. Der Platzanweiser, durch meine hilflosen Rettungsversuche aufmerksam gemacht, eilte herbei und leuchtete mit seiner Taschenlampe zwischen die Sitzreihen. Der Lichtkreis kroch über zerknüllte Pappbecher und Papierfetzen in ein schweißbedecktes Gesicht.
»O Jesus, der stirbt.«
Auf der Leinwand schöpfte der Verdurstende Sand mit den Händen und kicherte. Vor seinen Augen verwandelte sich die Wüste in einen kühlblauen See, in dem eine Frau badete. Der Platzanweiser öffnete dem Röchelnden das Hemd. »Man muß ihn auf die rechte Seite legen.«
Schatten von Köpfen huschten über die Leinwand.
»Der Mann braucht frische Luft. Wo ist ein Arzt? Holen Sie doch einen Arzt!«
Der Platzanweiser sah sich fragend um.
»Der ist ganz schön schwer.«
»Wie heißt denn der Mann?«
»Was heißt hier, wie heißt der Mann! der Mann stirbt.«
»Drum muß man wissen, wie der Mann heißt, schon um seine Angehörigen zu verständigen.«
»Der stinkt wie ein Junggeselle!«
Der Platzanweiser beugte sich zu dem am Boden Liegenden herab und packte ihn an der Schulter.
»Hören Sie mich?«

»Mensch, ist das eine Frage!«
»Stellen Sie den verdammten Film ab.«
»Sie können doch nicht den Film spielen lassen, wenn einer stirbt!«
»Ich will den Film sehen.«
»Ruhe!«
»Setzen Sie sich. Man kann ja vor lauter Köpfen nichts sehen.«
»Haben Sie denn so etwas schon erlebt? Ist ja wie auf'm Friedhof.«
Der pfeifende Atem wurde schwächer, plötzlich zuckte der Mann zusammen und erschlaffte. Ein verstaubter Reiter stieg von seinem Pferd und hielt dem Verdurstenden eine Wasserflasche an den Mund.
»Sein Puls geht nicht mehr.«
»Treten Sie zurück, der Mann ist tot.«
»Licht!«
»Sitzenbleiben, der Film ist noch nicht zu Ende.«
Zwei Männer hoben den leblosen Körper auf eine Bahre und trugen ihn aus dem Kinosaal.

Ich stürzte auf die Straße. Es war nicht dieselbe Menge wie vorher. Sie wogte unternehmungslustiger durch die Straßen und schien in ein besseres Land zu kommen, in ein Land der Nacht und seiner Freuden. Die Reklame zeigte weiße Zähne. Ein überlebensgroßer John Wayne warf einen überlebensgroßen Indianer in einen Abgrund. Frankenstein, der eine gewisse Ähnlichkeit mit Boris Karloff hatte, grinste grün über einen Sarg gebeugt, aus dem zwei Frauenbrüste herausragten. Marmeladefarbene Vampire fletschten ihre Zähne. Die Mafia schickte ihre Typen vor – in dunkelblauen, feingestreiften Anzügen, den breiten Hut

schief auf dem Ohr, Blicke, die einander kreuzten, eckiges Kinn, abstehende Ohren, Zigarren lutschend. Peter Lorre mit den traurigen Froschaugen und das dummdreiste Siegerlächeln von Errol Flynn. Batman und Robin jagten durch Gotham City. Jane Russels Brüste in einem zerrissenen Kleid. Micky Roony zeigte ein allamerikanisches Lächeln. Den Feinden blieb nur ängstlich sabbernde Häßlichkeit.
Und überall Girls aus der Bonbontüte der Perfektion. Lichtkegel überschnitten Lichtkegel. Das Gefunkel der Kinoreklame maskierte die Gesichter der Passanten, die erwartungsvoll dahinschlenderten, verfolgt von den Angeboten der Schuhputzer. All die Nachtvögel und Asphaltpriester mit der Brillantnadel in der Krawatte, die Hochstapler und Kellner an ihrem freien Tag, die näselnden Stimmen der Schwulen, die sich nach ewigen Freundschaften umschauten, die wieselschnellen Zuhälter und aufgedonnerten Nutten, die erlebnishungrigen Spesenritter und Büroangestellten. Sekretärinnen suchten einen neuen Chef. Die Spanner und schlaflosen Greise, die unter einem Zwang zu stehen schienen. Die Neugierde nimmt mit dem Alter zu. Frischrasierte Geschäftsleute, die ihre Ehefrauen zu ersetzen suchten, angeekelte Cops und die tugendentschlossenen Soldaten der Heilsarmee, die ihre Musikinstrumente zum großen Wecken blank geputzt hatten. Schwarze im Afrolook. Asiaten in hohen Kreppschuhen. Aufgedrehte und Abgedrehte. Ein Betrunkener brabbelte vor sich hin:
»Für alle eine Runde, Charly, ich habe heute Geburtstag.«
»Dein Geburtstag war doch gestern.«
»Scheiß der Hund drauf, Charly, heute ist gestern

und morgen wieder heute. Aber das verstehst du nicht!«

Ein rosaroter Schimmer Hollywoods stahl sich in die Gesichter und verlieh ihnen eine träumerische Zuversicht. Sie wurden Teil der Reklame, die um sie warb. Eine genußsüchtige Fröhlichkeit ergriff sie, und sie überließen sich dem entfesselten Gelüst nach allem, was käuflich ist.
Die Perfektion betrog mich um meine Zweifel. Jetzt hatten die Zeitungsverkäufer ihren großen Auftritt am summenden Straßenrand.

DONALD DUCK FOR PRESIDENT

PEACE IN SIGHT

Die Welt verkümmerte zu Schlagzeilen. Aus den komplizierten Intrigen der Mächtigen wurden einfache Lesebuchsätze, die sich schnell überfliegen ließen, ohne daß der patriotisch zementierte Optimismus ins Wanken geraten wäre.

Superman lag auf der Lauer.

Ich schwitzte wie ein Pavian. Die Eindrücke waren zuviel für meinen Magen. Ich hatte Kohldampf und schaute mich nach einem Restaurant um, in dem ich ohne viel Aufsehen meine Rechnung bezahlen konnte. Es ging nur stoßweise vorwärts, weil die Menge der Bummler immer wieder vor den Schaufenstern stehen blieb und sich an den zu verlockenden Architekturen hochgeschichteten Waren geil gaffte.

Ich landete nach langem Umherirren in einem kleinen Restaurant, das die hygienische Würde eines Operationssaals hatte. Der Raum war von so gedämpftem Licht bestrahlt, daß man sich erst an die Finsternis gewöhnen mußte. Erst allmählich konnte ich die Esser unterscheiden, die sich in teilnahmsloser Hast über ihre Teller hermachten, die linke Hand unter dem Tisch verborgen. Kaffeetassen standen in Reichweite.
Ich bestellte bei einem älteren Mädchen mit einer Schürze und einem Namensschild auf der linken Brust ein Steak mit Pommes frites. Ein Bild in Glanzfarben hatte mir den Mund wäßrig gemacht. Die Wirklichkeit sah anders aus. Gitterzeichen auf dem Fleisch. Fettbatzen an den Rändern. Die Pommes frites, ein trauriger Scheiterhaufen. Ich ertränkte sie in Ketchup – und aß zum ersten Mal amerikanisch – mit Kaffee den Fettgeschmack herunterspülend.
Wehmütig dachte ich an meine Wirtin. Ich nahm mir vor, ihr am nächsten Tag zu schreiben. Vielleicht eine Karte vom Empire State Building. In Schönschrift: Amerika ist ganz anders, als ich es mir vorstellte. Die Heimat ist die schönste Gewohnheit.
Ein Mann in einem blauen Anzug – Wash 'n wear –, die gelbe Krawatte vorgewölbt, faltete vor mir eine Zeitung auseinander, und ich las: »Mrs. Hiram Woodcock besuchte ihre Mutter zum 100. Geburtstag in Dublin.«
Das war eine Neuigkeit. Ich beugte mich vor, aber mein Nachbar ließ mir wenig Zeit. Wütend knüllte er die Zeitung zusammen und legte sie auf den freien Stuhl neben sich. Als er mein enttäuschtes Gesicht bemerkte, sagte er:
»Nichts für Papa heute drin. 'N Kumpel gab mir

einen todsicheren Tip. 'N Arsch von 'nem Pferdekenner. Mann, ich kratzte sämtliche Piepen, die ich hatte, zusammen, und was lese ich. Diamond macht den Schwanz. Haha! So kommt man natürlich auf keinen grünen Zweig.« Er äugte nach der Kellnerin.
»Das Übliche, Baby, und 'n Kuß zum Trost. Ich bin pleite.«
»Versuchs mal mit einem Bankeinbruch!«
Sie fummelte an ihren Haaren herum, strich die rote Schürze glatt.
»Weiber! Ohne Geld kommen die nicht auf Touren.« Er wandte sich mir zu.
»Kenne mich sozusagen in der Materie aus. Sehen Sie mich an. Ich war dreimal verheiratet. Das macht einen zum Menschenkenner. Die Zeit der schmachtenden Eingeweide ist vorbei. Heute weiß ich, was ich will.«
Sein Bürstenhaarschnitt zeigte weiße Flecken. Er fischte eine Packung Zigaretten aus der Brusttasche und hielt sie über den Tisch. Ich nahm mir eine und dankte.
»Wohl fremd hier?« Neugierig schob er den Kopf vor und hielt mir das Feuerzeug entgegen. Lauerte. Ich erzählte ihm meine Geschichte, schmückte sie noch etwas aus, um meine Englischkenntnisse auszuprobieren, brachte aber nur ein übles Kauderwelsch zusammen, das mich entmutigte.
»Sehr interessant, was Sie da sagen. Es ist Ihnen doch hoffentlich klar, daß Sie mir Glück bringen. Ich fühle das. Mein Großvater stammte auch aus Deutschland. Wollte hier sein Geld machen. War Schneider, wenn ich mich nicht irre. Hatte irgend was ausgefressen und nahm den nächsten Dampfer. Kotzte das Meer voll und schwor, niemals mehr auf ein Schiff zu gehen. Das

waren noch Zeiten, als die Fische von den Auswanderern lebten.« Er näherte sich meinem Ohr. Gebärden der Vertraulichkeit.
»Wir sind ja schließlich alle Menschen. Ich habe noch nie viel von Nationalitäten gehalten. Macht nur Ärger. Fremde Sprachen, fremde Sitten und letztlich doch derselbe Krampf. Sie wissen, was ich meine. Erwachsen genug sind Sie.«
Er lachte hinter vorgehaltener Hand. »Aber Spaß beiseite.« Er lehnte sich zurück, atmete den Rauch seiner Zigarette ein und musterte mich geheimnisvoll.
»Sie sind der richtige Mann. Ich mache Sie reich. Das wäre doch ein Anfang. Moneten ölen den Unternehmungsgeist. Amerika wird Ihnen zu Füßen liegen – und erst die Weiber.«
Er spitzte den Mund und wartete auf eine Reaktion. Offensichtlich enttäuscht fuhr er fort: »Mann, Sie glauben mir nicht. Es herrscht kein Vertrauen mehr unter den Menschen. Gottverflucht, hätte mir schon längst einen Strick um den Hals legen sollen.«
Er kramte einige Münzen aus der Hosentasche und legte sie neben den Teller.
»Kein Interesse? An Ihrer Stelle würde ich zugreifen. So eine Chance kommt nur alle Schaltjahre. Na?«
Große Pause. »Um was geht's denn?« fragte ich.
Sein Gesicht strahlte. »So ist's recht, Junge, nicht lange gefackelt. Die Gelegenheit beim Schopf gepackt. Ihnen werden die Augen übergehen. Wir machen brav halbe halbe. Ist 'ne todsichere Sache – und dann zeige ich Ihnen New York. Exklusiv!«
»Und was habe ich zu tun?«
»Eine gottverdammte Kleinigkeit. Sie blättern mir einen Hunderter auf den Tisch – und ich setze auf

Mobby Dick. Ist 'n Pferd wie Beau Madison oder Zip Pocket. Mann, halten Sie die Luft an. Ich rieche schon den Reichtum. Hören Sie es nicht klingeln? Ohne die nötigen Kohlen sieht man alles nur von unten und man selbst robbt im Dreck herum. Da kommt man auf keine Ideen, da ist man nicht ausgefüllt. Ich kenne das und wie ich das kenne. Geil und keine Möse. Also wie ist es? Mobby Dick läßt uns nicht im Stich. Der nicht. Seine Mutter hat sich mit'm Orkan eingelassen. Na?«
Ich gab eine ausweichende Antwort und schaute in eine andere Richtung.
»Sie haben keinen Mumm.« Er drückte verächtlich seine Zigarette aus, stand auf, murmelte: »So was, hat Angst vor seinem eigenen Glück!« Nahm einen Zahnstocher und schlenderte davon. Ich wäre ihm beinahe nachgelaufen. Aber was hätte es genutzt? Ich war schließlich in der gleichen Lage wie er: ich verstand nicht das Geringste von Pferden.

Murphy war nicht zu sehen, als ich in mein Hotel zurückkehrte. Ein alter Mann saß an ihrem Platz und las in einem Buch. Ich nannte meine Zimmernummer, und er reichte mir, ohne mich anzusehen, den Schlüssel. Der Aufzug knisterte. Aber er schaffte es zu meiner Überraschung. Ein roter, zerschlissener Läufer führte zu meinem Zimmer. Eine Frau im Morgenmantel flatterte an mir vorüber. Hinter mir knallte eine Tür zu. Stimmen. Das Gebrabbel von Fernsehapparaten. Musik. Ich war müde und ausgelassen zugleich. Kaum war ich in meinem Zimmer, endete meine Ausgelassenheit in einem Katzenjammer. Da saß ich nun, am Ziel meiner Wünsche – im Land der unbegrenzten Möglichkeiten und Spielzeuge: Hotel Murphy, New

York, mit einem Ausblick auf Häuserhinterfronten und Feuerleitern. Eine Bibel lag auf dem Nachttisch, und über den Bildschirm des Fernsehapparats jagten Gangster irgendein armes Würstchen durch endlose Korridore. In einer dunklen Ecke erwischten sie ihn. Die Musik schwoll an und übertönte die Schläge, die auf ihn niederprasselten. Es fiel mir nicht schwer, mich mit dem armen Teufel zu identifizieren.
Die Hände hinter meinem Kopf verschränkt, lag ich auf dem Bett und spürte, wie Kühle den Schweiß auf meiner Haut trocknete. Zwischen meinen Fußspitzen erschien das Bild eines Mädchens, das sich zum Wohl eines Haarwaschmittels die Haare kämmte. Eine Tube kam vom Himmel herab, strahlte Funken und entleerte sich. Und dazu die beschwörende Stimme eines routinierten Liebhabers.
Ich zog mich aus, schaltete den Fernsehapparat aus und kroch unter die dünne Decke, die wie ein Leichentuch die Formen meines Körpers abzeichnete. Schlaf kam nicht. Unruhig warf ich mich auf dem kleinen Federkissen herum. Die Nacht orgelte an meinem Fenster. Im Zimmer nebenan ein streitendes Paar.
»Ich laß mich nicht ausnutzen – wie ein Schuh, wo man nur den Fuß reinzustecken braucht.«
»Baby, beruhige dich!«
»Wofür hältst du mich eigentlich? Nimm die Finger weg!«
Es konnte natürlich auch der Dialog eines Films sein, aber es fehlte die Musik. Später knirschten die Bettfedern. Ich war nicht mehr ganz allein, lauschte angestrengt und versuchte mir das Geschehen, von dem nur die Geräusche zu mir drangen, in aller Ausführlichkeit auszumalen. Es gibt nichts Deprimierenderes.

Man fühlt sich ausgeschlossen und nimmt Zuflucht zu wollüstigen Träumen. Da hilft nicht mal Onanieren.
Ich stellte den Fernsehapparat wieder an und wechselte zwischen drei Stationen. Die Handlung der verschiedenen Filme war ohnehin dieselbe. Recht und Ordnung siegten auf der ganzen Linie. Das sah man schon an den grimmigen Verliergesichtern der Halunken. Im Westen nichts Neues: Der Gangster lief in den Kugelregen der Polizei. Das Grinsen des Spielers erstarb, als der Sheriff ihm einen Sixshooter unter die Nase hielt, und das Brautpaar fuhr in einem geschmückten Cadillac, hinter dem einige Blechbüchsen herklapperten, einem sonnigen Horizont entgegen. Ich versank in lauter Güte. Man brauchte sich nur ein bißchen gehen zu lassen und schon glaubte man, daß sich die ganze Welt zum Guten verändert hätte. Ich war selbst beinahe schon so weit und schlief ein.

Am Morgen weckte mich die hastige Stimme Billy Grahams. Er füllte den ganzen Bildschirm aus. Seine Augen suchten mich. Seine Finger schnickten nach mir. Es war höchste Zeit.
Als ich das Hotel verließ, thronte Murphy mit schlafverklebten Augen in der Rezeption. Sie hatte die Haare eingerollt. Ihr Gesicht sah nackt aus. Die Augen darin wie zwei in die Pfanne geschlagene Eier. Bei meinem Anblick blähte sie die Nase.
»Na, Loverboy, wie war die erste Nacht?« rief sie, und ich zahlte für die zweite. Lachend, so daß ihre mächtige Brust die Knöpfe ihres Kleides bedrängte, verstaute sie das Geld in eine Kassette und kehrte zu ihren Stricknadeln zurück. Die Coca-Cola-Reklame über ihr handelte von einem sonnenhungrigen Mäd-

chen am Meeresstrand. Durstig betrat ich die Straße. Zwischen den Häusern hing morgendlicher Dunst. Die Menge strömte in eingeübter Selbstsicherheit an mir vorüber. An einem Feuerhydranten ein zappelnder Knäul kleiner Buben. Ein Picklesstand strömte scharfe, stechende Gerüche aus.
Ich fragte einen Polizisten nach dem Weg zum Empire State Building. Er drehte sich um seine Achse und deutete halb zum Himmel, halb auf eine Fensterfront eines Hochhauses. Ich folgte seiner Hand und landete in einer Bar, wo ich mich mit drei Whiskys auf das große Theater des Tages vorbereitete. Ich war nicht der einzige, der dieser Aufmunterung bedurfte. Männer in würdig dunklen Business-suits drängten sich an die Theke, die Zeitung in der Seitentasche der Jacke. Beim Schlucken strafften sich die Halsmuskeln, ein Ruck ging durch den Körper.
Ahhhhhh
und hinterher ein Räuspern. Jetzt war es leichter, durch die Straßen zu schwimmen. Zuweilen traf ich Passanten, die mit sich selbst quasselten. Im Rhythmus ihrer Schritte sprachen sie sich mit ihrem Namen an und stellten komplizierte Fragen, die sie nicht beantworten konnten. Sie starrten gespannt auf ihre Schuhspitzen, die vor ihnen herflogen. An den Kreuzungen blieben sie eingeschüchtert stehen. Man sah, wie sie das Würgen quälte, wie sie den Kopf einzogen und sich der Verzweiflung ergaben.

Im Aufzug, der bis zum 90. Stock des Empire State Building hochschoß, küßte sich ein Liebespaar.
»Baby, jetzt geht's zum Mond.«
Ein kleiner Junge bekam Nasenbluten. Seine Mutter

riß ihm den Kopf zurück und bedeckte sein Gesicht mit einem Taschentuch.
Oben auf der Aufsichtsplattform bauschte der Wind die Kleider der Frauen auf. Eltern hielten ihre Kinder an den Händen fest.
New York glich von oben einem steinernen Tier, das sich über die Ebene hinwälzte, eine mathematische Bestie, die die Natur in ein Labyrinth von Adern verwandelt hatte, durch die der Verkehr pulste. Im Osten schimmerte das Meer – und bis zum Horizont im Westen räkelte sich die Stadt: Dächer, Straßen und Brükken fügten sich zu einem riesigen Mosaik, in dem das Grau dominierte. Phallisch geil die rivalisierenden Wolkenkratzer mit Reklamekopfschmuck und Fernsehgeweihen: die Helden lautmalender Comic-strips-Abenteuer, der Erde abgerungene Superlative, die in keiner Grammatik heimisch werden.
Ich verstand plötzlich den Drang der Selbstmörder, die die Herausforderung des Getümmels akzeptieren und mit ausgebreiteten Armen und flatterndem Rock in die Tiefe springen.
Ihretwegen hatte man wohl das Gitter angebracht.
Die Neugierigen belagerten die Fernrohrautomaten und warteten, bis sich das, was sie für ein paar Cents sehen konnten, verdunkelte. Die Frauen preßten ihr Kleid mit den Händen an die Schenkel und kicherten. Fotoapparate bemächtigten sich der Ferne. Ein kurzgeschorener Soldat legte den Arm um die Hüfte seines Mädchens, wirbelte es im Kreise herum und schrie ausgelassen: »Baby, stell dir vor, dort mittenhinein würden sie eine Bombe werfen.«
»Johnny, wie kannst du nur so etwas sagen?«
»Eine riesige Bombe. Pow!«

»Johnny, ich kann nicht nach unten schauen.«
Der Soldat drängte das Mädchen an die Brüstung.
»Baby, guck es dir genau an. Da mitten hinein eine fette Bombe!«
»Junger Mann, Sie haben aber da seltsame Vorstellungen«, mischte sich ein alter Mann mit Strohhut ein und fingerte an einem Hörapparat herum.
»Haben Sie eine Ahnung, Opa, schließlich führen wir ja Krieg.«
»Ich kann Sie nicht verstehen!«
Der Soldat näherte sich dem Ohr des Alten und brüllte: »Scheißkrieg!«
»Das hätten Sie auch höflicher sagen können.«
In der Ferne klagte eine Sirene.

Es dauerte einige Zeit, bis ich mich unten wieder zurechtfand. Ich verließ die protzige Fifth Avenue und bummelte durch die umliegenden Straßen. Ich wurde immer müder und hoffnungsloser, als ich die endlosen Häuserwände und Schaufenster betrachtete. Die künstlerische Phantasie diente nur der wunderbaren Geldvermehrung: Mona Lisa schenkte ihr Lächeln einer neuen Strumpfmarke, der David Michelangelos posierte in Unterhosen und die Venus von Milo in einem geblümten Büstenhalter. Allenthalben die raffinierten Versuchungen, die Kultur der Begehrlichkeit, die einem armen Schlucker nur die Nichtswürdigkeit seines Daseins vor Augen führt. Mir lief das Wasser im Mund zusammen, und ich beneidete die Nonchalance der zahlungskräftigen Kunden. Amerika warf seine Netze nach mir aus. Ich war nur zu leicht einzufangen. Worauf hatte ich mich nur eingelassen? Ich wußte, daß es am besten sein würde, auf das Spiel einfach einzugehen. Ich liebte mich zu sehr, als daß ich zu einem Revolutionär getaugt hätte.

WONDERFUL
MARVELLOUS

Jeder Romantiker ist im Grunde seines Herzens ein Hochstapler. Ich suchte die Blicke der Frauen, an deren weißbehandschuhten Händen kleine luxuriöse Pakete voller hinreißender Nichtigkeiten hingen. Es war klar, daß ich mir etwas vormachte, aber kam es überhaupt auf die Realität an? Waren die optimistischen Lügen nicht wirksamer als der verzweifelte Blick hinter die Kulissen. Warum sich Gedanken darüber machen, daß man sich Gedanken macht? Warum diese selbstmörderischen Spielchen des Zweifels? Mein Gott, ich war nicht nach Amerika gekommen, um mir das Leben zu nehmen.

Vor mir torkelte ein grauhaariger Schwarzer. Er blieb plötzlich stehen, hob den Blick zum Himmel und verkündete mit lauter, singender Stimme, daß er Gott sah. Ich blieb stehen, andere blieben stehen. Der Schwarze warf die Hände hoch und starrte auf das Fleckchen schlierigen Himmels, das sich zwischen die Dächer der Hochhäuser spannte, und sang.

Ein Polizist trat vor ihn hin und tippte ihn mit seinem Gummiknüppel an.

»He, Bruder, zieh hier keine Schau ab.«

»Gott ist mir erschienen.«

Der Polizist schützte mit der Hand seine Augen und schaute hoch. »Ich kann nichts sehen«, sagte er mit gespieltem Ernst.

»Gott ist mir erschienen«, sang der Schwarze und

klatschte in die Hände. »Ich habe ihn wirklich gesehen. ’N feiner Mann.«

»Mach, daß du weiterkommst, du hältst nur die Leute auf.«

Neugierige bildeten einen Kreis um den Schwarzen.

»Wenn Sie mich fragen, der Mann ist besoffen wie ein Veilchen.«

»Sie sollten erst einmal erleben, was ich alles sehe, wenn ich einen genippt habe. Lauter Engel. Habe ich nicht recht, Baby?«

»Lassen Sie doch dem Mann seinen Spaß!«

Der Schwarze sang unbeirrt weiter und tanzte, den Oberkörper ruckartig bewegend. Seine leichte, ölverschmierte Jacke flatterte hoch. Jemand schrie: »Ist ein Unglück geschehen?«

Ich wurde nach vorn gestoßen, so daß ich direkt vor dem Schwarzen stand – und zu meinem Entsetzen stellte ich fest, daß er blind war. Seine Augen bedeckte ein weißlich graues Häutchen. Er konnte nicht die geringste Ahnung haben, was um ihn herum geschah. Er hörte nur das Rauschen des Verkehrs und die hastigen Schritte der Passanten: Blech, Glas und Gespräche, die keinen Anfang und kein Ende hatten. Für ihn bestand die Welt nur aus Geräuschen und Gerüchen, aus endlosen rauhen Betonmauern, rostigen Gittern und aufgepeitschter Luft.

Ein zweiter Polizist kam seinen Kollegen zur Hilfe. Er packte den Schwarzen an der Schulter und stieß ihn vorwärts.

»Gott ist ihm erschienen!«

»Ihm? Gott hat Besseres zu tun.«

Die Polizei erregte die Menge. Sie schimpfte und grölte. Ein Junge riß einem Polizisten die Trillerpfeife

von der Uniformjacke – und schon war eine wilde Schlägerei im Gange. Arme und Beine wirbelten durcheinander.
Ich rettete mich in einen Süßwarenladen und sah durch die buntbemalte Schaufensterscheibe, wie der Schwarze völlig unbeeindruckt noch immer im Kreise tanzte und sang. Plötzlich heulten Sirenen auf, und einen Augenblick später war niemand mehr außer dem Schwarzen in Reichweite der Polizei. Sie steckten ihn in einen Streifenwagen und fuhren davon.

»Was darf es sein?« fragte der Verkäufer und schaute mich lüstern an. Ich kaufte eine Tüte Pfefferminzplätzchen und kehrte auf die Straße zurück. Das Zeug war so süß, daß es mir ganz übel wurde. Wenn ich einatmete, brannte meine Zunge. Ich lutschte mich durstig und flüchtete in eine Bar. Jeder Schluck war eine Wohltat, dazu die knalligen Farben einer Fernsehshow, strahlendes Lächeln, Ruhe und Selbstsicherheit. Ich kam mir vor, wie ein ausgehungerter Junge, der vor einer riesigen zuckergußüberdonnerten Torte sitzt und nicht weiß, wo er anfangen soll.
»Die Chinesen haben jetzt auch eine Atombombe«, maulte ein Gast, der ein leeres Bierglas betrachtete.
»Paß nur auf, wir erleben noch die letzte Runde.«
»Komm, wir trinken aus, uns fragt ja keiner.«
»Was würdest du denn tun?«
»Du fragst mich? Nun, ich will es dir sagen. Den Laden zumachen und ein Schild aushängen ›WEGEN RENOVIERUNG GESCHLOSSEN‹.«
»Du hast vielleicht eine lautere Seele!«
»Ich bin beim Tierschutzverein.«
»Ein alter Rattenficker bist du!«

»Man muß die Kreatur lieben.«
»Kommt darauf an, was du unter Kreatur verstehst!«
Die Gespräche flatterten an mir vorüber. Ich mimte Dabeisein. Aus Angst, ich müßte etwas sagen, trank ich. Wenn ich so weitermachte, war ich drauf und dran, ein öffentliches Ärgernis abzugeben.
»Noch einen auf den Weg!«

Die Straße sah verändert aus. Die Sonne rotierte in Mittagshöhe, und Licht spritzte auf den Asphalt, tröpfelte von Gesimsen, vom Gestänge der Feuerleitern, zerschlug die Schattenblöcke zwischen den Häusern. Aus den Entlüftungsschächten summten die Motoren, Lastwagen wurden entladen. An regenverwaschenen Häuserwänden verblaßten die marktschreierischen Lettern alter Reklame.
Ich begab mich unter die Erde.
Zigarettenrauchende Frauen kamen mir entgegen, in engen Hosen und weißen Turnschuhen, die eingerollten Haare unter einem Kopftuch verborgen. Ein kleiner Junge spuckte einen Kaugummi aus und trat ihn platt. Junge Burschen trugen das Zeichen des Friedens auf zerwaschenen Drillichjacken. Ein dicker Mann blieb schweratmend auf einer Stufe stehen und stammelte:
»Unsereiner fällt leichter runter als rauf.«
Mit weichen Knien betrat ich die Subwaystation. Überall Gitter. An den Wänden Knall auf Fall gereimte Verse, Parolen für den großen Aufstand, monströse Zeichnungen männlicher und weiblicher Geschlechtsorgane, Filmplakate, MGM PRESENTS und die Gesichter waschmittelbeglückter Hausfrauen. Stickig

staubige Luft drang in meine Nase. Lauwarm alles. Feuchte Hände schienen mich abzutasten. Ich entwikkelte allmählich ein ziemliches Talent im Schwitzen. Man gaffte mich mitleidig an.
Die Untergrundbahn donnerte heran. Eine Frau mit einem Chihuahuahund auf dem Arm schob sich vor mich und knallte mir ihr Hinterteil gegen die Brust, als ich einstieg. Das Hündchen erstickte fast unter der Liebe seiner Herrin, die schmatzende Locklaute ausstieß, um ihren Liebling zu beruhigen.
Stationen schossen heran, Türen quietschten, neue Fahrgäste zwängten sich herein und schoben mich in die Mitte des Wagens, immer hinter der Frau her, die ihr zitterndes Hündchen umarmte, daß manche Männer vor Neid die Augen verdrehten. Man sah es ihren Blicken an, daß sie am liebsten die Stelle des Hündchens eingenommen hätten. Sie kuschelten sich aneinander, um in den Mutterleib zurückzukriechen, um den Aufregungen, ewigen Bewährungsproben und dem Dreck der Welt zu entliehen. Sahen sie eine Brust, gerieten sie schon aus dem Häuschen.
Die Fahrgäste, die einen Platz erwischen konnten, hockten entspannt da und schaukelten im Rhythmus der Fahrt. Der Boden war mit zerlesenen Zeitungen übersät, die durch den Zugwind hin und her geweht wurden.
Ich spionierte in den Gesichtern und versuchte, mir ihre Schicksale auszumalen: Kinderreichtum, Ärger im Beruf, fette Speisen, Haß, Gleichgültigkeit, Geiz, Ehekrach, Magengeschwüre, Wollust allein und mit anderen, Briefmarkensammeln, einen über den Durst, um ein paar Farben in das Grau zu mogeln, Rosenkränze. Horoskopgläubigkeit, Ekel, ungelüftete Wohnungen,

Ratenzahlungen und Sport am Wochenende. Und dann und wann Donald Duck.

RATHER FIGHT THAN SWITCH

Nichts schien ihnen Eindruck zu machen. Müde Selbstverständlichkeit; in sich versponnene Monaden, die Leben und Tag und Nacht vor sich herschieben, die vor lauter Getöse ihrer eigenen Hoffnung gar nicht merken, was um sie herum geschieht. Das Prinzip der allmächtigen Zweckmäßigkeit hält sie in Bann, um ihnen die Illusionen der vollkommenen Demokratie, des Glücks, der Gleichheit und des Wohlstands zu geben.
Ein Penner kippte seinen Kopf auf die Schulter einer Frau, die ängstlich eine prallgefüllte Einkaufstasche an sich preßte. Sie stieß einen Schrei aus, und alle Augen fielen über sie her. Der Penner schnarchte. Jemand haute ihm eine Faust in die Rippen. Er rutschte auf die Seite, tauchte mit einem gurgelnden Seufzer aus dem Schlaf auf und murmelte: »Mein Name ist George Bellmann. Wo bin ich? Wenn Sie mich nach Hause bringen, gibt Ihnen meine Frau eine Belohnung.«
Immer mehr Menschen drängten sich in dem Wagen zusammen. Ich spürte, wie sich das Glied meines Nachbarn gegen mich aufrichtete. Er starrte verträumt zur Decke. Man atmete sich in andere Körper hinein, fühlte Haut und zuckenden Puls. Eine faulige Schwüle hielt mich im Würgegriff. Leiber keilten mich ein. Ich wurde ganz schlapp in den Beinen. Gesichter, ihr Ausdruck leer und gleichförmig, vom Warten ganz ausgezehrt, nur die Kiefer in Bewegung, Kaugummi kne-

tend, daß es knackte. Und hinein ging es in dunkle Schächte, schmutzige Wände entlang, die Lampen der Finsternis entrissen. Ein Knarren und dumpfes Knirschen in den Kurven. Die Leiber folgten der Fliehkraft. »Mann, ich muß raus, laßt mich raus, sonst passiert was!« Ängstlicher Blick eines kleinen Männchens, der die Knöpfe seiner Jacke zählte. Er wühlte sich durch die Menge, schaffte es bis zur Tür, sprang beim nächsten Halt auf den Perron und blieb aufatmend stehen.
»Die Ratten verlassen das sinkende Schiff!«
Schadenfrohes Gekicher.
Schwer vorzustellen, daß Menschen Tag für Tag diese Hölle aushalten, ohne sich nicht in das Paradies des Wahnsinns zu retten.

Im Herzen Manhattans, in der Wallstreetaera, taumelte ich ramponiert an die Oberfläche. Ich ertappte mich, wie ich meine Knöpfe zählte. Die Geschichte von Jonas und seinem Walfisch fiel mir ein, aber ich hatte ganz einfach nicht die Kraft, mit fromm geblähten Backen, einen prophetischen Untergang heraufzubeschwören, ist es doch der billigste aller Tricks, die Welt zu verdammen, weil man kein behäbiges Plätzchen in ihr finden kann. Man legt sich einen auserwählten Blick zu und hofft, daß Gebete wie Bomben wirken.
OH, MY LORD!

New York wäre eine welthistorische Wüste, wenn der Haß, der in dieser Stadt keimt und wütet, Berge versetzen könnte, wenn all die Auserwählten und Enttäuschten, von den Taten der Comic strips angefeuert,

ihre zerstörerischen Augen auf die Wolkenkratzer und Türme richten würden.
Die Wallstreet atmete die Feierlichkeit altehrwürdiger Ruinen. Luxuriöse Autos, am Steuer uniformierte Chauffeure, glitten vorüber. Männer, wie für eine Theaterpremiere herausgeputzt, saßen würdig im Fond des Wagens und blätterten in Papieren.
Zum Umgang mit Geld gehört einfach ein kultisches Brimborium, sonst könnte ja einer auf den Gedanken kommen, das Geldtheater wäre eine Schmierenkomödie.
Die Wallstreet stank nach Seriosität. Ich wagte kaum zu atmen.
Eine Gruppe Touristen verließ laut schnatternd einen Bus und postierte sich, einer Kamera entgegenlachend, vor den Eingang der Börse.
»Das ist der Nabel der Welt!«
»Der Arsch der Welt, wenn du mich fragst, wo sie dich um deinen Anteil bescheißen.«
Ein dumpfes Schwirren hoch in der Luft. Ich schloß mich den Touristen an, als sie, von der monotonen Majestät der Gebäude eingeschüchtert, die Börse betraten, Eintrittsgeld bezahlten und durch einen langen Gang pilgerten, von dem aus man durch dicke Glasfenster in die labyrinthisch aufgegliederte Halle der Börse sehen konnte. Eine seltsame Schlacht fand dort unten statt. Männer liefen aufgeregt umher und wedelten mit Papieren. In Telefonzellen gestikulierten Verzweifelte. Gruppen bildeten sich. Man reckte den Kopf hoch, hielt die Hände abwartend, schnappte sich ein Papier wie ein Hund den Knochen und schoß davon. Zahlen erschienen an den Wänden. Gewinne, Verluste, der Dollar tanzte, fiel, stieg, er mästete sich

in Kriegen und verlor sein Gesicht in gescheiterten Friedensaktionen. Öl schmierte, Hunger versilberte das Getreide.

IBM rauf 12 3/8

Coca-Cola runter 1

FORD HAS A BETTER IDEA.

Die Eisenbahnen sterben.

Die Stimmen der Neugierigen klangen gedämpft. Ehrfurcht fuhr ihnen in die Glieder, und ich hätte mich nicht gewundert, wenn sie auf die Knie gefallen wären, um Gottes Segen für ihr eigenes Bankkonto zu erflehen.
Man tut schließlich alles, um den Scheußlichkeiten der Armut zu entfliehen. Man betäubt sich auf jede erdenkliche Art, mit Sparbüchern, Aktien, mit Alkohol und ausgeleierten Huren. Mit Kino, mit Onanieren und hastig heruntergeschlungenen Speisen.
Also rein ins Vergnügen! Mich juckte es.
Im Namen des Dollars.
Und all die Seelchen zitterten und schwitzten vor Sehnsucht. Ihnen fiel nichts Besseres ein, als sich zu schämen, daß sie finanziell nicht ganz auf der Höhe waren, daß sie nicht die Nonchalance des Erfolgs hatten. Sie deckten sich mit Ansichtskarten ein und lachten befreit auf, als sie wieder draußen waren.
Die Trägheit der Mittagsstunde war ohne mythische Lüsternheit. Die Frauen erinnerten an Reklamen. Alles hatte seinen Preis.

Der Gedanke war auf eine deprimierende Art verführerisch. Es gab da Konsequenzen, die ich gar nicht wahrhaben wollte. Nach einem lustlos heruntergeschlungenen Mittagsmahl in einer Schnellgaststätte setzte ich mich auf eine Bank in Battery Park. Die Freiheitsstatue hob ihre mächtige Brust New York entgegen.
O Murphy!
Ich versank in Tagträume, während ich die Schiffe beobachtete. Brütete ostwärts. Vorhang vor die Vergangenheit. Du lieber Himmel, dieses Gebeinhaus von schlechten Beispielen, Schattenwelt, in schrecklicher Weise erstarrt, zu oft auswendig gelernt, so daß neue Einfälle gar keine Chance mehr haben im antiquarischen Hirn.
Man ist vor der Vergangenheit nie sicher. Immer muß sie einem reinreden. Jeden Gedanken belastet sie mit idiotischen Assoziationen und zerrt ihn auf einen Präzedenzfall zurück – und was bleibt einem – nur der Katzenjammer der Wiederholung.

Auf Bedloe's Island erwartete mich eine Schar von Fotografen, die mich mit der fackeltragenden Freiheit zusammen auf ein Bild bannen wollten.
»Wie ist es mit der Riesendame. Nur keine Angst!«
Man merkte es diesen Redensarten an, daß schon Tausende darüber gelacht hatten. Aber was nützte es mir, ehe ich mich versah, hatte mir schon ein Fotograf einen Abzug in die Hand gedrückt, der die Freiheit in allegorischer Größe und mich in mickriger Realität zeigte, die Augen weit aufgerissen, als hätte mich die Dame zu einem Spaß für zwei Personen eingeladen. Dahinter der blaue, blaue Himmel und ein paar Mö-

wen. Was das Ganze mit der Freiheit zu tun haben sollte, wußte ich beim besten Willen nicht. Allegorien wirken heutzutage ein wenig wie zur Welt bekehrte Nonnen.
Es waren ganz andere Gefühle, die mich beim Anblick von der Skyline New Yorks überfielen: Frauen schon, aber keine allegorischen. Wer bändelt schon gern mit einer Riesendame an, die zudem noch die Hand hochreißt, als wollte sie einem Einhalt gebieten. Mir nicht! Ich zahlte und steckte das Bild in meine Brieftasche. Allzu viele Abenteuer dieser Art konnte ich mir nicht leisten, sonst war ich pleite, ehe ich richtig angefangen hatte.
Ich stieg der Freiheitsgöttin in den Kopf und hatte New York in Postkartenschönheit vor mir: wie eine Torte, bei der man zurückschreckt, weil man ziemlich sicher ist, sich an ihr den Magen zu verderben. Aber schön war sie. Die Sonne überzog die Skyline mit einem Zuckerguß. Filme fangen so an. Großaufnahme und dann rein in den Trubel, Abbott und Costello oder Charly Chaplin und herumhopsende Girls auf der Fifth Avenue im Konfettiregen und die Rede des Bürgermeisters.
»Daddy, was ist, wenn die Freiheitsstatue umkippt? Sie wackelt schon!«
»Das bildest du dir nur ein.«
»Ganz bestimmt!«
»Dann fallen wir eben ins Wasser.«
»Wirst du mich retten?«
Der Vater legte seine ganze Überzeugung in das JA.
Ich war der Herumguckerei müde. Man kam zu nichts. Die Augen füllten sich, aber das vermehrte nur die Wünsche und Hoffnungen. Wenn man bedachte, daß

man nur mit hochgepäppelter Wohlhabenheit und einem seidenen Tuch in der Brusttasche in diesem Laden etwas bestellen konnte, dann hatte ich allen Grund, die Flügel hängen zu lassen. Mit meinen paar Kröten konnte ich gerade an den Speisen riechen. Das war auf die Dauer kein Zustand.

Ich verließ die Freiheitsstatue, die an diesem Tag nicht allzu viele Kunden hatte, bestieg die Fähre und tukkerte New York entgegen. Aus der Ferne kam die fakkelschwingende Dame viel besser zur Geltung. Ich will das nicht symbolisch verstanden wissen. Es war so, wie es war. Als wir anlegten, stieß eine Gruppe Pfadfinder ein Triumphgeheul aus. Sie stürmten die Fähre und winkten der Freiheitsstatue zu.
Jeden Tag mindestens eine gute Tat.
Ihr Führer hatte Mühe, die Ausgelassenheit zu dämpfen. Vielleicht hatte man ihnen weiß ich was für Geschichten über die Freiheit erzählt, daß sie sich jetzt den größten Erwartungen hingaben.
Es war die Zeit der rush-hour, die Manhattan in ein blechernes Schlachtfeld verwandelte. Die Sonne rutschte hinter die Wolkenkratzer, und man ahnte nur noch die Proportionen der Gebäude. Die Schatten verengten die Perspektiven. Die Leuchtreklame kam der Dämmerung zuvor. Häuser blinzelten mir zu.
Wo Gedränge ist, pflegt alles sehr demokratisch zuzugehen. Ich leistete keinen Widerstand. Die Mehrheit spülte mich weg. An Straßenkreuzungen einen Moment Helligkeit. Vom Westen her glänzte der Tag. Druckbuchstaben wirbelten über büromüde Gesichter. Das Make-up von Börsennachrichten. DER BÜRGERMEISTER VON NEW YORK ERKLÄRT DER

ARMUT DEN KRIEG. ELIZABETH TAYLOR MACHT EINE ABMAGERUNGSKUR, MILLIONENRAUB IN CHICAGO. 215 TOTE VIETCONGS. FÜNFLINGE IN BRASILIEN. DIE MORMONEN SPAREN FÜR DIE KOMMENDE HUNGERSNOT. Der Tag legte seine Geschichte vor.
Ich hatte Blasen an den Füßen, als ich schließlich mein Hotel erreichte. In meinem Zimmer herrschte November. Ich kämpfte gegen einen Sturm mir bis dahin unbekannter Gefühle an. Die Klimaanlage rasselte. Ich mußte mich an den Gedanken gewöhnen, daß ich völlig in der Luft hing. Noch hatte ich kein Spielzeug.
Glück nennen das die Neunmalklugen. Im Amerikanischen bedeutet das Wort FORTUNE sinnigerweise Reichtum.

IT'S A LONG WAY TO TIPPERARY

Ich sang unter der Brause und seifte mich ein.
Es gibt immer eine Hintertür.
Murphy war sehr aufgekratzt, als ich sie fragte, wie ich am besten nach Greenweech Village käme.
»Loverboy«, flötete sie und schaute von ihrer Strickerei auf. Zwei wissende Augen mit dem Schatten eines Gelächters. »Sie wollen was erleben? Habe ich nicht recht? Sie brauchen mir nicht zu antworten. Murphy kennt das. Man soll sich kratzen, wenn es einen juckt.« Sie piekte sich mit einer Stricknadel in die Achselhöhle und brach in ein wildes Gelächter aus.
Gott, konnte diese Frau lachen!
Jedes Argument mußte in diesem Meer von Ausgelassenheit kentern. Beinahe hätte ich ihr einen Antrag ge-

macht, aber ich hatte Angst vor so viel Fleisch. Man würde sich darin gar nicht zurechtfinden.

Dämmerung glättete die engeren Straßen von Greenweech Village. Dunkelheit nistete sich zwischen die Häuser, zerschmolz die Fenster, Treppen, Geländer und Feuerleitern zu blauschwarzen Klumpen. Das Licht der Straßenlampen schnitt Flächen aus dem Asphalt und tauchte die Erlebnishungrigen in einen illusionistischen Schimmer. Musik sprühte aus den Lokalen. Bob Dylan. Lyrik wollte die Welt verändern. Fetische halfen gegen den bösen Blick der Bürger. Auf einem Handzettel stand:

KENNEN SIE NIRWANA?

Im Café WHA – Free Admission – klebten die Menschen aneinander, von Lärm überschüttet. Eine Gitarre bahnte sich einen Weg. Eine heisere Stimme sang von Blumen und endete in einem Schluchzer. Händeklatschen kämpfte zaghaft gegen das Getöse an. Ich fand schließlich einen leeren Stuhl, den ich breitärschig behauptete. Ein Knie bohrte sich in meinen Schenkel. Jemand fußelte. Zigarettenasche türmte sich auf einen Porzellanteller. Lange Fingernägel kratzten über den Tisch. Sommersprossen auf dem Handrücken, der nackte Arm zeigte helle Impfnarben. Strohgelbes Haar, das an den Wurzeln dunkelte, verbarg das Gesicht. Das Ohr lugte kußnahe hervor.
Der Lärm sargte mich ein.
»Ein ganz schöner Schwitzkasten.« Mein Nachbar zur Rechten sagte es mit einem leichten Nicken des Kop-

fes. Er trug ein Goldkettchen am Handgelenk. Er äugte zu mir herüber: Feines Gesicht, hochmütig vorgeschobene Lippen. Ich versuchte meiner Sprachscheu Herr zu werden.
»Das kann man sagen.«
Der Sänger stimmte seine Gitarre und kündigte den Titel eines Lieds an. Einige Pfiffe, Klatschen. Ein Mollakkord, und plötzlich war ein Loch im Lärm.
MY LOVE
Ich verstand die in die Melodie gezerrten Worte nicht. War noch nie ein Freund kommerzieller Traurigkeit.
»Sie sind wohl fremd hier?«
Mein Nachbar wandte sich mir zu. Eine kleine Narbe verlängerte seinen rechten Mundwinkel. Ich erklärte ihm, daß ich gerade in New York angekommen wäre.
»Und wie gefällt es Ihnen in dieser Mausefalle?«
»Das kann ich noch nicht sagen. Ist alles ein bißchen viel auf einmal.«
»Sie kommen zu spät, mein Freund!«
»Warum?«
»Die Pilgrimfathers haben die Weichen schon gestellt. Man sollte in die Antarktis auswandern. Da gibt's wirklich noch Unschuld.«
»Wer quatscht hier von Unschuld?« schrie ein junger Mann über den Tisch hinweg.
»Wir haben nicht von dir gesprochen.«
»Wer von Unschuld spricht, fordert mich persönlich heraus.«
Mein Nachbar suchte angeekelt einen Punkt auf dem Tisch, den er voller Hingebung fixierte.
Der junge Mann konnte sich nicht beruhigen.
»Sag nur, du bist noch unschuldig.«
Der Sänger sang von der Ferne und ging in die Knie.

»Die irische Seele erwacht zur Lyrik«, flüsterte mein Nachbar, »nehmen Sie sich in acht.«
Ich rückte etwas zur Seite. Das Mädchen beantwortete meinen Schenkeldruck. Sie zeigte ein Lächeln und bleiche Lider, die ihr über die Augen rutschten. Der Funke sprang. Ein zufälliges Berühren der Hand. Immer noch ja. Äugen, Tasten. Love's labour. Ich schwitzte.
Es war höchste Zeit, daß ich Englisch sprach, um meine Wünsche deutlich zum Ausdruck zu bringen. Das Mädchen geriet ganz schön in Fahrt, schob die Zunge aus dem Mund. Die Augen flackerten. Alles Wind für meine Segel.
Mein Nachbar legte seine Hand auf meine Schulter und fragte:
»Was haben Sie denn in Amerika vor?«
Was für eine Frage. Ich antwortete mit ganz einfachen Sätzen, die nicht der Wahrheit entsprachen. Mein Englisch genügte noch nicht den Anforderungen der Wahrheit.
Und das Mädchen:
»Sie haben ja viel vor!«
Es ist sehr schwer, es jedem recht zu machen.
Und mein Nachbar ganz nah an meinem Ohr, flötend, seine Hand glitt über meinen Rücken. »Sie haben ein schönes bäurisches Gesicht!«
Die vermaledeite Wollust. Ich konnte mich nicht konzentrieren.
»Wir Amerikaner werden uns immer ähnlicher. Das führt zu Verwechslungen.«
»Ich bin ein Individualist«, schrie ich und war wenigstens im Augenblick fest davon überzeugt.
Er fuhr mit einem Taschentuch über die Stirn. Ich

konnte gar nicht mehr genau hinsehen. Schweiß ätzte meine Augen. Die Bilder wurden an den Rändern unscharf. Alles ein Brei. Meine Hände stellten Fragen. Mein Nachbar warf spöttisch den Kopf zur Seite.
»Ich sehe, Sie sind beschäftigt.«
»Hm!«
Das Mädchen triumphierte. Es zeigte die braunen Büschel in der Achselhöhle und erzählte mir, daß sie von zu Hause weggelaufen wäre. Ich war in bester Gesellschaft. Der Sänger holte tief Luft.

May his dog yelp and howl, with the hunger and cold,
May his wife ever scold till his hair it turns grey,
May the curse of each hag that e'er carried a bag,
Alight on his head 'till his hair it turns grey
May witches affright him, that mad dogs may bite him,
And everyone slight him asleep or awake,
May plague take the scamp, that the divil may stamp
On the monster that murdered Ned Flaherty's drake.

Mein Nachbar zog seine Hand zurück und krümmte sich von mir weg.

Ich schwadronierte im Kümmerenglisch und erfand Wörter, über die sich das Mädchen vor Lachen ausschüttete.
»Du bist ein seltsamer Vogel!«
Ich wanderte nach allen Seiten aus. Mit der Sprache haperte es noch. Die Grammatik konnte meine Phantasie nicht bändigen. Es war klar, ich mußte mich an andere Gewohnheiten gewöhnen, ich mußte mit neuen Gesichtern fertigwerden, auf andere Art zu sprechen und zu lügen lernen. Noch klebten die Eierschalen Europas hinter meinen Ohren. Ich gab eine ziemlich lächerliche Figur ab, aber aus lauter Übermut vergaß ich meine Verzweiflung. Die vermaledeite Wollust. Das Publikum klatschte.
»Können wir nicht den Ort wechseln?«
Das Mädchen starrte mich an und sagte nach einem Augenblick Unentschlossenheit ganz schlicht: OK.
Alles schien in Butter.
»Übrigens heiße ich Joana.«
Ich suchte einen passenden Namen für mich.
Joana hing ihre Tasche über die Schulter und schlüpfte in ihre Schuhe. Gesichter drehten sich mir entgegen. Sollten sie sich um ihren eigenen Ofen kümmern. Der Sänger warf mir einen bösen Blick zu.
Nur raus!

Ich kannte ein besseres Lied für zwei Stimmen. Wer singt schon gern allein? Ich packte Joana an der Hand und zog sie durch die Masse der Neugierigen, die den Eingang belagerten. Wir begannen zu rennen. Unter einer Straßenlaterne machten wir atemlos halt. Funsellicht holte mühsam einige altmodische Häuser aus der Dunkelheit.

»Du mach schon«, murmelte Joana.
»Mitten auf der Straße?«
Autoscheinwerfer wischten über uns. Die Luft fühlte sich an wie nasses Handtuch. Keine Grillen, nur die vielstimmige Brandung des Verkehrs und ein fieberndes Uhrwerk in mir. America, here I come. Ich drängte Joana in den Schatten eines Hauses.
»Ach Daddy!« murmelte sie und brachte ihre Hand an meine Hose. Rauh die Mauer in meinem Rücken. Wir taumelten zwischen Mülltonnen. Ein Geruch von Pilzen und faulen Speisen. Joana flehte: »Komm!«
»Wohin nur?«
Die Mülltonnen klapperten. Wir verloren das Gleichgewicht und stürzten zu Boden. Der Lärm wollte kein Ende nehmen zwischen den Häusern. Joana schrie: »Daddy, Daddy!«
Ich rappelte mich hoch und tastete nach ihr. Sie lag zusammengekrümmt in einer Ecke und fingerte nach mir.
»Wo bist du?«
Eine Schote platzte auf. Und es war gar nicht mehr nötig, irgend etwas zu wünschen. Es ging alles von alleine und noch dazu schnell. New York begann wieder wie New York auszusehen. Die vermaledeite Wollust. Sie hält nie, was sie verspricht.
»Woran denkst du?« fragte Joana.
»Ziemlich unbequem hier.«
»Je verrückter, um so lieber ist es mir.«
»Du hättest in den Zirkus gehen sollen.«
Sie legte ihren Kopf auf meine Knie.
»Wo wohnst du?« Mein rechtes Bein begann einzuschlafen. »Das ist schwer zu sagen. Bis gestern habe ich bei einem wirklichen Dichter gewohnt. Das war 'n

tolle Nummer. Ganz gut im Bett. Der reinste Fanatiker, aber mit 'ner Macke. Wurde nicht ganz klug aus ihm. Der konnte in einem Augenblick eine romantische Schau abziehen und im nächsten Augenblick einen rot und blau schlagen. Dieser Klimawechsel war 'n bißchen strapazierend. Du hättest ihn sehen sollen. Wir inhalierten eine, und er kriegte ganz große Augen. ›Schreib auf‹, schrie er und beschrieb, was er alles sah. Ich bekam richtig Angst. Später wollte er mir nicht glauben, daß das, was ich hingeschmiert hatte, tatsächlich auf seinem Mist gewachsen war. ›Das habe ich nie gesagt‹, jammerte er. ›Jedes Wort habe ich mitgeschrieben‹, schrie ich. Na gut, als er es mit einem Bandgerät versuchte, war er ganz schön enttäuscht. Er hielt sich nämlich im Dusel für 'n wirklich Großen. Dann fing er mit Zen an. Kennst du das! Ist 'ne japanische Masche. Da mußt du die Augen schließen und an nichts denken. Das wurde mir etwas zu eintönig. Sag mal, hast du eigentlich gewußt, daß ich, du weißt schon.«
»So was merkt man doch!«
»Komisch, dabei kenne ich dich überhaupt nicht, aber man kann dich leicht durchschauen.«
»Das ist meine Tarnung.«
Sie lachte und fuhr mit ihrer Hand über meinen Schenkel. Ich hatte keine Lust das Theater vor denselben Kulissen zu wiederholen und stand auf. Die Träume verließen mich – und es war nur noch die Nacht da, ein großes, gähnendes Loch voller Lärm und Unruhe. Im Haus klingelte ein Telefon, ohne daß sich jemand seiner erbarmt hätte. Müdigkeit schnappte nach mir. Joana kramte in ihrer Tasche und verkündete, daß sie Hunger habe. Wir fanden ein kleines, billiges italieni-

sches Restaurant. Rote Tischdecken, rote Beleuchtung und Kellner in roten Westen. Joana entwickelte einen mächtigen Appetit. Das Rot beflügelte sie. Sie aß und redete, bis sie erschöpft war.
»Jetzt sieht alles ganz anders aus! Der Körper ist nichts als ein Lustmotor. Man muß ihn schonend behandeln, um das Menschenmögliche aus ihm herauszuholen. Ich kann Frauen nicht verstehen, die ihrer schlanken Linie wegen fasten. Sie sehen aus wie Kleiderständer. Ich stelle mir vor, daß sich die Männer bei ihnen weh tun.«
Ein wenig Lippenbemalung und ein bißchen schwarzen Stift um die Augen herum. Joana nahm keinen Anstoß an ihrem Spiegelbild.
Wir mischten uns wieder unter die Menge der Nachtbummler, die noch auf den besseren Teil der Nacht hofften. Joana trippelte neben mir her und erzählte von ihrem Vater. Mußte irgendein großes Tier sein. Beschäftigte einen Psychiater, um herauszufinden, warum seine über alles geliebte Tochter eines schönen Tages verduftete.
Ich hörte mir das alles an, ohne Joana zu unterbrechen – und offensichtlich genoß sie die Möglichkeit, einmal richtig auszupacken. Der arme Daddy. Am Ende war er nur noch ein seine Aktien jonglierender Melancholiker, der im bescheidenen Maß Kunst sammelte – wie es sich gehört: Picassodrucke, Rauschenberg und das Übliche. Die Hauptsache ist der Kurs.
Auch seine Tochter hatte er wie ein Kunstwerk behandelt. »Er bezahlte alle meine Kleider, ohne mit der Wimper zu zucken. Und jetzt habe ich nicht genug Geld, um mir einmal den Bauch tüchtig vollschlagen zu können. O Daddy!« Es irritierte mich, daß Joana

mich immerzu mit ihrem Vater verwechselte. Ich ahnte da etwas heimlich Inzestuöses, dem ich am liebsten mit neuen Umarmungen begegnet wäre, obwohl ich sicher war, daß damit die Dinge nur noch komplizierter würden.

Die sogenannten Retter der Frauen sind meist nur Ersatzträume.

Joana bemerkte, daß ich ihren Reden mit gespannter Aufmerksamkeit folgte.

»Warum lachst du?«

Ich sagte ihr nicht, daß Müdigkeit mich gewöhnlich heiter stimmt. Man schwimmt auf einem Lächeln davon und läßt alles, wie es ist.

Die Häuser, Feuerleitern und Straßen lösten sich in Gerüchen auf. New York stieg in meine Nase und weckte die abenteuerlichsten Erinnerungen.

Joana hatte keine Lust mehr zu laufen.

»Bruder, dafür sind meine Beine nicht da.«

Ich wollte sie nicht kränken und machte ein Taxi auf uns aufmerksam.

»Wo soll es hingehen?«

»Fahren wir zu meinem Dichter.« Sie rümpfte erwartungsvoll ihr Näschen, nannte dem Chauffeur die Anschrift und kuschelte sich eng an mich. Es war gut, daß die Fahrt nicht allzulang dauerte. Wer weiß, wie weit wir noch gekommen wären. Joana ließ sich immer wieder aufs neue inspirieren.

Der Dichter hatte fischige Augenkugeln, die aus den Sehhöhlen herauszukullern drohten. Er trug eine Art Poncho und Sandalen.

»Wer ist dieser Romeo?« Er starrte mich feindselig an.

»Ein Emigrant«, flüsterte Joana geheimnisvoll und drängte mich durch die Tür in die Wohnung, in der ein heilloses Durcheinander herrschte. Ein ungemachtes Bett versperrte den Weg zum Fenster. Die Möbel fielen buchstäblich auseinander. Bücher lagen aufgeschlagen auf dem Boden. Ein Baseballschläger lehnte an der Wand. Wahrscheinlich hatte er dazu gedient, die Wohnung zu zertrümmern.
»Werden Sie verfolgt?« fragte der Dichter und Bewunderung trat in seinen Blick. Joana warf sich lachend auf das Bett und streckte die Beine hoch. Der Dichter fegte einige Kleider von einem Stuhl und bot ihn mir an. Ich blickte auf ein Plakat, auf dem mit fetten, klebrigen Farben gedruckt stand:

VISIT ETERNAL ROME

Es dauerte ziemlich lange, bis ich dem Dichter erklärt hatte, was ich in Amerika wollte. Er hörte mir mit verschränkten Armen zu. Ich konnte seinem Gesichtsausdruck nicht entnehmen, ob er mir glaubte oder nicht. Ich wurde jedoch den Verdacht nicht los, daß er mir überhaupt nicht zuhörte. Er sah aus wie ein Geier, der über seine Verdauung nachdenkt. Mir blieben schließlich die Worte in der Kehle stecken. Joana hopste im Bett herum und schrie:
»Ich möchte einen Kaffee!«
»Du weißt hoffentlich noch, wo alles ist.«
Der Stuhl wackelte unter mir. Ich fühlte mich nicht sehr wohl in meiner Haut. Joana lief barfuß in die Küche.
»Wie ist sie?« fragte der Dichter.
»Wer?«

Er deutete mit dem Daumen zur Küche.
»Joana?«
»Redet ihr von mir?« schrie Joana aus der Küche, und irgend etwas klirrte.
Eine warme wohltuende Müdigkeit legte sich mir aufs Hirn, und mein Hirn gab nach. Der Dichter flog auf einen hohen Baum und inspizierte die Ferne. Es gab keinen Horizont. Später tranken wir Kaffee, und ich gab mir Mühe, nicht kopfüber in die Tasse zu stürzen. Joana bemutterte ihren Dichter, der wie ein Pascha auflebte. Kenne sich einer in Frauen aus. Ich nahm an, daß es Zeit für mich war, in mein Hotel zurückzukehren, aber Joana ließ mich nicht gehen. Ich mußte noch eine Tasse Kaffee trinken. Der Dichter riß eine Seite aus der Schreibmaschine, die auf einem wackeligen Tisch thronte und begann zu lesen. Wenn ich auch nur sehr wenig verstand, so war ich doch überrascht, mit welchem Haß er die Worte knetete, sie mit der Zunge über die Lippen stieß, daß sie wie Geschosse in die Stille platzten.
Tacktacktacktack
Es imponierte mir mächtig. Sein ganzes Gesicht war in Tätigkeit und spuckte Gift und Galle. Ich hätte am liebsten die Fenster aufgemacht, um New York an dem Schauspiel teilhaben zu lassen.
»Laß dich vom Leben nicht herunterkriegen. Wenn die alten Pfade mit den Trümmern des Mißerfolgs verstopft sind, sieh dich nach neuen, frischeren Pfaden um. Ein solcher Pfad ist die Kunst. Kunst ist dem Leid abgepreßt. Wie Polnikoff in seinen schönen russischen Bart murmelte, als er mit sechsundachtzig Jahren sein Geschäft aufgab, um Chinesisch zu lernen: ›Wir stehen erst am Anfang!‹«

Ich wußte nicht, wo ich stand. Man sagt immer Anfang und stellte sich, was weiß ich darunter vor. Die Hoffnung läßt ihre Fahnen fliegen, und man glaubt, ungeheuer viel vor sich zu haben. Der Puls schlägt schneller und das Wasser läuft einem im Mund zusammen. Ob ich einmal Chinesisch lernen würde?
Wir knabberten an dem Problem Kunst herum. Es war ein Faß ohne Boden.
Ich wagte die Frage: »Glauben Sie, daß Kunst die Welt verändern kann?«
»Sie wird ihr den Gnadenstoß geben.«
Der Dichter schaute verträumt zu Boden. Seine Stirn trug die Narben der Pubertät. Joana schien sehr stolz auf ihn zu sein. Sie stand neben ihm und kitzelte sein Ohr. Es war Zeit, daß ich zu Murphy ging. Als ich zur Tür marschierte, sagte sie, ich sollte morgen wiederkommen. Sie würden sich mit ein paar Freunden treffen.
Auf der Treppe saß ein junger Schwarzer und wiegte seinen Kopf hin und her. Er machte mir Platz und murmelte: »Ich sehe nur riesige Löcher, Mann, ich wage keinen Schritt zu gehen, überall Löcher. Ich selbst bin ein schwarzes Loch in der Luft.«
Die Nacht wirkte wie künstlich geheizt. Schatten wuchsen aus den Häusern. Ich merkte mir die Adresse. Ein Taxi brachte mich in mein Hotel zurück.

Nach einer reichlichen Dosis Fernsehen war ich geistig ganz gut in Form. Ich hatte die Mutlosigkeit, gegen die ich seit meiner Ankunft in New York anzukämpfen hatte, ein wenig abgeschüttelt. Joana war ein verwirrender Lichtblick. Allmählich erschloß sich mir

das Land der unbegrenzten Spielzeuge. Ich schlief zum ersten Mal ruhig und gelassen ein.
Der nächste Morgen begann mit einem Regen. Er verwandelte die Feuerleitern in ein Orchestrion. Aber die Hitze blieb. Sie hing dampfend zwischen den Häusern, ein Schleier, der die graue Häßlichkeit verbarg. Die Menschen hielten sich in Häusernähe.
Murphy war aufgekratzt wie immer. Sie fütterte sich mit Potatochips. Um ihren Hals trug sie einen gelben Seidenshawl. Sie sah aus wie ein fetter Käfer, der sich durch eine Blume hindurch gefressen hatte.
»Na, Loverboy, hast du eine Millionärin aufgegabelt?«
Sie machte keinen Hehl daraus, daß sie mich durchschaute. Nach einem Hamandeggfrühstück kaufte ich mir in einem Discountladen ein leichtes Hemd. Der Verkäufer konnte nicht verstehen, daß ich mich nur mit einem begnügte.
»So eine Gelegenheit kommt nicht wieder.«
Man lebt in New York von den einmaligen Gelegenheiten. Überall werden sie mit fetten Farben angeboten.
In meinem neuen Hemd stürzte ich mich in die City. Der Regen hatte aufgehört, und helle Flecken wuchsen auf dem Asphalt.

Im Museum of Modern Art schloß ich mich einigen Collegegirls an, die in verfransten Jeans und bedruckten Sweatshirts kichernd an den Bildern vorüber flanierten.
»Weißt du, warum ich Picasso liebe: bei ihm fällt alles so schön auseinander.«
Die Museumswärter taten so, als hätten sie die Bilder alle selbst gemalt.

PLEASE DO NOT TOUCH!

Für die Besucher war Kunst eine Frau, die sie mit den Augen auszogen und nackt vor sich stehen ließen. Eine bis zur Manier gezüchtete Ehrfurcht zwang sie zu seltsamen Verrenkungen. Sie ahmten das nach, was sie sahen. Für einen Augenblick wurden sie in mythische, sich selbst nicht begreifende Wesen verwandelt, die erst wieder in der blechernen Alltäglichkeit ihre unbekümmerte Banalität zurückerlangten. Sie tranken Coca-Cola und zerfleischten Hot dogs.
Das Museum ergriff Besitz von New York.
Ich suchte mir ein möglichst billiges Restaurant und fand eine dieser Selbstbedingungsstätten, in der alles so durchrationalisiert war, daß das Essen zu einem Minimum an Genuß herunterkam. Ich glaube, man konnte bestellen, was man wollte, es schmeckte alles gleich fad. Der Speiseraum war so sauber und blank, daß ich kaum wagte, etwas anzufassen. Mir blieb die Gabel im Mund stecken. Die Serviermädchen waren wie Krankenschwestern gekleidet: mit weißen Häubchen und weißen Schürzen, auf der linken Brust das Namensschild. Ich hätte mich nicht gewundert, wenn sie mir das Fieber gemessen hätten. Ich aß so schnell, ich konnte. Grelles Neonlicht raubte dem Fleisch auf meinem Teller das letzte Geheimnis. Ich ließ die Hälfte stehen und schlich wie ein ertappter Sünder nach draußen. Die glänzenden Fotografien von Speisen, die über dem Büfett hingen, erinnerten mich an den Hunger, den ich nicht gestillt hatte. Ich kehrte jedoch nicht um. Man muß lernen, mit den holden schönen Versprechungen zu leben, ohne ihnen Glauben zu schenken. Davon wird man nicht satt – jedoch wächst der

Hunger zu einer phantastischen Utopie, die man unentwegt mit sich herumschleppt, immer bereit, schon der geringsten Versuchung zu erliegen.
Ich versuchte es ein zweites Mal. In einem knoblauchschwangeren, lauten, puertoricanischen Restaurant, wo anstelle von Tischdecken Papier benutzt wurde, stopfte ich meinen Magen mit scharfgewürzten Bohnen und Schweinefleisch voll. Der Wirt trug seinen Bauch wie einen Altar vor sich her. Er bellte die Bestellungen durch ein kleines Fenster in die Küche und kratzte sich an den Hoden. Ich war so glücklich, daß ich zuviel Wein trank, der eiskalt serviert wurde und das Pfefferprickeln auf der Zunge milderte.
In erbarmungsloser Mittagshitze, die mich völlig ausquetschte und mir jeden Unternehmungsgeist raubte, schlich ich durch die Straßen.
Vor St. Patrick's Cathedral versammelte sich eine Hochzeitsgesellschaft. Die Braut am Arm ihres gerührten Vaters, der Bräutigam verlegen grinsend.
Die Verwandtschaft, Freundinnen und Freunde in der Würde ihrer Kleider wie Marionetten. Sommerwarme Seide. Den zurechtgeputzten Kindern rutschten die Strümpfe. Passanten blieben stehen und starrten die Braut an.
»O Jesus wie ein Opferlamm!« Eine Frau weinte. Überall Taschentücher.
»Eine Hochzeit bringt Glück«, japste eine Schwarze, die sich mit einer Zeitung vor der Sonne verbarg.
»Abwarten, Mädchen, es hat sich schon mancher ins Bett gelegt und ist nur eingeschlafen.«
»Ob sie noch Jungfrau ist?«
»Schau dir nur den Bräutigam an. Der kann's gar nicht mehr abwarten.«

»Die können es schon. Wetten!«
»Du mit deiner schmutzigen Phantasie!«
»Da möchte ich durchs Schlüsselloch äugeln!«
»Sieben mal habe . . .«
»Angeber!«
»Guck nur, die Braut weint.«
»Du hättest meine Frau sehen sollen. Sie heulte wie ein Schloßhund – und heute habe ich nichts zu lachen.«
»'N Mann wie Sie, kein Wunder.«
»Schlimm, wenn es ohne Segen geschieht.«
»Spaß machts so und so.«
»Es kommt auf die Einstellung an.«
»Ich bin immer drauf eingestellt.«
Sie reckten die Köpfe, als die Hochzeitsgesellschaft in dem kühlen Dunkel der Kirche verschwand, und blieben noch eine Weile zusammen stehen, bis Selbstmitleid sie wieder auf den Weg stieß. Entrückt, als blickte ich durch das dicke Glas eines Aquariums, sah ich die Gesichter verschwimmen. Ich war in einer der piekfeinsten Straßen der Welt. Nachäffungen von Renaissancebauten, der Luxus mit welthistorischem Hintergrund. In den Schaufenstern herrschte vornehme Zurückhaltung. Wenn es um sehr viel Geld geht, kommt eine hüstelnde Bescheidenheit ins Spiel. Ich konnte mir die Kaufzeremonien nur zu gut vorstellen.
»Darf ich das kleine Armband mit den Rubinen einmal sehen?« Man gibt sich als Kenner, zwinkert genießerisch mit den Augen und erledigt den lästigen Akt des Bezahlens so unauffällig wie möglich. Da gab es keine Hysterie des Angebots. Kein Woolworthgrinsen, nur anerzogene Selbstverständlichkeiten. Die Dinge waren einfach da – und nicht wie Waren auf rosaroten Wölkchen der Werbung gebettet, die immer

ein wenig außer Reichweite schweben. Für die Armen ist das Barock der Werbung da: es verleiht ihren Sehnsüchten eine paradiesische Dimension. Das bißchen Glück, das sie sich kaufen können, wird ihnen als große Erlösung aufgedreht.
Ich war eine Fliege, die mit zitternden Beinchen über eine Torte spazierte: *sperre die Augen auf und stoße dir an den Schaufensterscheiben die Nase platt, ganz besoffen von den Möglichkeiten, die die Gegenwart zu einer ungeheuren Erwartung aufmöbeln. Gesteh dir doch ein, daß du im Grunde deines geilen Herzens auch nur PARTIZIPIEREN möchtest.* Das Wort legte sich wie eine Oblate auf meine Zunge. Ich ging am Bordstein entlang. Zuschauer, den es auf die Bühne trieb.
Eine Prozession weißbekleideter Männer kam auf mich zu. Sie trugen Schilder auf der Brust und auf dem Rücken.
ON STRIKE
HIGHER PAY
MANAGEMENT UNFAIR

Polizisten patrouillierten hemdsärmelig. Ich verdrückte mich in eine Seitenstraße. Das Vorbeilaufen an den feinen Geschäften hatte mir das bißchen Selbstvertrauen genommen, das ich mir mit dem billigen Wein verschafft hatte. Schweiß weichte mich auf. Die Heilsarmee hätte ein leichtes Spiel mit mir gehabt.
Ein Taxi entließ einen Fahrgast, den ich kurzentschlossen ersetzte.
»Fahren Sie mich zur Bowery!«
Der Chauffeur kratzte seinen Schädel.
»Wie Sie wünschen, junger Mann. Es ist Ihr Leben. Ha-

be mir schon längst abgewöhnt, gute Ratschläge zu erteilen. Ist 'n trostloses Unternehmen. Sie müssen selbst herausfinden, was Sie wollen. Wenn Sie mit'm Brummschädel und einer bepißten Hose wieder zur Besinnung kommen, können Sie ja an mich denken.«
Er stellte das Taximeter ein und fuhr an. New York roch nach dem ranzigen Atem seiner Motoren, unter denen die Erde zitterte und wankte. Wahrscheinlich machte denen, die daran gewöhnt sind, diese Erschütterung gar nichts aus. Vielleicht fühlen sie sich in dem Lärmbrei und im Bann der den Augen entfliehenden Gebäuden geborgen. Die Anpassungsfähigkeit des Menschen hat etwas Selbstmörderisches.
Die Straßen wurden schäbiger. Nur mit Mühe wahrten die Häuser der Straße gegenüber ihr Gesicht: die Hinterfronten kämpften vergeblich gegen den Verfall. Mörtel zerstaubte zwischen den Backsteinen.
»Riechen Sie es schon, wir sind da!«
Das Taxi hielt, ich zahlte und stieg aus. Ein zerlumpter Mann lag an eine Hauswand gelehnt und suckelte an einer Bierdose. Er winkte mir zu, nahm einen Anlauf zu einem Satz und vergaß sofort wieder, was er sagen wollte.
Mit klopfendem Herzen stieß ich die Tür einer Bar auf. Gestank packte meinen Atem. Die Luft hing voller Bier und Tabaksqualm, in dem bartstoppelige Gesichter herumschwammen. Männer saßen auf hohen Stühlen, andere standen und hielten sich an der Theke fest, hinter der ein dicker Mann sehr traurig war.
»God forgive you!«
Auf dem Boden Sägemehl, das die Schritte schluckte.
»Sieh da, der verlorene Sohn!«
Jemand prüfte den Stoff meines Anzugs.

»Würde ich glatt versetzen: gibt 'n paar Scheinchen. Wie isses mit 'ner Einladung?«
»Abe, laß den feinen Pinkel in Ruh. Der hat sich verirrt und glaubt, er ist im Zoo.«
»Im Zoo?«
»Hast du einmal einen Elefanten pissen gesehen?«
»Ich seh bei mir genug oder glaubst du, ich würde es aus den Rippen schwitzen. Also, Junge, wie isses mit 'ner Einladung. Ich revanchiere mich. Das Wort eines Gentleman!«
»Daß ich nicht lache. Du und'n Schentelman. 'N Fuselarsch bist du.«
Rote Säuferaugen. Violett gemusterte Haut. Gärgeruch. Der Barkeeper, den Bauch hinter einer verdreckten Schürze, die tätowierten Arme aufgestützt, starrte mich mitleidig an. »Wollen wohl ein neues Leben anfangen? Was darf es sein? Etwas Leichtes, um sich einzugewöhnen?«
»Mann, das ist es, man muß mit einem silbernen Löffel im Mund geboren werden.«
Abe löste sich von der Theke, wankte zur Seite, suchte Halt auf den Füßen, kämpfte mit einem Schluckauf, dachte angestrengt nach, dirigierte mit den Händen, begann ein Lied von einer gewissen Molly, die eine Brust hatte wie ein Milchladen und der Liebe zugetan war, lalalalala.
»Ich war früher einmal Zollbeamter. War ein lustiger Verein. Mann, darauf kannst du einen lassen.«
»Bis deine Alte dir soviel Hörner aufgesetzt hat, daß du den Kopf nicht mehr gerade halten konntest.«
»Längst vergessen, Freund, heruntergespült. Die Weiber auch. Ist kein Verlaß drauf.«
»Du hast ihn wohl nur noch zum Pissen.«

»Komm mal in meine Jahre. Da machen die Hoden schlapp. Da bleibt dir nur noch der Durst.«
»Hahahahahaha!«
Das Bier schwappte aus dem Glas und patschte neben die Schuhe.
»Schad drum!«
»Herrgott, ich habe wieder das Zittern.« Er knetete seine Finger. »Ein Gefühl, als würden sie abfallen. Ich muß mich verdammt zusammenreißen, daß ich nicht überschnappe. Ist 'n tolles Ding. Ich falle auseinander. Gib mir 'n Scharfen, daß ich zusammen bleibe.«
Der Barkeeper lehnte sich vor. »Kannst du zahlen?«
»Nicht gleich, Wally, wart' bis mein Onkel stirbt. Der vererbt mir alles. Dann kaufe ich dir deinen verdammten Laden ab und schmeiße Runde auf Runde für die Jungs.«
»Wie alt ist denn dein Onkel?«
»Das letzte Mal war er 70. Hatte immer ein Mordsglück. Gesundheit wie ein Nilpferd.«
»Hättest dir ein Scheibchen abschneiden sollen.«
»Die einen haben es und die andern nicht.«
»Und du hast es nicht?«
»Noch nicht, Wally, selig die Sanftmütigen, denn sie werden das Land besitzen. Die Bibel hat es nur mit den Armen. Wally, kennst du überhaupt die Bibel?«
»Ich bin kein Wohltätigkeitsverein.«
»Du bekommst es bis auf den letzten Cent zurück. Ihr seid alle Zeugen!«
»Wenn du so weiter machst, wird dich dein Onkel überleben.«
»Ich habe ja gar keinen Onkel.«
»Na siehst du!«
»Ich habe überhaupt nichts.« Selbstmitleid packte

Abe und er vergoß echte Tränen, die er mit seinem Handrücken im Gesicht verschmierte.
»Abe, hör auf zu flennen, sonst mache ich vor Rührung noch in die Hosen.«
»Du solltest an deiner eigenen Scheiße ersticken! Du hast kein Herz. Niemand hat ein Herz. Oh, ich könnte euch Geschichten erzählen, wenn ich nur in ruhiger Verfassung wäre, Geschichten von menschlicher Gemeinheit, von miesen Arschgeigen und geilen Dollarmösen.«
Er packte mich am Rockärmel und stieß mir seinen faulen Atem ins Gesicht.
»Du bist doch sicherlich mit 'm silbernen Löffel im Mund geboren worden!«
»Abe, guck genau hin, vielleicht hat er 'n reichen Onkel.«
»Laß ihn doch!« quiekte Abe und näherte sich flüsternd meinem Ohr.
»Ich bin nicht undankbar. Ich gebe dir die Weltrechte für mein Leben. Die Augen werden dir aufgehen. Abraham Taylors ›Mein Kampf‹.«
Ich bestellte einen Scharfen für ihn, und er dankte mir mit einem hastigen Schluck.
»Auf Ihre Verantwortung!« warnte der Barkeeper. Die andern stimmten ein wildes Geheul an. Die Bude dröhnte.
Natürlich hatte ich von der Bowery gehört. Menschliches Elend rangiert ganz oben in der Reihe der Sehenswürdigkeiten. Man pilgert hin, um die Schauer der Schadenfreude auszukosten. Ich wußte nur zu gut, daß ich ebenfalls nur eines geringen Anstoßes bedurft hätte, um der geheimen Sehnsucht nach Selbstzerstörung nachzugeben. Ich konnte nur deshalb Wider-

stand leisten, weil ich mir etwas vormachte. Nur so überlistet man seine Verzweiflung. Wer das noch nicht herausgefunden hat, weiß nicht, daß wir nur auf der Welt sind, um Theater zu spielen.
»Noch ein Bier!«

Wally, der Barkeeper angelte mein Glas. Er dachte nicht daran es auszuspülen. Er stellte es unter den Bierhahn, und Schaum wuchs hoch. Abe erzählte mir irgendwelche Geschichten, zu denen ihm immer noch etwas einfiel. Er hatte seine Vergangenheit verloren. Er wußte nicht mehr, wie alles angefangen hatte.
Gekicher und Gelispel im Hintergrund.
»Abe hat 'n Freund.«
Seine Zunge liebkoste einen Zahnstummel.
»Ihr seid ja nur neidisch«, krähte er und gönnte mir ein verschwörerisches Lächeln, in dem sein ganzes Gesicht entgleiste.
Ich selbst brauchte kein Wort zu sagen. Ich nickte nur mit dem Kopf, verdrehte die Augen und nahm zuweilen einen zustimmenden Schluck zu mir. Von dem, was Abe vor sich her brabbelte, verstand ich nur die Hälfte. Es kam ihm gar nicht so sehr darauf an, endlich einmal einen geduldigen Zuhörer gefunden zu haben: Er war einfach glücklich, reden zu können, in der Hoffnung, die Gedanken würden sich schon irgendwann einstellen. Der Alkohol dehnte seine Worte. Ich kam mir ziemlich schäbig vor, als ich den Bumsladen verließ, ohne mich groß von Abe zu verabschieden. Er saß rittlings auf einem Stuhl und starrte auf den Boden.
»Ich bin eine Bombe, die gleich explodiert.«
Das ist das Beste, was ein Mensch von sich sagen kann.

Als ich wieder im Tageslicht stand, mißtraute ich für einen Augenblick der Sonne. Sie verlieh den schmutzigen Kästen rings herum eine theatralische Schönheit und beförderte die Besoffenen, die sich vor den Kneipen herumdrückten, zu Akteuren eines freien, ungezwungenen Lebens. Und ich war mit von der Partie.
Alles formierte sich zu einer vielversprechenden Ouvertüre. Ich konnte vor Ungeduld meine Schritte kaum zügeln. Die Straße blätterte sich vor mir auf.

Ich mußte dreimal klingeln, bis mir jemand aufmachte. Joana stand in ein Bettlaken gehüllt vor mir. Sie roch nach Schlaf.
»Ach, du bist es, Emigrant! Komm rein!«
Der Dichter lag nackt im Bett und begann wach zu werden. Erst als ihm Joana die Nase zuhielt, tauchte er ganz zur Wirklichkeit auf und stammelte:
»Bitte, nicht schießen!«
Er sah aus, als wüßte er die Vorzüge des Wachseins nicht richtig zu schätzen. Er hustete sehr ausgiebig und kratzte sich angeekelt. Joana hatte sich ein Hemd übergezogen. Ihre Füße klatschten auf das Linoleum. Der Dichter faltete seine Beine zu einem Yogasitz und betrachtete seinen Pint, der vom Schlaf noch ganz aufgeregt war. Das schräge Nachmittagslicht, das durch das Fenster fiel, malte helle Flecke auf seine Schulter. Sein ganzer Körper wurde von Transparenz erfaßt. Er begann sich anzukleiden. Ich setzte mich auf einen Stuhl. Das Bier plätscherte in meinem Magen.
»Mit einem silbernen Löffel geboren werden, Kotzdonner!« Der Dichter war schlechter Laune. Er steckte sich eine Zigarette an und stieß den Rauch an die

Decke, von der ein verstaubtes Mobile herunterhing, kleine aus Papier ausgeschnittene Ärsche.
Als der Dichter sein rotes Hemd über den Kopf streifte, fragte er:
»Glaubst du an ein überirdisches Wesen?«
Ich hatte plötzlich Hunger. »Manchmal bin ich überzeugt, daß Gott eine Frau ist«, sagte er, zog seinen Gürtel fest und machte einige Schritte. »Du ödest mich an«, schrie Joana aus der Küche.
»Du bist nur eifersüchtig!«
»Red' keinen Stuß!«
Joana stellte eine Kanne Kaffee auf das kleine Tischchen neben dem Bett. Ihr Körper war ein Schatten unter dem Hemd. Der Dichter trank in winzigen Schlückchen. Sein Adamsapfel tanzte auf und ab. Er hielt die Tasse mit beiden Händen und schaute mich über den Rand hinweg an. Er wirkte sehr eindringlich. Seine Augen schwammen weg. Er redete von seinen Erfahrungen mit Gott. Es war wie bei einer Séance. Ich hätte mich nicht gewundert, wenn irgendein Klopfen zu hören gewesen wäre. Aber nur Papier raschelte.
»Mein Freund, ich weiß natürlich, daß weder die jungfräuliche Natur noch der Orgasmus, weder die Kunst noch ein Trip uns befreien können. Gott allein ist unsere Zuflucht.«
Ein verbrämter Zug stahl sich in sein Gesicht.
Joana drängte zum Aufbruch. Wir bestiegen einen klapprigen Ford, den der Dichter mit einer selbstmörderischen Nonchalance steuerte. Ich brachte es einfach nicht fertig, die Augen aufzuhalten, weil ich jeden Augenblick einen Zusammenstoß befürchtete. Es herrschte die Hysterie der rush-hour, in der das Blech zu einer bedrohlichen Parade aufmarschierte. Polizi-

sten resignierten. Wir bogen in eine Seitenstraße ein und hielten vor einem altersgrauen Mietshaus, das zwischen zwei zigarrenkastenhäßlichen Neubauten eingeklemmt war. An einem offenen Fenster hing ein Vogelkäfig, in dem ein armseliger Wellensittich mit dem Lärm rivalisierte. Eine alte Frau ermunterte ihn, indem sie ihren Zeigefinger durch das Gitter stieß. An der Hauswand, neben der Eingangstür, warb eine ehemalige Opernsängerin um Schüler. Die ganze Gegend verlangte geradezu nach Pucciniarien.

Die Freunde des Dichters wohnten im Keller. Joana fuhr erwartungsvoll mit der Zunge über die Lippen, als sie den Klingelknopf drückte. Ein kleiner Mann mit großen Augen öffnete uns, eine riesige Katze lag auf seinen Armen und gähnte mit spitzen Zähnen. Er trug einen Drillichanzug und ein paar klobige Stiefel.

»Das ist Jean Toche!« sagte Joana und küßte ihn auf die Wange.

»Jean Toche ist der Totengräber der Kultur.« Jean Toche streichelte seine Katze.

»Ihr Amerikaner nehmt den Mund immer etwas voll.«

Er sprach mit stark französischem Akzent.

Joana stellte mich als Emigranten vor. Jean Toche schüttelte mir die Hand. Die Katze fauchte mich an.

Jean Toche war aus Belgien nach Amerika gekommen, um der Kunst ein neues Licht aufzustecken. Er arbeitete mit elektrischen Birnen.

»Sie glauben nicht, wieviel Sicherungen ich brauche!«

Als er lachte, sprang die Katze aus seinen Armen. Wir traten in einen riesigen, weißgestrichenen Kellerraum, durch den sich dicke Rohre zogen. Die Decke war sehr niedrig, so daß die Besucher, die ihre Zungen mit Rot-

wein lösten, sie fast zu tragen schienen. Joana machte den Versuch, mich mit den einzelnen Leuten bekannt zu machen. Aber in dem Trubel kam sie nicht weit. Ich landete bei einem Kritiker, der an irgendeiner kleinen Zeitschrift das Kunstleben New Yorks zerfledderte, ein beängstigend dürres Bürschchen, das in der Mitte einzuknicken drohte. Er quetschte mich mit Fragen aus. Als ich ihm erzählte, daß ich aus Deutschland frisch importiert wäre, wuchs sein Interesse. Er hatte sofort eine Frage auf Lager: »Ist es wahr, daß hinter Günter Grass die Jugend steht?«
Eine stark geschminkte Frau in den oberen Vierzig, die einen Poncho trug und lange Ohrringe, auf denen ein ausgewachsener Papagei Platz gehabt hätte, stürzte auf mich zu, legte ihre beringte Hand auf meine Schulter. Sie zeigte furchtbar große Zähne. Mein anderes Ich regte sich. In dem Poncho hätten leicht zwei Platz gehabt.
»Sie sind wohl ein Steinbock?«
Ich ließ sie im Unklaren, aber sie gab nicht eher auf, bis sie mich astrologisch durchschaut hatte. Die Einflüsse der Venus seien bei mir besonders deutlich, das würden schon meine Ohrläppchen verraten, sagte sie und knetete meinen Arm. Sie schleppte mich zu einem bärtigen Mann, der in einem quergestreiften Hemd schwitzte.
»Donleavy, hier ist die Hauptfigur deines nächsten Romans.«
Donleavy zupfte an seinem Bart und musterte mich mit verschwimmend melancholischen Augen.
»Vater und Mutter im Grab und deine verrottete Seele kann sich nicht an die Freiheit gewöhnen. Junge, du solltest eine stinkreiche, lüsterne Witwe heiraten, die

dich tüchtig melkt, so daß du ein Sicherheitsschloß an deine Hose anbringen möchtest. Glaube mir, das Leben ist ein ganz übler Witz, der noch dazu sehr schlecht erzählt wird.«
Als ich ihm erzählte, daß ich mein Glück in der Spielzeugbranche versuchen wollte, wurde er ernst.
»Mensch, du bist ja pervers. Es wird uns noch den Kragen kosten, daß wir alles nur als Spielzeug benutzen; Mr. President Amerika, irgendein kleiner Rotzlümmel die Wasserspülung eines hochherrschaftlichen Klos: alles Spielzeug, die Philosophie, die Mösen, der liebe Gott, die Zeitungen, die großen Gefühle, Las Vegas. Der Mensch spielt.«
Der Poncho flatterte unternehmungslustig.
»Donleavy, altes Schandmaul!« rief ein Grauhaariger, der in einer Lederjacke sich um den Anschein von Jugendlichkeit bemühte.
»Donleavy, mißbrauchst du wieder die Menschheit für deine Romane, die kein Schwein lesen will, weil sie so hundserbärmlich trist sind?«
»Die Kunst befriedigt sich selbst«, grollte Donleavy und zog seinen Bauch ein, der sich über seinen Gürtel schob. »Jeder will schließlich leben!«
»Mann, du solltest deine Sprüche an eine Zeitung verkaufen. Lebenshilfe ist heute sehr gefragt. Je allgemeiner, um so eher trifft es für den Einzelfall zu. Wie sieht es denn im Leben wirklich aus. Wenn du kein Geld hast, geht es um Sex und das große Erlebnis, du katapultierst dich ins Rosarote. Wenn du beides hast, dann geht es um die Gesundheit, dann hast du Angst, du könntest dir einen Bruch heben oder sonst was. Wenn alles in Butter ist – und du schwimmst so richtig schön wie ein neunmalkluges Fettauge auf der Suppe

der großen Welt, dann hast du Angst vor dem Tod. Wir alle wollen nichts anderes, als daß jeder Tag ein fast schon unerträgliches Vergnügen ist, ein ungeheurer Beischlaf. Suche dir also irgendeinen Arsch und laß mich nachdenken!«
Donleavy blähte die Nase und rollte die Augen. Die Lederjacke verdrückte sich. Sie trug eine Perücke und ging auf Kreppsohlen. Sie sah so aus, als könnte man sie nicht beleidigen.
Jean Toche stieg auf einen Stuhl. Die Gespräche verebbten
I ACCUSE
deklamierte Jean Toche.
»Gib's ihnen!« schrie eine Stimme. Joana krallte mir ihre Finger in meinen Arm.
I ACCUSE
Jemand brüllte:
»Man sollte mir dankbar sein, daß ich nicht Amok laufe.«
Der Poncho seufzte:
»Der Junge gefällt mir.«
»Und wenn du sein erstes Opfer bist?«
»Ich wollte schon immer mein Leben ändern.«
I ACCUSE
Jean Toche wartete, bis kein Wort mehr zu hören war. Wasser gurgelte in den Röhren. Scheiße unterwegs.

I AM A PROSTITUTE,
YOU ARE A PROSTITUTE,
HE IS A PROSTITUTE,
SHE IS A PROSTITUTE,
WE ALL ARE PROSTITUTES!!!
THAT'S WHAT OUR TRIVIAL CULTURE IS

ALL ABOUT. WE MUST DESTROY THE CULTURE.
THIS IS THE TIME FOR A TOTAL CHANGE.
THIS IS THE TIME TO BE CONCERNED WITH MAN'S DEVELOPMENT, NOT HIS EXPLOITATION.
THIS IS THE LIGHT SIT-IN.
I WILL THROW THE LIGHT IN YOUR FACE,
I WILL THROW THE LIGHT IN YOUR FACE,
I WILL THROW THE LIGHT IN YOUR FACE,
I WILL THROW THE LIGHT IN YOUR FACE,
I WILL THROW THE LIGHT IN YOUR FACE...

Jean Toche verfiel in einen monotonen Singsang, ein Priester, der versuchte, die Bedeutung seiner Worte zu retten. Er rotierte mit seinem Hintern. Einige begannen im Rhythmus klatschen. Ich wußte nicht recht, ob ich mich mitreißen lassen sollte. Das Klatschen warb um mich. Neben mir agierte eine aufgekratzte Blondine: Sie hatte so feste Brüste, daß man Eier an ihnen hätte aufschlagen können. Ihr Blick hatte sich schon der Zukunft bemächtigt. Mir war es nicht ganz wohl in meiner Haut.
Überall dieses pervertierte Messiaslächeln.
Donleavy arbeitete wie eine Maschine.
Hinter Jean Toche stand ein riesiger mit Silberfolien ausgeschlagener Sarg, an dessen Kopfleiste eine Batterie von Lampen angebracht war. Jean Toche öffnete eine Tür am Fußende des Sargs und kroch in das Innere. Kaum hatte er den Kopf auf das Kissen gelegt, überflutete ihn grelles Licht.

BURN BABY

Im Kreischen der Stimmen wand sich Jean Toche unter dem Anprall des Lichts, das in kurzen Abständen aufleuchtete und ihn zu zerschmelzen drohte. Wie entkleidet lag er da, ein Häufchen Elend, das sich nicht zu wehren wußte.

DROP OUT.

Das Muster der Lampen sendete Botschaften. Völlig benommen taumelte Jean Toche aus dem Sarg und wischte mit den Händen über seine Jacke. Nach der fast weißen Helligkeit schien das Licht jetzt grau und matt. Die Dinge und Menschen hatten kaum Kraft sich in ihm zu behaupten. Die Blondine lief auf Jean Toche zu und umarmte ihn ausgiebig.
Jeder konnte das große Befreiungserlebnis an sich selbst ausprobieren. Joana bestand darauf, daß auch ich in den Sarg kroch. Als das Licht über mich herfiel, sah ich schwarze Sonnen vor meinen Augen. Eine große Dampfwalze rumpelte über mich hinweg und glättete meine Unebenheiten. Das Licht beutelte mein Gehirn leer.
BURN BABY
Ich brannte bis auf einen jämmerlichen Rest ab. Mein Blick mußte sich erst wieder an das Grau gewöhnen, in dem das Leben weiter ging.
Die Blondine wollte es genau wissen und stieg nackt in den Sarg. Ihre Brustwarzen stachen wie rote Hütchen hervor. »Einfach toll!« quiekte sie und schüttelte, was sie hatte. Nachher verschwand sie mit Donleavy.
Der Rotwein erwärmte meine Magenwände. Joana hatte ganz glasige Augen. Das Sargerlebnis war ihr unter die Haut gegangen. Sie sagte:
»Ich glaubte tatsächlich zu sterben.«

»Genau das wollte ich erreichen.« Jean Toche lächelte asiatisch. »Wir müssen einen neuen Anfang finden.«
Ich wußte beim besten Willen nicht, ob etwas Neues, ganz Neues aus mir geworden war. Für einen Augenblick hatte ich nur Angst gehabt, verrückt zu werden, in dem grellen Licht einfach auseinanderzuplatzen

ART = RELIGION = CULTURE = HA HA HA

Jean Toche redete in Schlagwörtern. Der Dichter schüttelte ihm zustimmend die Hand. Unsere Unfähigkeit, einen Gedanken klar und konsequent auszudrücken, macht uns zu salbungsvollen Philologen. Mit unseren Gesten verraten wir meist viel mehr von dem, was wir denken und hoffen. Vor allem mit der unseren Körper zerdehnenden Mimikry. Jean Toche sagte:
»Die Schwachen, das dürfen wir nicht vergessen, sind im Prinzip konservativ. Sie befürchten, was verständlich ist, daß sowohl die Erde als auch der Himmel ihnen entgehen könnten.«
»Was aber bleibt den Starken? Ich bringe es einfach nicht fertig, alles auf einen Nenner zu bringen«, warf ich ein. Wir quatschten uns die Köpfe heiß. Joana knetete meinen Arm. Sie war nicht bei der Sache. Sie wollte das Problem aller Probleme auf ihre Art lösen.
»Das beste Mittel, um lustig zu sein, ist, andere lustig zu machen.«
Wir verdrückten uns klamm und heimlich. Es kam wie es kommen mußte. In einem dunklen Toreingang nagelte ich sie an die Wand. Sie ächzte und stöhnte.
»O Daddy!«
Kühle wehte zwischen meinen Beinen. New York mit

all den Wechselbälgen von Straßen und Plätzen löste sich in ein Summen auf. Ich war groß in Fahrt. Ein Auto rumpelte vorüber.
»Bleib so!« flüsterte Joana. Die Vorstellung, einer könnte uns beobachten, belustigte mich. Da stand ich mit halb herabgelassenen Hosen, und Joana ritt auf meinem Schwanz.
»O Daddy!«
Man sagt sich, daß es in bezug auf den Unterleib keine Überraschungen mehr geben kann, und doch lockt es einen immer wieder, und wenn auch nur, um sich zu überzeugen, ob er wirklich leer ist – und das genügt schließlich, um uns wieder mit Zuversicht aufzupumpen.
Ich machte Joana den Vorschlag, mit mir nach Chicago in die Spielzeugfabrik zu gehen.
Sie schüttelte den Kopf und strich sich mit einer fast unmutigen Geste die Haare aus der Stirn.
»Es ist nett, daß du das sagst, aber ich kann nicht.«
Sie stieß mir den Finger gegen die Brust und wartete.

Ich hatte keine Lust, zu Jean Toche zurückzukehren. Ich hatte meine eigenen Sargerfahrungen und ging in die andere Richtung. Joana winkte mir nach. Meine Haut war porös und ließ die Nacht in mich hinein. Die Leere der Straßen, in denen Lampen die Dunkelheit aufkehrten, wirkte niederschmetternd. Ich hatte nicht die geringste Ahnung, wo ich mich befand. Ein beleuchtetes Fenster weckte Hoffnungen in mir. Vielleicht tummelte sich dahinter ein Liebespaar, das bei Licht sehen wollte, wie die Lust sie wegtrug. Dunkelheit macht den Sex anonym. Jeder kann da seine Phantasie spielen lassen und glauben, den Mount Eve-

rest zu besteigen, während er mit Mühe nur einen allgemein beliebten Aussichtshügel schafft.
Die Reklame an den Häusern wirkte absurd. Langbeinige Girls blinzelten für irgendeine Automarke – und noch nicht einmal ein Köter hob vor Aufregung ein Bein. Es war deprimierend. Kein Publikum, keiner, der sich einwickeln ließ. Ich hielt nach einer Taxe Ausschau, aber ich sah nur zwei Typen auf mich zukommen.
»So spät noch auf den Beinen?« knurrte der Größere, der unter einem Schlapphut verschwand. Der Kleinere tänzelte vor mir herum und zeigte ein Messer. Ich wich zurück. »Laß mal deine Kröten sehen, und keine Dummheiten. Das ist ein Überfall. Verstehst du!« Er sprach ganz leise und beobachtete mich. Ich hatte das tausendmal im Kino gesehen. Der Größere zog mich zu sich heran und steckte die Hand in meine Jackentasche. Ich machte mich ganz steif und stotterte, daß ich ein Ausländer wäre.
»Mann, du bist vielleicht ein Spaßvogel, ist mir scheißegal, von wem ich's nehme, die Hauptsache, ich finde was. Du bist mein Baby.«
Er stank nach Bier und schlechter Verdauung. Seine Augen glichen zwei Stecknadelköpfen, die in Sülze steckten. Er angelte meine Brieftasche aus meiner Jakke und reichte sie dem Kleineren, der sie hastig durchwühlte.
»N'Hungerlohn? Buddy, und damit will er hier den dicken Mann spielen.«
Der Größere starrte mich mitleidig an.
»Der will uns doch tatsächlich verarschen.«
Seine Rechte kam so schnell, daß ich noch nicht einmal den Kopf zur Seite werfen konnte. Das Licht ging

aus und ich rutschte kopfüber in einen tiefen Schacht. Eine Ewigkeit später kam ich wieder zu mir. Jemand fummelte an mir herum. Eine besoffene Stimme jammerte:
»O Jesus Christus, schon wieder ein Toter!«
Ich versuchte mich hochzustemmen, fiel aber sofort wieder zurück. Der Schmerz war überall.
»Mach keinen Quatsch! Sei froh, daß du es geschafft hast. Die Welt ist voller Ungemach und Mißverständnis. Kann dir ein Lied davon singen. Ein Verlustgeschäft.«
Als sich meine Augen wieder an diese Welt gewöhnt hatten, entdeckte ich einen alten Krauter vor mir. Er war so voll wie eine Weihnachtsgans. Ich lag mitten in einem Müllhaufen, neben mir ein ausrangierter Kinderwagen, an dem ich mich hochzuarbeiten versuchte. Mein Gesicht schien sich verdoppelt zu haben.
»Sie stehen wohl von den Toten auf, Mister? Hätte nie geglaubt, daß so etwas möglich ist. Darf ich Ihnen unter die Arme greifen?«
Der alte Krauter hakte sich bei mir ein, und wir landeten beide wieder auf der Erde.
»Ist kein Halt mehr auf dieser Welt, alles rutscht unter einem weg. Kein Verlaß.«
Zu zweit schafften wir es noch viel weniger. Wir klebten aneinander fest und gerieten uns immer wieder in die Quere. Ich stieß den Krauter von mir weg und rappelte mich hoch. »Schmetterlinge in der Jugend und Würmer zum Schluß!« schrie mein Erwecker und wühlte sich in einen Berg von alten Kartons. Ich konnte vor Schmerzen nicht gerade gucken. Die Dinge bogen sich auseinander. An einer Hauswand wellte sich eine Whiskeyreklame. Ich schaffte es bis zur Stra-

ße, dann kippte ich wieder um. Der alte Krauter kroch auf mich zu und erzählte mir von seiner Frau. Es war das letzte, was ich in diesem Augenblick hören wollte. Ich hatte Glück, daß mich ein Polizeiwagen entdeckte, der langsam durch die Straße fuhr. Ein Funkgerät leierte Zahlen und Namen herunter.
»Können Sie mich verstehen?« fragte ein Polizist.
Der alte Krauter war noch immer auf dem Damm.
»Ist'n Marsmensch«, plärrte er. »Sie werden es nicht glauben, aber der leuchtet grün im Dunkeln. Sie müssen ihn erst einmal husten hören.«
Ein Polizist sprach in ein Mikrophon. Jemand suchte meinen Puls. Ich schwamm einfach weg und ließ sie suchen.
Später lag ich auf einer Bahre. Ein Mann in einem weißen Kittel betupfte mit einem Wattebausch mein Gesicht. Sie fuhren mich in ein Krankenhaus, wo man feststellte, daß ich eine Gehirnerschütterung und eine Rippe gebrochen hatte. Man windelte mich ein wie eine Mumie und verordnete mir Bettruhe.
Später zeigten sie mir auf der Polizeistation das Verbrecheralbum. Ich hatte Ohrensausen. Was sie mir da an Physiognomien vorführten, weckte ganz andere Erinnerungen in mir. Ich entdeckte meinen Vater mit einem Nummernschild auf der Brust: en face und im Profil. Vertraute Gesichter, Politiker, das eckige Haupt Hegels, die kühne Nase Schillers, die zweifelnde Stirn von Sokrates, Shakespeares Bart, der Vogelkopf Kants. Irgend was stimmte da nicht.
Ein Polizist knackte vor Aufregung mit den Fingern.
»Kann es der gewesen sein?«
Romeoaugen. Meine Erinnerung schaffte es nicht. Es roch nach erkalteten Zigarettenstummeln.

»Ist Ihnen nichts Besonderes aufgefallen?«
Mir fiel nur Joana ein, als sie DADDY schrie.
Schließlich gaben sie es auf, verfrachteten mich in einen Wagen und lieferten mich bei Murphy ab. Ich hatte keinen Paß mehr. Amerika schmolz zu einem Schmerzklumpen zusammen.
Als ich einschlief, lärmte der Morgen. Jeden Moment konnte die Welt einstürzen.

Murphy ließ es sich nicht nehmen, sich persönlich um mich zu kümmern. Sie wuchtete ihren mächtigen Körper auf einen Stuhl neben meinem Bett und unterhielt mich mit gepfefferten Anekdötchen. Sie hatte viel erlebt. Der Verfall, in dem sie seit der Blüte ihrer Jugend lebte, hatte ihrer Seele keinen Stempel aufgedrückt. Sie hatte sich nur gegen die Außenwelt verschanzt und war dick geworden. Fett als Jahresringe. Mein Gott, sie stellte etwas dar. Wenn sie lachte, arbeitete sie wie ein Blasebalg. Es orgelte in ihrer Kehle.
»Loverboy, so habe ich die Männer gern. Nur wenn sie hilflos auf dem Kreuz liegen, wissen sie, was eine Frau wert ist.«
Der Fernsehapparat zwitscherte. Ich lag ziemlich eingeschüchtert im Bett und bestaunte Murphy, die sich vor mir ausbreitete. Ich erduldete es, daß sie mit der Hand unter die Bettdecke fuhr und sich meinen Pint schnappte. Mir blieb gar nichts anderes übrig, als in ihr Patschhändchen zu vögeln.

Unhappy endings are punishable by law.

Murphy gluckste wie eine Henne. Sie ließ mir ein blutig gebratenes Steak kommen und beobachtete mich lü-

stern, als ich es vertilgte. Das Leben ist viel zu kurz. Man darf nicht wählerisch sein. Man muß die Farcen mitspielen wie sie kommen. Ich besaß lediglich die paar lausigen Dollars, die ich nicht mit mir herumgeschleppt hatte, auch hatte ich keinen Paß mehr, was meine Lage noch trostloser machte. In dem Zimmer roch es nach dem Parfüm Murphys. New York fand nur noch an meinem Fenster statt. Nachts wirkte die Leuchtreklame dem Hotel MURPHY gegenüber wie ein ungeheures Gebiß, das auf und zu klappte. Ich träumte von phantastischen Verbrechen.
Es war höchste Zeit, daß mein Leben anfing.

3. Runde

Nicht viel Lust, mich weiter zerhacken zu lassen.
Auf Distanz. Versuch, mit dem Gegner zu
spielen.

AN/p New York. *Die riesige Gasfackel, die von der 200 Tonnen schweren* ›Miß Freiheit‹ *im Hafen von New York seit 82 Jahren in der rechten Hand gehalten wird, erlosch am Mittwochabend. Grund: eine Hafenbarke hatte das Zufuhrkabel beschädigt. Nach Berichten aus New York soll das* Licht der Freiheit *bald wieder angezündet werden.*
Vater *der fast 50 Meter hohen Steindame ist ein Franzose. Fréderic Bartholdi schuf sie 1886, und Frankreich schenkte sie den USA als Symbol der französisch-amerikanischen Freundschaft. Die* Freiheit *soll die Züge von Céline tragen, der Geliebten Bartholdis, die viele Männer glücklich und unglücklich machte.*

Da ich von früher Kindheit oft in die Fänge einer gewagten, wenn auch pedantischen Phantasie geraten war, schien es mir nützlich, mich jeder gefühlvollen Verstrickung zu enthalten, die mich doch nur von meinem Ziel abgebracht hätte. Es war eher eine blödsinnige Hoffnung: die Welt (oder ich) könnten sie verändern.

Murphy brachte es fertig, daß ich bald wieder auf optimistischeren Beinen stand. Sie umhegte mich nicht mit einer alles fördernden Mütterlichkeit. Sie war ganz einfach da: mit ihren zwei Zentnern, die ihr Kleid zu sprengen drohten. Skrupel kannte sie nicht. Sie fand immer einen Weg. Murphy besaß eine Engelsgeduld und einen unerschütterlichen Glauben an das, was gut für einen war. Obgleich sie mich manchmal für reichlich verstiegen hielt, glaubte sie meinen Plänen. Das zu wissen, genügte ihr. Wir kamen ohne viel Worte aus. Wenn sie Anwandlungen zur Liebe hatte, gab sie mir einfach einen Klaps auf den Hintern, und der Zirkus ging los. Sie konnte ungemein sanft sein – und war sichtlich bemüht, mir nicht noch eine Rippe zu brechen.

Über sich selbst redete sie nicht viel. Aus ihren Andeutungen konnte ich mir kein rechtes Bild machen. Nicht daß sie die Geheimniskrämerei liebte: für sie gab es ganz einfach nur die Gegenwart, sonst nichts. Als ich endlich eine Zweitausfertigung meines Passes hatte, rief ich meinen Brötchengeber in Chicago an und eröffnete ihm, daß er bald mit mir rechnen könne. Seine Stimme enttäuschte mich, sie war eine Mischung aus Donald Duck und Billy Graham: überströmend ju-

gendlich mit einem quakenden Unterton. Ich erzählte ihm von meinem Abenteuer. Er hatte mich schon verloren geglaubt.
Murphy thronte neben mir, als ich telefonierte, und amüsierte sich über meinen Eifer.
»So ist's recht, Honey, wer mit seinem Arsch nicht schnell genug ist, findet keinen Stuhl.«
Sie mußte es ja wissen.

An einem regnerischen Oktobertag verließ ich New York mit 50 von Murphy gepumpten Dollars. Mein Gesicht leuchtete in allen Farben. Noch immer mußte ich eingewickelt herumlaufen. Wenn ich lachte, spürte ich meine gebrochene Rippe. Seltsamerweise war mir noch nie so sehr zum Lachen zumute gewesen.
Murphy trug etwas Geblümtes. Sie saß wie jeden Morgen in der Rezeption und fütterte sich mit Potatochips. Das Coca-Cola-Mädchen räkelte sich am Meeresstrand. Ein Gast in einem Regenmantel füllte das Anmelde-Formular aus. Gonzales stand wartend an der Aufzugstür.
»Laß mal was von dir hören!« sagte Murphy und reichte mir ihr Patschhändchen. Ihr Haar war mit Lockenwicklern hoch gerollt. Ihre Schönheit begann erst am Nachmittag. Ich murmelte Dankesworte, packte meinen Koffer, den Gonzales neidisch betrachtete und ging zur Tür. Ich hatte einfach nicht den Mut, mir mit Trinkgeldern einen großartigen Abgang zu erkaufen.
»Paß auf, daß du keinen dicken Hintern kriegst!« rief mir Murphy nach. »Ich mag keine fetten Männer.« Ich sah nur das Coca-Cola-Mädchen. Die Sonne

schwamm auf den Wellen. Der Horizont zeichnete sich bläulich ab.
»Nummer 37, macht 7 Dollar für eine Nacht. Gleich zu zahlen. Wenn Sie irgendwelche Probleme haben, kommen Sie zu Murphy.« Der Gast öffnete seinen Regenmantel und zeigte ein Floridahemd. Murphy nahm das Geld und blinzelte mir zu. Ihr Gesicht war ein riesiger Pfannekuchen.
»Nur Mut!«

Auf der Straße regnete es von allen Seiten. Der Asphalt war glitschig wie der Rücken eines großen Fisches und schien unter den Autos nachzugeben. Ein Mann trug eine zu einer Mütze gefaltete Zeitung. Ich winkte einem Taxi, das mich von oben bis unten naß spritzte, als es quietschend halb auf den Bordstein fuhr. Ein Schwarzer beugte sich zur Tür und öffnete sie.
»Zum Kennedy-Airport!«
»Nichts wie weg ins Trockene!« brummte der Fahrer. Ich stellte meinen Koffer auf den Rücksitz und setzte mich. »Noch 'n paar Naßheimer und ich kutschiere eine Badewanne.«
Großreinemachen im Broadway. An den Fensterscheiben glänzte Neonlicht. Die Reklame spielte unverdrossen ihr Theater. Wir mogelten uns durch den Verkehr.
»Wohl Schwierigkeiten gehabt?« fragte der Taxifahrer und musterte mich von der Seite.
»Ich bin Boxer.« Ich hatte einfach keine Lust, meine armselige Geschichte zu erzählen.
»N'Kumpel von mir boxte Halbschwergewicht, bis sie ihm die Fresse derart zerhackten, daß seine Frau die Scheidung einreichte. Seelische Grausamkeit. Mann,

das ist ein Leben! Seien Sie froh, wenn Sie Ihr Gesicht behalten können.«
Vor dem Kennedy-Airport gab er mit den Rat, meine Verteidigung zu verbessern. Ich versprach es ihm, zahlte, nahm meinen Koffer und humpelte in das Gebäude. Ein Knäuel von Menschen mit hochgezogenen Schultern, an Zigaretten saugend, wirbelte in die Eingangstür. Kaum waren sie in der Halle, stampften sie mit den Füßen auf und schüttelten sich. Aus den Lautsprechern gurrte eine sanfte Mädchenstimme Ankunftzeiten, Verspätungen, Namen. Die Stimme machte aus den Zahlen Liebesworte. Ich fühlte mich sofort geborgen. Es roch nach feuchten Kleidern. Das Mädchen, das meinen Flugschein entgegennahm, lachte mit weißen Zähnen. Die Stewardeß lachte mit weißen Zähnen. Covergirls, schlank und voller erotischer Anspielungen.
»We wish you a pleasant flight!«
Sex schmierte das Geschäft, Sex, der einen nie aus dem Wartezimmer herausließ. Immer kam etwas dazwischen. Angebot über Angebot. Der Pint steht einem wie ein Fahnenmast und man kommt nicht dazu eine Fahne zu hissen.
Der Turbojet riß sich vom Boden und schoß zwischen Wolkenfetzen nach oben, torkelte. Neben mir las ein Mopsgesicht unbewegt Zeitung. Und ich malte mir eine Katastrophe aus, begann die Gleichgültigkeit meines Nebenmannes zu hassen, der die Tatsache, daß er in die Luft ging, einfach ignorierte. Nichts schien ihn zu überraschen. Das Schaukeln des Flugzeugs warf ihn gegen mich. »In Chicago soll die Sonne scheinen«, grunzte er und vertiefte sich weiter in seine Zeitung. Alle Achtung. Ich mußte mir diese Maske der Uner-

schütterlichkeit aneignen. Meine Phantasie spielte mir immer wieder einen Streich: sie bauschte die Dinge auf, übertrieb sie, daß von der Wirklichkeit nur noch grimassierende Schemen übrigblieben. Nur ein Realist vermag seinen Gegner richtig einzuschätzen und die Gefahr in die Möglichkeitsrechnung zu verbannen. Plötzlich riß die Wolkendecke auf und blauer Himmel umfloß uns. Die Sonne rollte über bauschiges Weiß. Mein Nebenmann löste den Sicherheitsgurt und zog seine Jacke aus, als hätte er vor zu turnen. Ich bestellte bei der Stewardeß einen Drink und wartete, bis der Sprit mich erleuchtete und ich in lichten Höhen wandelte.

Das Schaukeln verstärkte sich. Wir landeten nicht in Chicago, wir stürzten ab. Die Räder bumsten auf die Landebahn, das Flugzeug hupfte hoch, faßte wieder Land und rollte mit einem ohrenbetäubenden Motorenseufzer aus. Ich war am Ziel meiner Reise. Der Wind blähte die grell roten Jacken des Bodenpersonals. Sonne glänzte auf dem Zementboden. Mein Nebenmann schlüpfte in seinen Mantel und stapfte mit seinem Diplomatenköfferchen auf den Ausgang zu. Die Zeitung winkte aus seiner Manteltasche. Ich blieb unentschlossen sitzen, jetzt war ich selbst das Fähnchen im Herzen von Chicago. Europa verblaßte zu einem summarischen Hintergrund.

Wie hatte meine Wirtin gesagt: »Du könntest es so schön bei mir haben.« Zum Lachen. Die Spielzeuge lockten, und doch wußte ich wirklich nicht, wie ich es schaffen würde. Mimikry war noch das Beste, so fiel man nicht auf und konnte seine Spielchen wagen, ein Laubfrosch im Grünen.

Ein Mann mit einem lächerlich kleinen Hütchen trat

auf mich zu und sagte: »Hello«. Nun, es war keine Leistung, mich aus der Masse der Fluggäste herauszufinden. Mein Gesicht verriet mich. Ich kam als Gezeichneter nach Chicago. Der Schwiegersohn meiner Wirtin klopfte mir auf die Schulter und legte sein Gesicht in spaßhaft-wohlwollende Falten.
»Willkommen in Chicago! Sie sehen ziemlich mitgenommen aus. Sie sind sicherlich müde?«
Ich quälte mich mit einem Lächeln und richtete Grüße aus Deutschland aus.
»Hoffentlich fühlt sich Mutter nicht zu einsam. In Deutschland ist ja alles besser geworden. Alle Achtung!«

Er sah mich bewundernd an, als hätte ich dazu beigetragen. Gott sei Dank ist das meiste vom Leben ein unbelichteter Film. Wenn wir die ganze Vergangenheit stets mit uns herumtragen müßten, wir würden glattweg verrückt werden.
»Übrigens heiße ich Bill«, sagte er. Wir marschierten durch einen langen Gang. An den Wänden hingen Bilder von Europa: das Heidelberger Schloß, der Marcusplatz in Venedig und die Towerbridge in London. Das Übliche in Farbe.
Bill bestand darauf, meinen Koffer zu tragen. Ich humpelte neben ihm her und hörte mir an, wie gut es ihm in Deutschland gefallen hatte. Er gebärdete sich wie ein Pfadfinder, der am Lagerfeuer das bedeutendste Ereignis seines Lebens erzählt. Immer wieder vermasselten ihm Bewunderungsausrufe die Gradlinigkeit seines Berichts. Schließlich sprach er in Jubeltönen nur noch von seiner Frau Betty und seinen Kindern. Als er auf dem riesigen Parkplatz endlich seinen Wagen

gefunden hatte, wußte ich so ziemlich über alle Höhepunkte seines Lebens Bescheid. Bill hatte es geschafft. Er trat als Missionar des Glücks auf. Gottes Gnade umfloß ihn. Ich verzapfte einige abgeschmackte Redensarten, während wir in dem Cadillac, dessen Motor fast nicht zu hören war, über den Highway fuhren. Bill wirkte in dem Schlitten wie eine Reklamenummer: braungebrannt, ein schmales Gesicht mit ausgeprägtem Kinn. Ich hatte ihn schon tausendmal gesehen. Die Perfektion des Durchschnitts.
»Ich hoffe, Sie werden sich bei uns wohlfühlen!«
Wir fuhren nach Norden, an luxuriösen Wohnvierteln vorüber, zwischen den weißen Häusern sattgrüner Rasen und gestutzte Hecken. Ich war viel zu erregt, um etwas sagen zu können. Mir war, als sei mein Herz eine Bombe, eine ausgeklügelte Bombe, die jeden Augenblick losgehen konnte, um den leeren Raum um mich herum zu füllen. Als das Ortsschild Wilmette auftauchte, sagte Bill: »Wir sind gleich da.« Er winkte einem Mann zu, der einen Rasenmäher vor sich herschob. Wir bogen in eine stille Seitenstraße ein und hielten vor einer Villa, die mit ihren vielen Erkern und Türmchen und Efeu eher in das Mittelalter gepaßt hätte. Bill hupte, und die Gittertür öffnete sich. Eine platinblonde Frau trippelte die Treppe hinunter, kam lächelnd auf uns zu und zwitscherte: »Honey, wie froh bin ich, daß ihr endlich da seid. Die Kinder werden sich freuen.«
Ich stieg aus dem Wagen und versuchte wie ein Weihnachtsmann aus Deutschland auszusehen. Wenn es überhaupt möglich wäre, aus seiner Haut zu fahren, hätte ich das in diesem Augenblick ein für allemal getan. Ich fühlte mich einfach fehl am Platz und grinste.

So hatte ich mir das Ganze nicht vorgestellt, daß ich kopfüber in einer riesigen Zuckertorte landen würde.
Das Spielzeuggeschäft mußte sich rentieren. Betty schüttelte mir die Hand und erkundigte sich nach ihrer Mutter. Ich konnte nicht die geringste Ähnlichkeit feststellen. Betty sah eher ihrem Mann ähnlich. Sie trug enge Hosen. Ihre Hüften waren sehr schmal. Sie hatte einen knabenhaften Körper, dünne Arme und lange, sehr lange Finger. Ein puppenhübsches Gesicht und falsche Wimpern.
»Geht es Ihnen wieder besser?« fragte sie mich auf deutsch und zeigte Mitleid.
»Gott sei Dank haben wir vor diesem Gesindel hier unsere Ruhe. Dafür sorgt schon die Polizei.«
Bill stellte meinen Koffer auf die erste Stufe der Treppe und fuhr den Wagen in die riesige Garage, in der schon ein schnittiger Flitzer stand. Ein schwarzer Hund fegte auf mich zu und bellte mich an.
»Das ist Micky«, erklärte mir Betty und kraulte dem Köter das Fell. Ohne daß ich mich dagegen zu wehren wußte, wurde ich neidisch.
Als ich die Schwelle des Hauses überschritt, sagte Betty feierlich: »Willkommen in unserem Heim!«
Sie führte mich in das Wohnzimmer, an den Wänden knallbunte Kinderzeichnungen. Ein mannshoher Stoffelefant starrte mich verschlagen an. In einer großen Glasvitrine marschierten Zinnsoldaten auf, und alle Puppen hockten breitbeinig mit weit aufgerissenen Augen und pfirsichroten Wangen da. Sie ertranken in ihren Kleidern.
»Bill sammelt altes Spielzeug. Sein Beruf ist sein Hobby.« Ein holzgeschnitzter Nußknacker riß sein Maul auf. Ich hatte mich immer vor dem Augenblick ge-

fürchtet, in dem ich mein Ziel erreicht haben würde. Jetzt war es soweit. Der Nußknacker hatte riesige Katzenaugen. Zu seinen Füßen stand ein Schildchen *»Germany, 18th Century«*.

Es war mir klar, daß man in Amerika gute Zähne haben mußte. Bill betrat das Zimmer und küßte seine Frau. Eingehakt standen die beiden vor mir und lächelten erwartungsvoll. Ich war dankbar, als sie mich zum Sitzen aufforderten.

»Sie sind sicher hungrig«, sagte Betty. Für einen Augenblick sah sie ihrer Mutter ähnlich. Ich wehrte ab und packte die Geschenke aus. Betty erkundigte sich ausgiebig nach ihrer Mutter. Sie wollte alles ganz genau wissen, mir schien, als ahnte sie etwas von der geheimnisvollen nahrhaften Beziehung meiner ehemaligen Wirtin zu mir.

»Mutter muß immer für jemanden zu sorgen haben«.

Gab es noch andere Opfer?

Betty kauerte verknotet auf der Ledercouch, ihre Armbänder klirrten. Bill saß mit strahlendem Gesicht neben ihr und versuchte sich in deutschen Sätzen, die wie eine Kindersprache auf mich wirkten. Seine Frau nannte er Schätzchen. Es klang, als ob er eine Lokomotive nachahmen wollte.

Beim Abendessen lernte ich die Kinder kennen. Bob, ein dürrer zwölfjähriger Junge, der an den Nägeln kaute, und seine stupsnasige zehnjährige Schwester Jane, die einen Pferdeschwanz hatte. Sie starrte mich hochmütig an und sagte: »Wir essen kein Fleisch. Menschen, die Fleisch essen, sind grausam!«

»Beten wir!« mahnte Bill, und die Kinder schlossen die Augen, während eine dicke Schwarze eine Schüssel Gemüsesuppe auf den Tisch stellte. Das Eßzimmer war ganz in grün gehalten. Bob schlürfte. Jane hielt die linke Hand im Schoß, und die Eltern redeten sich jedesmal mit Zuckerworten an, die vor Liebe nur so troffen. Ein Familienidyll. Ich nahm alle Kraft zusammen und bat noch um etwas Suppe.

»Was hast du nur mit deinem Gesicht gemacht?« fragte Bob. Sein Vater erklärte es ihm. Bob vergaß weiterzuessen. »Dick Tracy hätte die Kerle glatt umgelegt.«

Er stand auf, streckte die Arme vor und schrie bumbum.

Ich blieb sitzen. Bob war enttäuscht, rührte in seiner Suppe herum und schniefte durch die Nase. Nach dem Essen hockten sich die Kinder vor den Fernsehapparat. Zorro ritt auf einem weißen Pferde durch die Nacht. Die Bösewichte verrieten sich durch ihre schnarrende Aussprache. Bill ging mit mir in das Wohnzimmer und erzählte von seiner Spielzeugfabrik, die im Nordwesten von Chicago lag.

»Sie müssen wissen, ich liebe Kinder. Ich habe einen Job daraus gemacht.« Wir tranken Gingerale. Der Ingwer-Geschmack füllte meinen Mund. Beim Sprechen verdickte er sich noch. Ich hätte viel für einen guten Drink gegeben, so ausgelaugt und ausgetrocknet fühlte ich mich. Es war eine unmerkliche, aber erschreckende seelische Katastrophe. Ein Fisch auf dem Trockenen mit flatternden Kiemen. Kein Meer. Ich konnte nicht mehr zuhören.

Das Zimmer, in das sie mich einquartierten, lag über der Garage. Eine Fotografie von Charles A. Lindbergh hing über meinem Bett. Er stand neben einem Flugzeug, den rechten Fuß unternehmungslustig vorgeschoben. Verdammt noch mal, irgend etwas in mir war weich wie ein Schwamm und saugte sich voll süßer Müdigkeit. Ich packte meine Sachen aus und verstaute sie in den Einbauschrank, der nach Veilchen duftete. Ich hatte ein eigenes Badezimmer mit meerblauen Kacheln und rosaroten Handtüchern. In dem riesigen Spiegel über dem Waschbecken wirkte mein Gesicht ziemlich deplaciert. Schwarze Ränder um meine Augen, an den Backenknochen dunkelrote Flecken. Ich war schließlich nicht Dick Tracy, eher Donald Duck. Ich grimassierte, die Augenbrauen hoch, das Kinn vorgestreckt und die Augen in Schielstellung. Wenn ich Jerry Lewis wäre, würden jetzt fünf Millionen Japaner lachen. Hihihi. How funny. Do it again. Ich streckte die Zunge heraus, blähte die Backen auf. Plötzlich wieder ernst werden, Freunde, hier kommt das Abendland, macht das Licht aus, die Eule ist nur im Dunkeln munter, muß Mäuse fangen. Zurück in den Spiegel, geblendet. Philosophie ist nur eine besondere Art, sich zu fürchten.

Ich zog mich bis auf meinen Brustverband aus, wusch mich und onanierte aus Verzweiflung in das Waschbecken, trieb langsam hinaus aufs Meer und ertrank ohne die Qual des Erstickens. Meine Gedanken waren weder von der Welt, die ich hinter mir ließ, noch von der, welcher ich mich zu nähern glaubte. Keine Gedanken wirkten in mir, keine Bilder, ich glitt in ein stummes Zwischenreich.

Am nächsten Morgen kroch ich mit zermürbten Knochen aus dem Bett. Von meinem Fenster aus konnte ich in den Garten sehen. Im Swimmingpool schwamm eine knallgelbe Gummiente.

»Bill ist schon nach Chicago gefahren«, sagte Betty, als ich zum Frühstück erschien.
»Ich hoffe, Sie haben gut geschlafen.« Sie trug einen weißleinenen Morgenrock, der am Rand in gelb und braun überging. Ihre Haare verloren sich in einem Chaos von Lockenwicklern. Sie hielt die Hände gespreizt. Vor ihr auf dem Tisch stand ein Fläschchen Nagelpolitur.
»Bill meint, Sie sollten sich erst einmal einleben, ehe Sie mit Ihrer Arbeit anfangen. Haben Sie Schmerzen?«
»Ich muß noch einmal zu einem Arzt!«
»Doktor Brendan wird Sie schon wieder auf die Beine stellen, er hat Bill das Leben gerettet. Bill war nahe dran. Ein Herzinfarkt. Die Arbeit, wissen Sie. Ich glaube nicht, daß ich wieder nach Deutschland gehen könnte. Wir haben es hier so schön. Nur das deutsche Brot vermisse ich. Manchmal kaufen wir welches bei einer schwäbischen Bäckerei in Chicago. Es ist nicht dasselbe.«
Sie sprach völlig schwindelfrei. Während ich das Frühstück verschlang: Grahambrot, Pflanzenmargarine und ein Ei, erzählte ich ihr von ihrer Mutter, ohne daß ich mich allzu sehr mit ins Spiel gebracht hätte. Und sie kam wieder auf das deutsche Brot zurück.
»Hören Sie«, schlug sie mir vor, »wir haben genug geredet, ich werde Sie jetzt zu einem kleinen Bummel durch Wilmette mitnehmen. Ich muß einiges einkaufen, und Bob will einen Papagei haben. Glauben Sie, daß Papageien für Kinder schädlich sind? Sie sehen so obszön aus.«
Sie flatterte davon und erschien eine Stunde später in einem hellroten Hosenanzug. In ihrem weißen

Sportwagen rauschten wir davon, der Hund saß auf dem Rücksitz und schloß die Augen vor dem Fahrtwind.
Wilmette stank vor Geld. Das architektonische Durcheinander zeigte vom Swiss Chalet bis hin zum griechischen Tempel so ziemlich alle Stilarten, die der Mensch sich je zur kultischen Demonstration seines Besitzstolzes ausgedacht hatte. Ich glaubte, in einem riesigen Museum herumzukutschieren. Die Häuser verbargen sich in der Landschaft, aber die Natur war lediglich rhetorisch. Man umgab sich mit ihr aus Prestigegründen und belästigte sie mit hochbezahlten Gärtnern. Es herrschte eine Friedhofsruhe: der Jahrmarktslärm des Geschäfts, in dem sich die Städte heiser schreien, fehlte hier. Man wurde nicht gern daran erinnert, wie man zu Geld kam. Hier tobte sich eine bizarre Sehnsucht nach Reinheit und Stille aus.
Betty bestand darauf, mir das Wahrzeichen von Wilmette zu zeigen, den neunseitigen Bahai-Tempel, der wie eine phantastische Geburtstagstorte in einem sternförmig angelegten Rosengarten thronte. Auf einer Tafel stand, wieviel Geld das Ganze verschlungen hatte. Betty war ein wenig enttäuscht, daß ich nicht vor Ehrfurcht aus den Schuhen rutschte. Sie hielt mich für einen ausgekochten Zyniker, der die Gnadenspende des Geldes nicht richtig zu schätzen wußte. Kein Zweifel, ich mußte noch viel lernen.
Der Papagei faßte aus unerfindlichen Gründen eine tiefe Zuneigung zu mir, glotzte mich aus seinen von Papageien-Weisheit geweiteten Augen an, krächzte und hockte sich auf meine Schulter. Er stank nach Moder und dachte nicht daran, sich von dem Verkäufer in den Käfig sperren zu lassen. Er legte den Kopf

schief und hackte mit dem Schnabel nach der Hand, die sich ihm näherte. Ein wildes Gekreische erhob sich in dem Tierladen. Ein Affe bestreute sich mit Sägemehl.

»Hello Charly, hello Charly!« radebrechte es aus einem Käfig. Betty griff nach meiner Hand.

»Jesus is my lord«, gurrte der Papagei mir ins Ohr.

»Jesus is my lord.« Ich blieb unbeweglich stehen. Erst eine Erdnuß lockte den Papagei von meiner Schulter. Er turnte in dem Käfig herum und machte sich über seinen Fraß her.

»Seine frühere Besitzerin war eine fromme Frau. Er hört auf den Namen Peter. Ist 'n christlicher Vogel. Sie können's mir glauben, er kennt kein einziges unanständiges Wort.« Der Verkäufer verzog keine Miene, als er das sagte. Offensichtlich war er selbst stolz auf den Papagei.

Ich trug den Käfig zum Wagen. Peter war in bester Laune. Er trillerte seine frommen Sprüchlein herunter, als wir nach Hause fuhren. Der Hund bellte. Betty wußte nicht recht, wie sie sich verhalten sollte. Sie vermied es, den Papagei anzusehen.

»Bill kann den Kindern keinen Wunsch abschlagen«, erklärte sie.

»O heaven, o heaven!« sang der Papagei und blinzelte mir listig zu. Er wußte, wie er sich Freunde machen konnte. Wir saßen im selben Boot.

Es fiel mir nicht leicht, so tatenlos herumzuhocken. Ich versuchte, mit den Kindern zu spielen, aber sie gingen nicht darauf ein. Bob hatte ohnehin mit seinem Papagei zu tun, und Jane lief vor mir weg, weil sie fürchtete, ich könnte sie anstecken. Das Familienleben, das sich vor mir abspielte, glänzte in Bonbon-Farben. Man redete sich grundsätzlich mit Koseworten an. Höchstens, daß Bob oder Jane einmal aus der Rolle fielen, aber sie entschuldigten sich sofort wieder. Allen war das Glück ebenso selbstverständlich wie das Atmen. Es war das reinste Liebesnest: perfekt, reibungslos und vollautomatisch. Molly, die schwarze Hausperle, spielte das Spiel mit; nur der Papagei brachte sie zuweilen aus der Fassung. Sie ging nicht in seine Nähe.

»Ist 'n heimtückisches Viech, frißt mir die Finger von der Hand.«

Vor dem Essen gedachte man der Armen und Notleidenden und nachher erging man sich in Dankesworten und satter Rührseligkeit. Mit der Zeit wurde mein Begriffsvermögen zu Gummi. Ich hatte sehr schnell den Bogen heraus, mir mit einem liebenswürdigen Grinsen die Probleme vom Hals zu schaffen. Wenn ich in diesem Laden etwas bestellen wollte, mußte ich das Spielchen mitmachen. Mir tropfte der Honig nur so vom Mund. Und ich schämte mich nicht, das unschuldigste Gesicht von der Welt dabei zu machen. Ich verbesserte zusehends mein Englisch und zeigte beim Lachen die Zähne.

Mein Gesicht nahm wieder eine normale Färbung an. Nur über dem rechten Auge blieb hartnäckig ein kleiner roter Fleck. Das Atemholen machte mir noch immer Schwierigkeiten. Ich versuchte, meinen Atem auf ein Minimum zu reduzieren, mußte jedoch dann urplötzlich tief Luft holen, so daß ich den Schmerz, den ich eingeschläfert zu haben glaubte, wieder hervorlockte.

Betty brachte mich zu Dr. Brendan, sie glaubte allen

Ernstes, ich wäre dem Tode nahe. Sie hatte überhaupt die Neigung, alles auf die Spitze zu treiben. Sie schuf, wo sie nur konnte, Katastrophen. Ich ahnte sexuelle Verstrickungen. Katastrophen verlangen den starken Mann. Bill hatte offensichtlich inmitten seiner Spielzeuge seine Kindheit wieder entdeckt und suchte eine Mutter. Er wollte gern an die Hand genommen werden. Betty war ihm nicht die beste Mutter. Dr. Brendan, ein grauhaariges Männchen, weißer Mantel, eine randlose Brille, rote Bäckchen, sorgenvolle Stirn, sonore Stimme, die nach Pfefferminz roch, verschrieb mir schmerzstillende Pillen, die meinen Körper ganz taub machten. »In drei Wochen sind Sie wieder der Alte, das Lachen dürfte Ihnen dann nicht mehr schwer fallen.« Er lachte andeutungsweise und klopfte mir auf die Schulter. Das Ganze war fast eine religiöse Andacht. Ich kehrte an Leib und Seele gestärkt in die Welt zurück. Betty war stolz auf mich.

Ich hielt das ewige Herumsitzen in dem Liebesnest nicht mehr aus. »Ja, Darling, ja, honey!« Man fütterte mich ebenfalls mit diesen Süßigkeiten, verkürzte meinen Vornamen zu einem liebevollen Seufzer und päppelte mich vegetarisch auf. An einem frühen Nachmittag, als die Kinder über den Schularbeiten saßen und der Papagei vor sich hindöste, schlich ich mich aus dem Haus, marschierte zum Bahnhof und fuhr nach Chicago. Die Ahornbäume loderten in Herbstfarben. Der Luxus verebbte am Rande der City. Die Häuser wurden schäbiger und rückten eng aneinander. Die Stadt versickerte nach allen Seiten in trostlose Wohngebiete. Überall Feuertreppen, die an den Häusern hochkletterten, selbst die miserabelsten Kästen protzten mit

verrutschten Notausstiegen. Auf alten Backsteinmauern regenverwaschene Reklame in altertümlicher Schrift, Geschäfte, die schon längst Pleite gemacht hatten, überlebten hier mit großsprecherischen Slogans. Erst im Zentrum der Stadt begann der Aufmarsch der Wolkenkratzer. Werbung turnte an den Häusern hoch: Firmennamen, Telefonnummern. Neonlampen buchstabierten Wünsche. Mädchen in Überlebensgröße schwenkten die Beine und zwinkerten mit den Augen.
Als ich den Bahnhof verließ, war ich so aufgeregt, daß mir ein wenig schwindelte. Mein Herz schlug so heftig, daß ich eine Hand seitlich gegen die Brust preßte, um es zu beruhigen. Nun war ich endlich in Chicago. Mein Vater pflegte zu sagen: »Es wird überall nur mit Wasser gekocht.« Mit dieser Weisheit blieb er zu Hause hocken und erstarrte vor seinen Schülern zu einem pädagogischen Monument. Seine Neugier blieb nur eine grammatische. Wo kommt das Komma hin? Wann macht man einen Punkt? Ich hatte mich nie an die Zeichensetzung gehalten. Man muß seine eigenen Punkte machen, wenn man nicht in Nebensätze verlorengehen will. Chicago war ein Hauptsatz für mich, vorläufig wenigstens.
Ich blickte zu den Spitzen der Gebäude hinauf, die sich turmhoch aufreckten und in den grauen Dunst ragten, der die Sonne der Stadt vom Leib hielt. Die Straßen waren tief eingeschnitten. In ihnen fing sich der Lärm und steigerte sich zu einem blechernen Brausen. Das Leben war hier so betriebsam und hektisch, daß man sich gar nicht vorzustellen vermochte, der Tod könne hier alles einmal zum Stillstand bringen. Hier gab es alles vom Hosenknopf bis zum teuersten

Schlitten, von der künstlichen Nabelschnur bis zum Bikini, hier wurden Wünsche befriedigt, die es noch gar nicht gab. Auf Rolltreppen fuhren die Käufer ins Himmelreich, wo man ihnen den letzten Cent aus der Nase zog.

Von einer schmalen, grünen Landzunge aus, die weit in den See hineinragte, hatte ich den schönsten Blick auf Chicago. Die Front der Wolkenkratzer sah wie ein zu Stein gewordener Männerchor aus. In der Ferne schmolz der Straßenlärm zu einem Rauschen zusammen. Die Stadt atmete, diese Landschaft aus Reklamegerüsten, Fenstern und Beton, Türmen und Sendemasten.

An den Rändern verloren sich die Häusermassen in einem grauen Dunst. Ich war viele Stunden durch Chicago gelaufen und hatte meinen Faden so fest durch das Straßengeflecht gezogen, daß ich für immer hätte dort bleiben können. Jetzt saß ich mit heißen Sohlen am Lake Michigan, der träge gegen die Ufermauern klatschte. Ich zog meine Schuhe aus und beobachtete den Tanz der Büchsen im schlierigen Wasser. Einige Schritte von mir weg saß ein alter Schwarzer und hielt eine Angel. Er trug eine Wollmütze und hatte neben sich einen Eimer voll Wasser stehen. Ich massierte meine Zehen.

»Kein Glück heute?« fragte ich.

»Wie Sie sagen Mann, Mann, kein Glück.« Er wippte mit der Angel. »Sie werden es mir nicht glauben, seit zehn Jahren kein Glück.«

Ich ließ meine Zehen los und starrte ihn an. Er kaute auf einem Hölzchen herum.

»Zehn Jahre, und da geben Sie nicht auf? Gibt's denn überhaupt in dem Schlamm Fische?«

»Das weiß der liebe Gott, und ich will ihm nicht reinreden. Als ich noch eine kleine Rotznase war, soll es hier von Weißfischen nur so gewimmelt haben. Mir hat so ein Klugscheißer erzählt, die Indianer hätten sich früher damit satt essen können. Nun, sehen Sie Indianer? Keine Seele, die hat alle der große Schnaps geholt. Heute fließt jeder Dreck, den die weißen Scheißer verzapfen, in den See, und das hält kein Fisch aus.«

»Und Sie angeln trotzdem?« fragte ich.

»Selbstverständlich, Mann, was denken Sie denn? Ich bin daran gewöhnt, kein Glück zu haben. Das wird zum Zeitvertreib. Nach 'ner Weile macht einem das richtig Spaß.« Die Schnur verfing sich in einem Ast, so daß der Neger fluchend die Angel hochriß. Ich wandte mich um. Die Sonne stand in der Höhe der Wolkenkratzer und hüllte die Skyline in einen milchigen Glanz.

Ich habe, um ehrlich zu sein, eine gewisse Scheu vor Sonnenuntergängen; sie verpassen einem ein Bündel hochtrabender Gefühle, mit denen man sich in eine lyrische Universalstimmung katapultiert. Man glaubt plötzlich, alles zu verstehen, und schwebt über den Dingen. Die Seele versickert im Rosaroten und nachher, mein Gott!, landet man so erbärmlich wieder auf der Erde, daß man nicht weiß, wie man mit den Füßen auftreten soll, ob man schreiten oder latschen soll. Der Schwarze neben mir schien völlig unbeeindruckt von dem Sonnenuntergang. Er warf erneut die Angel aus.

»Warum schauen Sie sich nicht den Sonnenuntergang an?«

»Mann, ich kenne das. Alles sieht so schön aus, daß man auf der Stelle hinlaufen möchte. Doch dann

kommt man sich wie ein armer Schlucker vor, der ohne einen Cent vor einem Schaufenster steht. Das Wasser läuft ihm im Mund zusammen. Er schmeckt nur den eigenen Speichel.«
Die Sonne war hinter die Wolkenkratzer hinabgesunken und vergoldete Dächer und Türme, während die Fassaden in bläulich-graue Schatten getaucht waren. Ein flimmerndes indirektes Licht lag über der City. Das Häusermeer schien auszuglühen.
»'N Tag wie jeder andere«, murmelte der Schwarze und spulte die Angelschnur auf. Öliges Wasser leckte an den Ufersteinen.
»Chicago ist 'ne Trommel. Hören Sie es?«
Er goß den Eimer aus, schulterte die Angel und trottete mit langsam schwingenden Schritten davon. Einmal blieb er stehen und winkte mir zu.
Ich erwachte ziemlich angeschlagen aus meinem Brüten. Eine fette Depression saß auf meiner Seele und nahm mir die Lust zu atmen. Erst als ich das Liebespärchen entdeckte, das engumschlungen unter der Ufermauer saß, das Mädchen strich mit gespreizten Fingern über den Hosenlatz des Jungen, faßte ich wieder Mut. Es sind schließlich die kleinen Andeutungen, die einem weiterhelfen.
In der Dämmerung begann sich die grelle Pracht Chicagos zu entfalten.

Ich war müde geworden und trat in eine dämmrige Bar. Über die Theke hinweg starrte ich auf eine grell erleuchtete Reihe von Flaschen: Whisky aus Kentucky, Kanada, Schottland, Irland; Rum aus Jamaica und Puertorico, Tequila aus Mexiko, Wodka aus New York und Polen. Cognac aus Frankreich und Portugal.

Chicago here I come. Das Beste an mir war noch mein Durst. Ich fingerte nach den letzten Scheinchen, die mir von Murphys großzügiger Spende übriggeblieben waren. – Gott möge sie in ihrem Fett erhalten – und deutete auf eine Flasche.
Der haarige Barkeeper folgte mit belustigtem Staunen meinem Wink und stellte drei Flaschen vor mich hin.
»Mister, Ihr Finger hat gewackelt.«
Ich entschied mich, Kenntnis vortäuschend – so fährt man immer am besten –, für eine Sorte und betrachtete mich im Spiegel. Eine Armee von bis an die Zähne bewaffneten Flaschen kam auf mich zu. Der erste Schluck zündete mich an: ich schwamm plötzlich ganz oben. Neben mir saß ein grauhaariger Mann, der auf ein Bild von Humphrey Bogart starrte, das in einer Ecke des Spiegels klebte. Er kaute auf einem Zahnstocher und versuchte verzweifelt mit dem Barkeeper ins Gespräch zu kommen.
»Hey, Charly, hast du eigentlich jemals einen Bogey-Film gesehen?«
»Na klar!«
»Klasse! Mann, ich sage Klasse. Was anderes als die heutigen Jammerlappen, die sich von jeder Arschgeige wegputzen lassen. Charly, es gibt keine Helden mehr. Ist 'ne Schande. Die Wellen schlagen über uns zusammen, und keine Helden, selbst den Patrick haben sie entheiligt, soll 'ne speziell irische Erfindung gewesen sein. Wenn ich dich so betrachte, Charly, stand die Wiege deiner Erzeuger auch in Irland.«
»Na klar.«
»Sagte ich doch. Was ihr verdammten Iren nur hier alles zu tun habt?«

»Du bist doch auch hier.«
Der Grauhaarige trank sein Glas in einem Zug aus und schüttelte sich. Der Fernsehapparat im Hintergrund der Bar zeigte eine Waschmittelreklame.
»Charly, wenn man das so sieht, möchte man glauben, daß wir in der saubersten aller Welten leben: rechts ist es sauber, in der Mitte ist es sauber, und links ist es sauber. Ich wundere mich nur, wo der ganze Dreck hinkommt. Bei all dem Kram, den wir so wegschmeißen.«
»Du mußt nur die Zeitung lesen.«
Ein neuer Gast setzte sich auf einen Hocker. Er trug eine Baseballmütze.
»Hey, Fremder, ich wette, daß du nicht aus Irland bist.«
Der Neuankömmling schwieg und rieb sich die Hände. Er hatte hohe Backenknochen, so daß man seine interesselosen Augen fast nicht erkennen konnte. Dichtes, schwarzes Haar quoll unter seiner Mütze hervor. Er vermied es, in den Spiegel zu schauen und studierte seine ölverschmierten Hände.
Der Grauhaarige näherte sich mit der feierlichen Umständlichkeit eines Betrunkenen dem neuen Gast. Auf dem Fernsehschirm putzte sich ein Mädchen die Zähne. Nachher flogen die Männer nur so auf sie. Frischer Atem, neues Glück.
»Ich möchte mein eigener Großvater sein, wenn du aus Irland bist. Gibt's eigentlich in Irland Indianer?«
Der Grauhaarige lachte derart über seine Frage, daß er fast das Gleichgewicht verlor.
Ich hatte mein Glas ausgetrunken – und einer plötzlichen Eingebung folgend, hob ich zwei Finger hoch und blinzelte dem Mann mit der Baseballmütze zu.

»Darf ich Sie zu einem Drink einladen?«
Er wandte sich mir halb zu, schaute mich aus seinen schmalen, schwarzen Augen prüfend an und sagte: »Es ist Ihr Geld.«
Das entsprach keineswegs der Wahrheit. Ich lebte ja noch immer auf Pump. Die Spielzeuge ließen auf sich warten. Ich konnte nur bluffen. So tun als ob. The great pretender. Was für ein mieser, trauriger Ausgangspunkt.
»Sind Sie Indianer?« fragte ich und sah, wie er mir beim Trinken zunickte. Ich verschluckte mich, so hatte ich mir die Begegnung mit einem Indianer nicht vorgestellt. Mit einer Baseballmütze!
Der Fensehapparat zeigte ein chromblitzendes Auto mit dem lachenden Mädchen am Steuer. Der Grauhaarige schlürfte zu der Musikbox und wählte »THAT OLD BLACK MAGIC«. Die Baßtöne ließen den Kasten erzittern. Mensch, Winnetou. Mit einer Baseballmütze!
»Noch einmal das gleiche«, rief ich etwas mutiger.
»Wie sie wollen«, murmelte der Indianer und wirbelte die Mütze um seinen ausgestreckten Zeigefinger.
Der Grauhaarige torkelte im Tanzschritt auf mich zu.
»Mister, ich bin kein Indianer, aber der weiße Mann hat mich auch besiegt. Ich bin verheiratet.«
»Ein Schwätzer bist du«, rief der Barkeeper über die Theke.
»Hören Sie sich das an. Erst vergiftet er mich mit seinem Fusel und dann riskiert er noch 'ne kühne Lippe. Charly, wir müssen alle einmal sterben.«
Er drehte sich ruckartig um und kehrte mit sich selbst redend zu seinem Hocker zurück.

Der Indianer blieb einsilbig: er sagte ja und sagte nein.
»Wollen wir uns nicht an einen Tisch setzen?«, schlug ich vor. Ich haßte die Position auf dem hohen Roß. Beim Trinken muß man in Erdnähe sein.
»Wie Sie wollen«, murmelte der Indianer und schlappte zu einem Tisch. Wir saßen uns einige Zeit schweigend gegenüber. Erst ganz allmählich, nach vielen Schlückchen, taute er auf und zeigte einen Goldzahn. Er hieß doch tatsächlich Smith. »Ich hatte es satt, immer wegen meines Namens auf die Schippe genommen zu werden«, sagte er. »Mann, all diese Witze. Wann raubst du mir den Skalp, Indian-Joe? Smith is'n Name zum Verstecken, 'ne glatte Sache, bei der niemand auf dumme Gedanken kommt. Vor zwanzig Jahren war ich Filmschauspieler. Stuntman. 50 Dollar verdienten wir die Woche. Man beschmierte uns mit Farben und setzte uns schwarze Perücken auf, damit wir echter aussahen, und dann ging's los. Sie schossen mit Platzpatronen auf uns, und wir mußten vom Pferd fallen und uns totstellen. Das war gar nicht so leicht, Mann. Manchmal mußte ich ein dutzend mal am Tag sterben. Sie machten richtige Bösewichte aus uns, die arme Farmersfrauen vergewaltigten, das Vieh abschlachteten, brave Männer massakrierten, und das nur, damit irgend so ein Held, der noch nicht einmal richtig auf dem Pferd sitzen konnte, seine große Vergeltungsschau abziehen konnte. Sie brachten uns die alten Kriegstänze wieder bei, und sie lehrten uns, wie wir vor hundert Jahren gelebt haben. Das ist lange her, Mann. Die letzten Büffel verblöden in Naturparks. Wir wußten uns vor Lachen kaum zu helfen. Wenn der Boß mit uns zufrieden war, spendierte er

auch einmal eine Flasche. ›Schön gestorben‹, lobte er und zählte im Geiste die Scheinchen, die er mit dem Film auf die Seite bringen konnte. Dann war es aus für mich. Ich brach mir ein Bein. Heute wasche ich Autos. Ich muß mich nicht mehr totstellen. Das ist ein Leben!«

Unvermittelt wie er seinen Bericht begonnen hatte, brach er wieder ab. Stumm blieb er mir gegenüber sitzen und spielte mit seiner Mütze.

Ich erklärte ihm, daß ich als kleiner Junge mich rot angemalt hätte und mit einer Hühnerfeder im Haar herumgelaufen wäre. Er hielt mich für übergeschnappt, bedankte sich mit einem Nicken des Kopfes und verließ die Bar. Auf seinem Rücken konnte ich einige gelbe Buchstaben entdecken, die das Wort »SHELL-OIL« ergaben.

Der Grauhaarige rief dem Barkeeper zu: »Charly, ich weiß, was ich mache, ich schenke meiner Frau zu Weihnachten einen Indianer, dann habe ich meine Ruhe.« Freude kündigte sich in seinem Gesicht an.

Der Alkohol hatte mich auf Touren gebracht. Alle Lämpchen glühten in mir. In einer dunklen Ecke puderte sich eine unternehmungslustige Vierzigerin das Näschen. Ich machte insgesamt sieben Schritte und sagte ihr in meinem besten Englisch, daß ich ihrer Einsamkeit ein glückliches Ende bereiten möchte. Sie kämpfte mit einem Schluckauf.

»Lassen Sie meine Frau in Ruhe«, plärrte der Grauhaarige und warf seinen Schatten auf mich.

»Ich kenne den Mann überhaupt nicht«, erklärte mir die Schluckserin und fingerte nach einem Schatz in ihrem Handtäschchen.

»Ich spreche nur mit dem Herrn da«, sagte der Grauhaarige würdig. Die Frau stieß mich mit dem Fuß an, als erwartete sie eine große Tat von mir. Sie hielt die Handtasche eng an sich gepreßt und lauerte. Ich blieb einfach sitzen und wartete. Der Grauhaarige stand vor mir und wartete ebenfalls. Die Schluckserin zwängte sich hinter dem Tisch hervor und schleppte ihre krampfaderschweren Beine zur Toilette.

»Exit Cleopatra«, schrie der Grauhaarige, und wir lachten uns gegenseitig Mut zu. »Nichts für dich, mein Junge, sie hat haarige Titten und 'ne Möse wie eine Sparbüchse, dann schon lieber mit der Hand. Charly, ich spendiere einen für den jungen Herrn. In welcher Branche arbeiten Sie?« Er korrigierte den Sitz seiner Jacke.

»Ich pflege das Andenken von Donald Duck«, antwortete ich.

»Mein Herr«, sagte er voller Würde, »ich bin zu besoffen, um auf dieses Problem näher einzugehen, aber ich bin überzeugt, daß sich der Erfolg bald einstellen wird.«

Wir tranken sehr ehrfürchtig. Als die Schluckserin zurückkehrte, versuchte ich den Faden wieder anzuknüpfen, aber der Grauhaarige ließ mich nicht zu Wort kommen.

»Ihr Akzent verrät, daß Ihre Wiege nicht auf diesem Kontinent stand.« Jetzt nicht in Panik geraten. Es führt zu nichts, wenn man sein Herz ausschüttet und mit wehleidiger Genauigkeit sein Leben herleiert. Ich log mich in eine gute Ausgangsposition, aber die Dame meines wahllosen Herzens zeigte nur Interesse für ihre Handtasche.

»Ich habe mein Geld verloren«, jammerte sie.

»Runtergespült hat sie es«, schrie der Grauhaarige.

Der Barkeeper beugte sich über die Theke und drohte mit dem Finger.
»Rosy, dieser Trick zieht bei mir nicht mehr.«
»Du Menschenschinder!«
»Die Dame geht auf meine Rechnung«, erklärte der Grauhaarige feierlich und legte den Arm um ihre Schulter. Ich wagte nicht, ihm zu widersprechen. Wozu denn reden, wenn man ohnehin weiß, woran man ist.
Ich zahlte und verduftete. Mit meinen paar Kröten konnte ich die Puppen nicht tanzen lassen. Noch nicht!
Oh, Murphy!
Die Häuser hinauf leuchtete ein gigantisches Geflimmer. Der Himmel wurde von Glühbirnen geliefert, und Kino-Göttlichkeit lockte mit kalkulierten Versprechungen. Raquel Welsh als Liebesmaschine. Jeder Zuschauer ist beteiligt.
Ich hatte großes Glück, daß ich noch einen Zug nach Wilmette erwischte. Er war fast leer, trostlos leer. Mit mir im Abteil saß nur ein aufgeregter Mann, der mit sich selbst redete. Erst nach einer Weile entdeckte ich einen Rosenkranz zwischen seinen Händen. Der Mond grimassierte am Fenster und tauchte die Häuser in einen milchigen Glanz. Ich war richtig glücklich, als der Schaffner den Wagen betrat und die Fahrkarte sehen wollte.

Wilmette schlief einen luxuriösen Schlaf. Die Häuser lagen im wohlhabenden Frieden da. Man mußte sich ganz einfach schämen, durch diese nächtliche Feierlichkeit zu spazieren. Sie schlug einem auf den Magen.

Da schliefen sie ihren fetten, schönen, lüsternen Schlaf in ihren Tempeln der Wohlhabenheit. Ich war neidisch, geil und müde zugleich. Lust, sich in irgendeinen Schoß zu verkriechen, Lust, irgendeinen Brand zu legen. Ich trieb meinen Schatten vor mir her. Lauf, Schwarzer, lauf. Ich fand das Liebesnest nicht. Im Zuckerglanz des Mondes waren alle Straßen gleich. In den Fenstern spiegelte sich die weiße Nacht. Ich hatte jegliche Orientierung verloren. Ähnlichkeiten betrogen mich. Ich beschleunigte meine Schritte und geriet an den Lake Michigan. Wassergeplätscher. Träge Wellen, die an den Ufersteinen schmatzten. Geglitzer bis zum Horizont. Kälte kroch feucht durch meine Jacke. Ein Gefühl von Ungeborensein. Plötzlich faßte mich der Lichtkegel einer Taschenlampe und wischte über mein Gesicht. Zwei Polizeibeamte kamen vorsichtig auf mich zu.

»Was tun Sie hier?«

»Ich bete den Mond an.«

»Wir haben Sie die ganze Zeit beobachtet.« Der Polizist mit der Taschenlampe leuchtete mich ab.

»Machen Sie keine Dummheiten!«

Der Lichtstrahl blendete mich. Ich sah nur rotierende, weiße Kreise.

»Ich habe mich verirrt.«

»Bleiben Sie ruhig stehen und nehmen Sie die Arme hoch!«

Ich folgte der Aufforderung und spreizte meine Beine. Jemand legte die Hände unter meine Achsel und strich sie an den Hüften hinunter. Ein Lachen stieg mir die Kehle hoch.

»Das ist kein Spaß!«

Es machte mir mit einem Mal große Mühe, Englisch

zu sprechen. Ich verhedderte mich, fiel ins Deutsche zurück.
»Mann, ich brauche einen Dolmetscher!«
Ein Polizist lachte.
»So kannst du uns nicht kommen.«
»Dem Gesicht nach könnte er es sein.«
»Wer?«
»Schnauze!«
Panik ergriff mich, und ich fingerte nach meinem Paß.
»Ich bin Emigrant.«
»Daß ich nicht lache.«
Ich versuchte, ihnen zu erklären, wie ich an den See gekommen wäre, aber jedes Wort, das ich stammelte, machte mich in ihren Augen nur noch verdächtiger.
»Du siehst doch gern in Schlafzimmerfenster.«
Jetzt fehlte mir der Papagei. Eine großartige Nacht. Da konnte man wohl sagen »Oh heaven! Oh heaven!«
»Sie irren sich!« schrie ich
»Du bist unser Fisch, Mann.« Er nannte einen Namen. Ich konnte mich nicht wehren, denn ich hatte zu allem Überfluß meinen Paß zu Hause vergessen. Der Versuch, einen neckischen Ton anzuschlagen, mißlang mir. Sie führten mich zu ihrem Wagen, und ich sagte ihnen mehrmals meine Adresse, aber sie schüttelten nur den Kopf. Ich war ihr Fisch.
»Es hat keinen Sinn, sich hinter großen Namen zu verkriechen.«
Zu meiner Überraschung fuhren sie jedoch durch die Straße, die ich verzweifelt gesucht hatte, da waren die mittelalterlichen Burgen, das gotische Idyll.
»Hier ist es!« rief ich, und sie hielten tatsächlich an.

Meine Zuversicht machte sie unsicher. Sie redeten lange miteinander, schließlich stieg einer von ihnen aus dem Wagen, ging auf das Haus zu, blieb einen Augenblick unentschlossen auf der Treppe stehen, schaute sich um und drückte dann auf den Klingelknopf. Ein paar Sekunden. Licht ging an. Ein Schatten bewegte sich hinter dem erleuchteten Vorhang. Bettys Schatten. »Komm runter, Mädchen!« flüsterte ich, »und errette mich aus der Polizeigewalt.« Die Tür ging auf, und Betty erschien in ihrem Morgenmantel. Der Polizist sagte etwas zu ihr, und sie riß vor Schreck die Hand vor den Mund. Ich kroch aus dem Wagen und lief auf das Haus zu. Betty war so verwirrt, daß sie mich beinahe in die Arme geschlossen hätte. Der Polizist entschuldigte sich mehrmals und ging zögernd die Treppe hinunter. »Ist alles in Ordnung, Mam?« fragte er, und Betty nickte. Ihre Hand, die den Morgenrock vor der Brust zusammenhielt, entkrampfte sich und sank herab. Sie hatte nichts darunter an.

»Wo haben Sie nur gesteckt?«

»Ich habe Chicago in die Luft gehen lassen.« Ich trat durch die Tür.

»O Gott, wir hätten beinahe die Polizei verständigt.« Sie machte einen Knoten in den weißen Strick, mit dem sie ihren Morgenmantel zusammenraffte, und setzte sich auf einen Sessel. Sie sah plötzlich ihrer Mutter sehr ähnlich. Noch zwanzig Jahre, und die gezüchtete Modedürre würde in resignierende Altersrundungen übergehen. Ich erklärte ihr, nicht ganz bei der Wahrheit bleibend, was ich in Chicago gesucht hätte, und geriet in einen elegischen Ton. Sie beugte sich vor und fragte: »Fühlen Sie sich denn nicht wohl bei uns?«

»Doch, doch!« wehrte ich ab. Der Papagei wurde unruhig und hupfte in seinem Käfig herum.
»Ich möchte mich einmal gründlich mit Ihnen aussprechen. Es geht doch nichts über eine Aussprache von Mensch zu Mensch«, sagte sie mit flatternden Augen, die ohne die falschen Wimpern sehr kindlich wirkten.
Ich wußte nicht, worauf sie hinauswollte und baute eine Mauer Schweigen zwischen uns auf. Schön Stein für Stein.
»In welchem Verhältnis standen Sie zu meiner Mutter?« Mir klappte der Unterkiefer herunter. Das gute alte Europa mit seiner nach Mottenpulver riechenden Nestwärme und seinen geschichtsträchtigen Umarmungen. Sie begleitete ihre Frage mit einem Zwinkern, offenbar, um Vertrauen zu erwecken.
»Wie meinen Sie das?«
»Nun, Sie lebten doch mit ihr zusammen?« Hier schlich sich wahrhaftig ein schmerzlicher Ton in ihre Stimme.
»Sozusagen als Untermieter.«
»Aber sie hat das doch gar nicht nötig.«
»Sie ist eine einsame Frau.«
»Was verstehen Sie schon davon!« Sie schob ihre Zähne über die Unterlippe und schaute zur Decke. Ihre rotlackierten Fußnägel stießen in den Teppich.
»Ich habe mit Bill nicht darüber gesprochen. Er glaubt, daß Sie ein entfernter Verwandter von mir sind. Lassen Sie es dabei. Bill ist ein argloser Mensch. Er weiß kaum, was um ihn herum vorgeht. Er ist ein Kind. Darin liegt sein Erfolg. Er glaubt an das, was er tut.«
Der Alkohol verebbte in mir. Ein süßlicher Geruch nach Seife stieß in meine Nase. Ich war nicht zum Reden aufgelegt.

»Wollen Sie es mir nicht sagen?«
Ich spielte sehr auffällig mit meinen Fingern und neigte den Kopf. Ich wußte beim besten Willen nicht, was sie mit der Fragerei bezweckte. Sie schien mir auf eine Ungeheuerlichkeit zu lauern, die sie in eine lang ersehnte Hysterie stürzen würde. Oder wollte sie mich zur Rechenschaft ziehen? Ich war auf alles gefaßt, nur auf das nicht, was sie tat. Sie zupfte den Knoten des Gürtels auf und flüsterte: »Komm!« So stand es also um unsere Verwandtschaft. Ich setzte das fort, was ich bei der Mutter angefangen hatte. Betty belegte mich mit allen erdenklichen Ziernamen. Die Puppen in der Glasvitrine blickten ohne Interesse. Nur der Papagei geriet in Fahrt: er plusterte sich auf und krächzte: »Oh heaven! Oh heaven!«
Ich glaubte ihm jedes Wort. Nachher sagte Betty, die sich frierend in ihren Morgenmantel kuschelte: »Bilde dir um Gottes willen nichts Falsches ein, Bill ist ein Kind.«
»Und wenn er uns überrascht hätte?«
»Er nimmt jeden Abend Schlaftabletten. Er braucht viel Schlaf. Du solltest auch schlafen.« Da war wieder meine Wirtin.
Das leibliche Wohl.
Die Sorge.
Die gute Verdauung.
Die warmen Strümpfe.
All die tausend Vorkehrungen, damit man nicht erwachsen wird.
Betty öffnete die Tür und ging auf den Zehenspitzen nach oben.
Ich hörte sie das Licht anknipsen, dann die Stimme Bills. Als ich aus dem Wohnzimmer trat, sah ich ihn

auf der Treppe stehen. Er hatte nur das Oberteil seines Pyjamas an.
»Ich glaube, ich muß den Papagei füttern. Der Kerl ist unersättlich.« Bill stellte einige freundliche Fragen, wie es mir in Chicago ergangen wäre. Betty mußte ihm kurz von meinem Abenteuer erzählt haben. Ich wünschte ihm eine gute Nacht und verdrückte mich. In meinem Zimmer war es kühl und feucht.
Betty tat am nächsten Morgen, als ob nichts geschehen wäre. Das Idyll nahm seinen Fortgang.
»Honey, weißt du wo mein Hut ist?«
»Bill Darling, du siehst übermüdet aus.«
»Wir haben furchtbar viel zu tun, es ist bald Weihnachten. Wir können kaum die Aufträge erfüllen.«
»Denk an deine Gesundheit, Liebster.«
Bill küßte seine Frau. Die Kinder löffelten in Milch aufgeweichte Cornflakes. Auf dem Bildschirm diskutierten auf Jugendlichkeit getrimmte Mütter über Schönheitspflege. Ich mußte vernünftig sein.

Es war für mich eine Art Erlösung, als Bill mir ein paar Tage später verkündete, er würde mich am nächsten Morgen mit in seine Fabrik nehmen. Ich sei jetzt wieder auf den Beinen und könnte mit der Arbeit anfangen. Vor Aufregung schlief ich kaum. Es war klar, daß ich mir etwas vormachte und meiner Beschäftigung eine Bedeutung gab, die sie wahrscheinlich gar nicht hatte. Ich hielt es für eine köstliche Möglichkeit, direkt und unwiderruflich in das Herz des Reichtums einzudringen. Luxus spiegelte mir eine sanfte Zukunft vor, die voller raffinierter Bequemlichkeiten war. Ich verlor mich in einem Traum.
Fäden regierten meine Glieder, hoben mein rechtes

Bein, hoben mein linkes Bein, rissen meine Arme hoch, zogen die Nase lang, öffneten meinen Mund zu unartikulierten Ansprachen, schoben meine Brust vor, zupften an meinem Zeugungsglied, daß es aufwuchs und Männchen machte. Jede Bewegung erweckte ein ungeahntes Wollustgefühl. Die Fäden verwickelten sich über mir zu einem unentwirrbaren Knäuel. Ich lauerte auf jeden Ruck, der Bewegung in mich brachte. Aus meinen Gelenken drangen geheimnisvolle Klingelzeichen. Ich versuchte den Traum unendlich auszudehnen, in der Furcht, plötzlich auf meine eigenen Einfälle und Muskeln angewiesen zu sein, die mich unweigerlich in melancholische Tatenlosigkeit geführt hätten, in eine ungeheuerliche Gleichgültigkeit. Schreckliche Ahnungen lieferten mich immer mehr den Fäden aus, die an mir zerrten und lockten. Am nächsten Morgen hatte ich große Mühe, den Traum nicht symbolisch zu nehmen. Ich putzte mir sehr gründlich die Zähne, um ein zuvorkommendes Lächeln für den Tag parat zu haben.
Die Spielzeugwarenfabrik war viel größer als ich sie mir vorgestellt hatte. Sie lag im Nordwesten von Chicago, fast an der Stadtgrenze. Ein riesiger Stahlkasten mit großen Fenstern, von ausladenden Hallen umdrängt. Über dem mächtigen Eingangstor, das sich automatisch öffnete, stand in verschnörkelten Neonbuchstaben CHILDREN'S PARADISE.

Der Portier in dem Glaskasten war ein Weihnachtsmann. Man hatte an alles gedacht. Er grüßte Bill, indem er seine dicken Augenbrauen hißte und den Mund zu einem großväterlichen »Oh« öffnete. Er hatte Übung

darin. Die Menschenfreundlichkeit war ihm offenbar zur Routine geworden. Er zog eine beachtliche Schau ab. So überzeugend hatte ich das noch nie gesehen. Man fühlte sich fast geborgen in diesem Lächeln. Über dem Glaskasten hing eine Uhr, in der die behandschuhten Hände von Micky Mouse die Zeit anzeigten. Es war punkt acht Uhr. Der rechte Arm von Micky Mouse ragte zum Gruß in die Höhe. Ein melodisches Klingeln ertönte. Bill fuhr seinen Wagen auf den Werksparkplatz.
»Ich habe Ihnen doch nicht zu viel erzählt.« Er strahlte optimistische Tüchtigkeit aus. Zu Hause hatte ich ihn nie so gesehen. Er war ein viel komplizierterer Charakter, als ich mir gedacht hatte, ein Verwandlungskünstler, der zweifellos noch viel mehr Rollen beherrschte. Seine Angestellten, die in weißen Kitteln umherschwirrten, sprach er mit dem Vornamen an. Er stellte Fragen, hörte sich Erklärungen geduldig an und gab präzise Anweisungen. Bis wir in seinem Büro angelangt waren, das Walt Disney höchst persönlich entworfen zu haben schien, hatte er schon ein ganz schönes Stück Vorgesetztenarbeit hinter sich. Ich stiefelte brav neben ihm her und wurde jedesmal als neuer, wichtiger Mitarbeiter vorgestellt. Man beguckte mich neugierig und taxierte meine Fähigkeiten. Ich machte den Umständen entsprechend ein ziemlich dummes Gesicht und sagte immer wieder, wie glücklich ich wäre. Bills Büro stand voller Plastikimitationen des Disney-Zoos, alle in den grellsten Farben mit menschlich dreisten Physiognomien, Schweine, Katzen, Enten, Hunde, Schildkröten, Eichhörnchen und das frommäugige Rehlein Bambi. Donald Duck in Siegerstellung auf einer Plattform, die amerikanische Flagge haltend. Ein

ledernes Nilpferd trug auf seinem Rücken eine riesige Metallplatte.
»Es ist am besten, wenn ich Ihnen gleich die Gepflogenheiten des Hauses kurz erläuterte«, begann er, und schon klingelte das Telefon, das ein Affe auf einem Tablett präsentierte. Bill sprach mit seiner Sekretärin, die im Zimmer nebenan saß. Ihre Stimme hallte herüber. Bill klemmte das Telefon mit dem Kopf gegen die Schulter und machte sich Notizen. Mein notdürftig eingepauktes Selbstvertrauen schmolz dahin. Je länger ich wartete, um so ähnlicher glaubte ich Donald Duck zu werden. Ich hatte Angst, etwas sagen zu müssen, weil ich sicher war, mich nur noch quakend verständigen zu können.

Ein Merkspruch an der Wand fesselte meine Aufmerksamkeit.
HAPPY KIDS A BETTER WORLD
Ich versuchte, mir diese Welt auszumalen, kam aber nicht weit. Bill stellte mich seinem Mitarbeiter Jack Grueneveldt vor, der mir vor Eifer fast die Hand abriß. Er glühte geradezu vor Unternehmungslust.
»Ich habe viel von Ihnen gehört.«
Er war einen Kopf kleiner als ich, ein zappeliges Kerlchen mit einer hellen Stimme, die nach Mundwasser duftete, ein pausbäckiges Kindergesicht voller optimistischer Rundungen und Grübchen. Er trug dicksohlige Kreppschuh, einen hellgrauen Anzug und einen bonbongroßen Collegering. Wie geleckt stand er vor mir und trällerte seine Höflichkeiten herunter. Er mochte Mitte dreißig sein, hatte aber die Allüren eines Teenagers beibehalten, sagte »Fabelhaft, Klasse, enorm, Zucker« und bekleidete seine Wortjauchzer mit

auftrumpfenden Gesten. »Jack hat eine Reihe bahnbrechender Erfindungen und Verbesserungsvorschläge für uns gemacht«, erklärte Bill, und Jack zauberte stolzes Rot auf seine Stirn.
»Wenn man in einer Sache richtig drinsteckt, geht alles wie am Schnürchen. Sie werden es selbst sehen«, sagte er, »es ist fabelhaft.«
Bill hatte zu tun, ihn drängte es wieder ans Telefon, der Affe lockte. Jack nahm mich am Arm und führte mich auf den Korridor. Wir betraten einen Lift, der sofort in die Höhe schoß. Lichtsignale leuchteten auf, die Nummern der Stockwerke. Sanfte Musik rieselte aus einem Lautsprecher. Jack tat sehr geheimnisvoll. Im siebten Stock verließen wir den Aufzug und marschierten durch einen langen Gang. Große, goldene Zahlen bezeichneten die verschiedenen Türen, die alle offen standen. Die Wände hingen voller Kinderzeichnungen. Teppichfußboden verschlang die Schritte. In den Räumen herrschte grelles Neonlicht. Vor Reißbrettern agierten weißgekleidete Männer und Frauen voller Hingabe. Jack begrüßte sie mit einem ermunternden Pfiff, und sie lächelten geschmeichelt. Plötzlich bog er in einen kleinen Saal. Auf einem riesigen Tisch entdeckte ich spielzeugklein das Modell der Fabrik. Selbst die parkenden Autos hatte man nicht vergessen. Jack nahm einen Zeigestock und legte los.
»Die richtige Einstellung. Darum geht es. Wir haben unsere Arbeit in den Dienst des Kindes gestellt. Unsere Produktion berücksichtigt die ersten zwölf Jahre des Menschen.«
Er kramte ein kleines Schächtelchen aus seiner Jackentasche und fütterte sich mit einer rosaroten Pille.
»Jesus war zwölf Jahre alt, als er im Tempel den

Schriftgelehrten eine Lektion erteilte. Wir legen Wert auf solche Zusammenhänge. Enorm, nicht wahr? Sie sehen zwölf große Fabrikhallen um das Hauptgebäude gruppiert: in jeder Halle werden die Spielzeuge für jeweils ein Lebensjahr des Kindes hergestellt. Wir folgen dabei den modernen psychologischen Einsichten und lassen uns selbstverständlich bei unserer Produktion von einem Fachpsychologen beraten. Sie werden ihn kennenlernen. Er kümmert sich auch um unsere Angestellten und setzt sie dort ein, wo sie das Bestmögliche leisten können. Nur Menschen mit starken, brutalen Trieben können wirklich etwas leisten. Wir bevorzugen solche dynamische Persönlichkeiten.«

Es war klar, daß er von sich selbst sprach. Er kratzte mit dem Zeigestock sein Kinn und lauerte auf meine Aufmerksamkeit.

»Die Firma wurde kurz nach Beendigung des Zweiten Weltkrieges gegründet. Albert Schweitzer schickte uns ein Glückwunschtelegramm. Enorm, nicht wahr? Wir beschäftigen fast dreitausend Arbeiter ...« Und so ging es weiter; Umsatzziffern, Erfolge, Preise für intelligenzfördernde Spielzeuge. Es war mir allmählich eine Ehre in dem Laden mein Glück zu versuchen. Und ich tat alles, um für ein unbeirrbares Arbeitstier gehalten zu werden. Am Anfang steht bekanntlich die Demut, wenn man es zu etwas bringen will. Jack zappelte und redete. Mit dem Zeigestock hätte er mir beinahe ein Auge ausgestochen. Man sah, er stand hinter seinen Sätzen. Fakten und sonst nichts. Er berauschte sich daran.

»Was sagen Sie dazu?« fragte er mich, und ohne auf eine Antwort zu warten, knallte er den Zeigestock hin und wippte auf den Kreppsohlen. Er verschwand fast

hinter dem Modell. Sein Haar war golden, leicht rötlich, im wesentlichen aber golden und sehr dicht, strohig und fiel ihm über Ohren und Stirn. Ich hatte den Verdacht, daß er eine Perücke trug. Seine Augen waren nicht auf gleicher Höhe, so daß man bei längerem Hinschauen den Eindruck hatte, das Gesicht würde in zwei Hälften auseinanderklappen. Sein Mund war etwas klein geraten. Er taugte nur für kleinere Happen.
Jack hatte bei seiner Einführung nicht ein bißchen übertrieben. Den ganzen Vormittag stiefelte ich hinter ihm her und ließ mir die verschiedenen Produktionsgänge erklären.
Das schwere, vielstimmige harte und dumpfe Brausen und Orgeln der Maschinen, die ein verwirrendes Bewegungs-Zeremoniell vollführten, verschloß meine Ohren. Jack schrie mir etwas zu, aber ich sah nur seinen offenen Mund. Auf Fließbändern hockten nackte großäugige Puppen, die Arme weit ausgestreckt, zwischen den Beinen die Idealformen kindlicher Geschlechtsteile. Arbeiterinnen hoben sie hoch, beguckten sie von allen Seiten und legten sie in einen Korb. Das Ganze hatte etwas von einer monströsen Geburtsstation. Die Maschinen gebärten am laufenden Band. Räder drehten sich, Hebelarme rotierten, Lampen leuchteten auf. Der mechanische Begattungsakt ließ die Halle erbeben, man selbst wurde von Kopf bis Fuß von dem Zittern ergriffen und nahm teil an der Fließband-Fruchtbarkeit.
»Wir produzieren Puppen in allen Rassen.«
Jack lächelte und tat so, als hätte er mich in das große Geheimnis eingeweiht. Und ich gab vor, nun endlich Bescheid zu wissen. Das Zeugungsspiel von Mann und

Frau war gegenüber dem, was die Maschinen da vorzeigten, eine ziemlich harmlose Angelegenheit. Es blieb einem nur noch das Amt des Geburtenzählers. Ich ließ Jack von meinen Gedanken nichts wissen. So wie ich ihn einschätzte, hatte er keinen Humor. Er lachte aus anderen Gründen.
Bill erkundigte sich ausführlich, wie mir das Werk gefallen habe. Er legte die Füße auf das Haupt des Nilpferdes und spielte mit einem Lineal. Ich bediente mich eines Ausdrucks von Jack und sagte »enorm!« Das Lineal klatschte auf den Schenkeln.
»Das ist nur der Anfang. In zehn Jahren wollen wir den Umsatz verdoppeln.«
Jack hatte plötzlich einen Grund zu lächeln. Er strotzte nur so vor Tatendurst und lief auf und ab.
»Auf alle Fälle müssen wir den japanischen Markt ausschalten.« Er zog die Augenbrauen zusammen und schob wie die Typen in den Spaghetti-Western die Unterlippe über die oberen Zähne.
»Ich bin sicher, daß wir mit unserem Spielzeug richtig liegen.«

Am Nachmittag hatte ich eine Unterhaltung mit dem Werkpsychologen. Er hieß Dr. W. C. Meadows und trug seine 250 Pfund mit sehr viel Würde. Nur mit Mühe gelang es seinen Augen, sich in dem fleischigen Gesicht zu behaupten. Wenn er sprach, schloß er sie halb.
»Sie sind also der Emigrant, und ich glaubte, Amerika hätte seine Anziehungskraft für Glücksritter eingebüßt. Man lernt immer dazu.«
Er bot mir mit einem Wink seines Patschhändchens einen Stuhl an, schaute auf seine Uhr und ging dann

dazu über, mich ziemlich ungeniert zu mustern, von Kopf bis Fuß. Er nahm sich Zeit. Ich begann zu schwitzen.
»Leiden Sie an Depressionen?«
»Eigentlich nicht.«
»Schade, Depressionen sind das Salz des Lebens.«
Wir saßen da und schauten einander an, bis die Spannung einer wortlosen Verständigung bei uns beiden zu wirken begann. Dr. W. C. Meadows massierte sein Ohrläppchen, und mir fiel es schwer, mein Lächeln unverändert beizubehalten.
»Was hat Sie eigentlich bewogen, gerade nach Amerika zu kommen? Die Freiheitsstatue hat ihren verführerischen Teint eingebüßt, soweit ich weiß. Die Aktien stehen schlecht, und die amerikanischen Frauen sind ein Thema für sich.«
»Ich wollte ganz einfach raus.«
»Eine interessante Formulierung.«
Seine Augen schwammen träge weg, und sein Gesicht war nur noch Fassade, aus der sich eine große Nase herausquälte.
»Wer aus einer Welt rauskommt, gerät in eine andere hinein, junger Mann, aber werden wir konkret. Hassen Sie Ihren Vater?«
»Er lebt nicht mehr.«
Dr. Meadows war plötzlich voller Mitgefühl und etwas traurig.
»Welchen Beruf hatte er?«
»Lehrer.«
»So, so, Lehrer. Sehr interessant, und Sie sind der rebellische Schüler, der alles ganz anders machen will.«
Wie ein Beichtvater hielt er sein Gesicht leicht abgewandt und beobachtete verstohlen, wie ich reagierte.

Ich hatte keine Lust, mir in meiner Seele, der ich selbst nicht ganz sicher war, herumstochern zu lassen. Mit jeder Frage, die er stellte, wurde ich abweisender und aufsässiger. Er hatte eine Art, überlegen zu tun und seinen Worten eine sonore Wichtigkeit zu verleihen, die mich in Harnisch brachte. Als er mich fragte, ob ich homosexuelle Neigungen in mir verspüre, fiel ich aus der Rolle des Befragten und legte los:
»Wissen Sie, ich träume oft von Walfischen, mit denen ich verkehren möchte. Die menschliche Leidenschaft ist mir zu kümmerlich.«
Er nahm meine Worte durchaus ernst und strahlte über das ganze Gesicht. Offensichtlich war ich bei seinem Lieblingsthema angelangt. Er rutschte unternehmungslustig in seinem Sessel hin und her und begann zu rotieren.
»Nur weiter!« Ihm war nicht beizukommen.
»Ich hasse die ganze Psychologie«, schrie ich ihm ins Gesicht, und er grinste östlich, ein polierter Jade-Buddha.
»Nur weiter!«
Seine fette Überseele schwebte über allen Problemen, breitbeinig hockte er auf einem alles verstehenden Gipfel und mästete sich bei dem Anblick menschlicher Schwächen, Begierden, Leiden und Hoffnungen. Ihm war nichts fremd, mein Gott, wie eine Made kroch er in mein Inneres und vertilgte alles, was ich ihm hinwarf. Je dicker die Lügen waren, um so mehr schmatzte er und verdaute meine Bemerkungen zu goldenen Weisheiten. Er ließ sich nicht aus der Ruhe bringen. Er trug die Welt auf seinen schwammigen Schultern, jede Erschütterung glich er wieder mit seinen onkelhaften Patschhändchen aus. Unmöglich, sich ihm beim

Liebesakt vorzustellen. Er zitterte nur als Voyeur. Seine Begierde war die Begierde der anderen, die er auf einen kosmischen Nenner brachte. Mein Zornesausbruch kitzelte ihn, und er amüsierte sich königlich. Als er spürte, daß ich ihm mein Inneres verschloß, verbreitete er sich über die Probleme der Welt. Er war auf allen Gemeinplätzen zu Hause. Seine Lüsternheit des Beobachtens erstreckte sich auf alle Gebiete.
»Und warum rebelliert die Jugend heute?« Er machte eine vielversprechende Pause. »Sie möchte den Vateranspruch der Maschinen abbauen. Das Leben rebelliert gegen das System der Maschinen, deren Räderwerk jede Initiative zermalmt. Unsere Arbeit, lieber Freund«, er lächelte zuckersüß, »ist ein Versuch, ein lohnender Versuch, wie sich immer mehr herausstellt, dem Kind im Spiel das Gefühl der Freiheit zu bescheren, das es für sein späteres Leben so dringend braucht. Der wirkliche Fortschritt wird von uns vorbereitet.

HAPPY KIDS A BETTER WORLD

»Sie spielen doch auch gern?« Mit größter Spannung sah er auf meine Hände. Ich schenkte mir eine Antwort, wollte meine Geheimnisse für mich behalten. Noch nicht einmal durch Ausflüchte und Ausreden verraten, daß ich welche hatte. Er kratzte ein bißchen an meinem Schweigen herum, offensichtlich hatte er herausgefunden, daß ich etwas für mich behielt. Er wurde ganz geil vor Neugier und hüpfte auf seinem Hintern herum.
»Sie müssen sich doch Gedanken darüber gemacht haben, daß Sie gerade in einer Spielzeugwarenfabrik Ihr Amerika beginnen.«

»Der reine Zufall. Es war die einzige Möglichkeit für mich, hier Arbeit zu finden.«

»Eine sehr fesselnde Arbeit, wie Sie feststellen werden. Man bleibt jung dabei. Jedes Spiel wird mit der Absicht unternommen, Lust zu gewinnen, im Unterschied von der Arbeit also eine Tätigkeit, die um ihrer selbst willen, ohne einen außer ihr liegenden Zweck, ausgeübt wird. Wir können von den Kindern viel lernen.«

Ich hätte mich nicht gewundert, wenn er in eine Art Babysprache übergegangen wäre, so viel Enthusiasmus und Einsatz sprühte aus seinen Worten. Sein vor Rundungen strotzendes Baby-Gesicht steckte voller Listen, vor denen ich mich in acht nehmen mußte. Als er mich nach einem längeren Monolog über das Kindsein entließ, streckte er mir seine sanfte, runde Hand entgegen, die sich noch nicht einmal die Mühe machte, meine zu schütteln, und sagte, seine buschigen Augenbrauen hochziehend, »wir werden noch viele interessante Gespräche haben. In den nächsten Tagen müssen Sie einen Intelligenztest bei mir ablegen, nur eine Formsache. Auf das Herz kommt es schließlich an.«

Es schien ganz so, als hätte er mich in sein alloffenes Herz geschlossen. Die Zukunft sollte es zeigen.

Sehr viel Zeit bleibt mir nicht mehr, und ich weiß nicht, ob ich die Komödie meines Lebens in allen Szenen noch über die Bühne bringe. Schlimm genug, seine Vergangenheit zu wiederholen. Die Lächerlichkeiten geraten ins Monströse.

Bill erzählte mir stolz, daß ich Dr. Meadows sehr gefallen habe. Er wäre begeistert von mir. Das war sicherlich auch nur eine List, um mich ihm gewogen zu machen. In Amerika spuckt man gern positive Töne. Es schmeichelt, und man glaubt, der gemachteste Kerl der Welt zu sein, wenn man darauf hereinfällt. Ich begann, meine Lektion zu lernen und nannte meinerseits Dr. Meadows einen höchst interessanten Menschen.

Jack widmete mir den Rest des Tages. Er lief wie eine Spieluhr ab. Der rote Button, den er auf dem Revers seiner Jacke trug, sei eine Auszeichnung, verriet er mir stolz. Für besondere Verdienste um kindgemäßes Spielzeug habe ihm die Firma einen Cadillac geschenkt. Er wedelte nur so vor mir. Ich hatte den Verdacht, daß er mich anspornen wollte. Er genoß es richtig, Vorbild zu sein, und hatte seinen ganzen Sprachschatz danach ausgerichtet.

Ich war froh, als ich mit Bill nach Hause fahren konnte. Kaum hatte mich der Papagei erblickt, schmetterte er mir sein »Oh heaven! Oh heaven!« in die Ohren. Dabei flatterten seine Augenlider. Micky litt an Verstopfung. Ihm bekam die Schokolade nicht, mit der man ihn fütterte.

Betty ging mir aus dem Weg. Das übliche Süßholz wurde geraspelt. Bob beschwerte sich, daß ich ihm keinen Stein aus Europa mitgebracht hatte.

»Stan besitzt einen von der Akropolis.«

»Bei uns haben Hunde auf alle Steine gepißt.«

»Er hat ein böses Wort gesagt. Er hat ein böses Wort gesagt«, schrie Jane, und Betty warf mir mißbilligende Blicke zu. Der Papagei ergriff das Wort und bereinigte mit seinen frommen Sprüchen wieder die Atmosphäre. Es war höchste Zeit, daß ich meiner Wirtin einen Brief schrieb. Ich kratzte ziemlich lang daran herum und ließ nicht unerwähnt, daß ihre Tochter Betty ihr sehr ähnlich sähe. In der Erinnerung nahm alles eine sanftere Färbung an, und die Peinlichkeiten wichen einem angeschimmelten Idyll. Ich konnte mir nicht verkneifen zu erwähnen, daß rein gastronomisch gesehen Amerika bis jetzt eine Pleite wäre. Man wirft Häppchen in siedendes Fett, läßt sie braun werden, klatscht Ketchup darüber und wartet auf die ersten Anzeichen eines Magengeschwürs. Alles geht auf die schnelle Tour wie bei den Vögeln. Der Geschmackssinn kann sich bei dem hastigen Vertilgen gar nicht entfalten.

Sehr viel mehr als über das Essen und dessen Folgen brachte ich nicht zu Papier. Das konnte meiner Wirtin nur recht sein. Das war die Sprache, die sie sprach. Ihre Suppen und Saucen hatten stets voll geheimnisvoller Anspielungen gesteckt.

Die Zeit fraß ein großes Loch zwischen Europa und mir. Ich hatte plötzlich Schwierigkeiten, mich deutsch auszudrücken. Selbst in meinen Träumen quatschte ich schon munter englisch drauf los. Es war nicht gerade ein listiger Wortschatz, gerade gut genug, um mich anzupassen.

Sage einer nichts gegen die Papageien.

Den Intelligenztest am nächsten Tag eröffnete Dr. Meadows mit einer salbungsvollen Ansprache. Ein niedriger IQ sollte keine Minderwertigkeitskomplexe in mir hervorrufen. Intelligenz allein macht den Menschen nicht glücklich. Eher sei das Gegenteil der Fall, denn je mehr man verstünde, um so verzweifelter müßte man werden. Übrigens würde er mir nur bei gutem Abschneiden meinen Intelligenz-Quotienten

verraten. Sein Gesicht wackelte vor Verständnis, als er mir die Fragebogen vorlegte und erklärte.
»Entspannen Sie sich, ehe Sie loslegen!«
Gut, ich entspannte mich und begann das Hirnspiel, während Dr. Meadows seine Augen zum Fenster lenkte. Nur das Summen der Neonlampen war zu hören. Es ging im buchstäblichen Sinne um meinen Kopf, und Delinquentengefühle quälten mich. Mein Vater hatte mir immer wieder erklärt: »Nicht das Gehirnschmalz, sondern die Interessen sind ausschlaggebend.« Meine Interessen waren stets etwas chaotisch, sie kamen und gingen wie das Wetter. Ich vermochte den Text nicht ernst zu nehmen, aber aus Furcht, eventuelle Chancen durch eine übermütige Laune zu zerstören, tat ich mein Bestes. Der Sekundenzeiger der Uhr trieb mich an. Ich pfiff vor mich hin, und Dr. Meadows beugte sich etwas vor, um mir zuschauen zu können. Sein Gesicht verriet nichts, es war eine perfekte Null. Mit überraschender Grazie bohrte er sich geistesabwesend in der Nase.
Einundeinehalbe Stunde tummelte ich mich durch die Fragen und wählte zwischen Alternativen. Ich entschied mich fast automatisch: so und nicht anders kann es sein. Ich kokettiere mit Sicherheiten und als ich das letzte Problem gelöst hatte – Dr. Meadows schien eingeschlafen zu sein – klatschte ich in die Hände und zitterte in Erwartung meiner möglichen Entlarvung, die mir Dr. Meadows, der plötzlich hellwach war, für den nächsten Tag ankündigte.
Den Rest des Tages verbrachte ich in der Gesellschaft von Jack, der sich alle Mühe gab, mich mit den Vorgängen der Fabrik vertraut zu machen. Allmählich bekam ich eine Vorstellung von dem Unternehmen,

das sich so ganz dem Kinde widmete. Auf Schritt und Tritt sprang einem die Absicht in die Augen, die Welt in einen einzigen Kinderspielplatz zu verwandeln. Selbst die Arbeiter, die in dem Betrieb ihren Lebensunterhalt verdienten, waren schon ein Opfer dieser Absicht geworden. Sie liefen in lächerlich bunten Uniformen herum, trugen Buttons mit Micky Mouse und Donald Duck und waren, angefeuert durch die leicht dahinrieselnde Musik, die aus Lautsprechern ertönte, stets zu Späßen aufgelegt. Es herrschte eine geradezu ausgelassene Stimmung, die ansteckend wirkte. Ich hatte einmal gelesen, daß Kühe, denen man eine heitere Musik vorspielte, besonders viel Milch geben. Offenbar klappte dieses Prinzip hier ausgezeichnet. Man arbeitete mit einem verklärten Lächeln.

HAPPY KIDS A BETTER WORLD

Ich las diesen Slogan immer wieder. Selbst in der Toilette entdeckte ich ihn. Einer hatte die gespreizten Beine einer Frau darunter gemalt. Das Glück hat eben seine Symbole. Als um fünf Uhr die Werksirenen ertönten, war ich ganz durchgedreht. Am liebsten hätte ich mich in die Arme der Puppe gestürzt, die mir Jack stolz vorgeführt hatte. Sie säuselte nämlich, wenn man ihr auf die Brust drückte: »It's allright, it's allright, it's allright!«
Ich hatte genügend Lärm und Chemikaliengeruch für die ganze Nacht im Kopf, als hätte man mir für alle Ewigkeit ein anderes Gehirn und eine andere Nase verpaßt. Ich verließ den Betrieb, bewegt von gemischten, aber nicht eingeschüchterten Gefühlen und hatte die Gewißheit, sehr vieles lernen zu können.

Bill saß sehr mißmutig am Steuer. Nur wenn er mit mir sprach, zeigte er lächelnd seine Zähne. Es war ein ziemlicher Kontrast. Betty meinte, als wir das Haus betraten, ich würde sehr blaß aussehen. Kein Wunder, die Puppen färbten auf mich ab.
Ich litt darunter, daß ich noch keinen Cent besaß und so nichts anderes unternehmen konnte, als die Abende vor dem Fernsehapparat zu verdösen. Ich wurde wider Willen zu einer Art Stammgast in dem Liebesnest, ließ mich vegetarisch verwöhnen und war drauf und dran, vor lauter Gesundheit, Optimismus und lieben Redensarten mich tödlich zu langweilen. Um einfach weiter existieren zu können, mußte ich etwas unternehmen, aber dazu gehörte Geld. Diese Lektion hatte ich nur zu gut gelernt. Ohne Spielzeug wissen die Kinder nichts anzufangen. Meine Träume entsprachen meiner Stimmung. Sie quollen nur so aus mir hervor wie Blasen aus dem Mund eines muskelschwangeren Comic-Helden. Ich träumte vor lauter verzweifelter Hoffnung bunt. Alles in Fleischfarben.

Dr. Meadows geriet ziemlich aus dem Häuschen, als er mir am nächsten Tag im Kinderzoo von Bill das Ergebnis des Intelligenz-Testes verkündete. Er legte mir seine weiche Hand auf die Schulter, suchte meine Augen. Seine Täßchen-Ohren glühten.
»Wissen Sie eigentlich, daß Sie ein Genie sein müssen?« Er kräuselte seine Lippen. »Hundertfünfundfünfzig nach dem Catellindex, Junge. Das habe ich selten gesehen. Ich gratuliere.«
Das Seltsamste an der ganzen Geschichte war, daß mich diese Eröffnung völlig kalt ließ. Was hatte mir mein Grips schon eingebracht? Mein Gott, wenn ich an

die lächerlichen Anstrengungen denke, mit denen ich den Weg des geringsten Widerstandes eingeschlagen hatte. An die schriftstellerischen Versuche meines Unbehagens, an die Tricks, mich aus allem rauszuhalten. Die Welt auf Distanz, soweit sie einem nicht paßte, die wollenen Unterhemden, die unkomplizierten Frauen, die Koketterie mit der Freiheitsstatue, die in tausend Ausflüchte sich verzettelnde Hoffnung, die Drückebergereien.

Dr. Meadows schien darauf zu warten, daß ich ihm vor Glück um den Hals fallen würde. Er gebrauchte verschwommene, gesuchte und sichtlich unbestimmte Wendungen, in der Absicht, einen glänzenden Begriff von seinem Geist zu geben. Ich enttäuschte ihn.

Mit diesem Test war jedoch keineswegs die Testqual zu Ende. Bis man meine Interessen, meine Persönlichkeit und meine Einstellung zum Leben mit ausgetüftelten Fragebogen und klinischen Gesprächen herausgefunden hatte, vergingen noch zwei schöne Vormittage. Ein ganzes Psychologen-Team nahm sich meiner an, ließ mich Männchen malen und Kleckse raten. Auf den sprachlichen Teil verzichteten sie, weil ich im Englischen noch nicht richtig heimisch war. Die Prozedur verlief todernst, man gestattete mir keine Späße. Es war die reinste geistige Sauna, aus der ich, zu zweckmäßiger Dürre getrimmt, hervorging. Zuguterletzt stand fest – wissenschaftlich und unwiderruflich –, daß ich ein Genie ohne Interessen sei, nur dem Augenblick verpflichtet, stark libidinös und phantasiebegabt, mit einem Hang zur Melancholie und stimmungsabhängigem Reaktionsvermögen. Sie sagten mir natürlich nicht alles. Es konnte mir nur recht sein. Es ist nicht gut, wenn man über sich allzu gut Bescheid weiß. Man muß sich etwas vormachen können. Das Erfreulichste an der ganzen Sache war, daß mir Bill einen Vorschuß gab, der mein Selbstgefühl aufmöbelte. Jetzt konnte ich wenigstens etwas von dem Staub aufwirbeln, der sich auf die Dinge meiner Vorlieben gelegt hatte.

4. Runde

Verliere fast die Hose. Versuche die Taktik zu ändern. Ahme den Gegner nach. Riskiere einen Blick ins Publikum.

Es ergeben sich folgende drei an jedem »Lern«vorgang feststellbare Merkmale:
1. ein Etwas, welches lernt;
2. dies Etwas ist unterschieden von anderem, das es auch gibt; es steht zu solchem anderen in zeitlich sich ändernder Beziehung, in »Wechselwirkung«: sowohl besteht eine Einwirkung von ihm auf anderes, wie von anderem auf es;
3. etwas, das erlernt wird: Es gibt einen ausgezeichneten Typ der vom Lernenden ausgehenden Wirkungen, so daß Lernen gerade darin besteht, allmählich Wirkungen dieses Typs anzunehmen und beizubehalten.

Wolfram Menzel

In der Exportabteilung erntete ich meine ersten Lorbeeren. Ich versuchte, den deutschen Markt für Bills Spielzeuge zu interessieren, und verschickte knallbunte Kataloge mit Erklärungen, die vor psychologischem Optimismus troffen.
HAPPY KIDS A BETTER WORLD
Aus diesem Slogan konnte man die schönsten Werbelocken drehen.

Bill gab zur Feier meiner endgültigen Einstellung eine Party bei sich zu Hause. Ich erschien in meinem besten deutschen Anzug und schwitzte erbärmlich. Betty hatte mir eine Nelke ins Knopfloch gesteckt und darauf bestanden, daß ich mich in der Nähe der Haustür präsentierte. Da stand ich nun, schüttelte fremde Hände, leierte brav mein Sprüchlein herunter und lächelte mir einen ausgewachsenen Muskelkater an. Es wurde der übliche Käse verzapft, der solche Gelegenheiten am besten garniert. Man sprach über Geld, Politik, Reisen, und wieder über das Geld. Molly, die schwarze Hausperle, trug eine weiße Schürze und ein weißes Häubchen und balancierte ein Tablett mit Fruchtsäften und Crackers durch das Gewühl der Gäste. Betrinke sich einmal einer mit Fruchtsäftchen. Mir wäre es aus Verzweiflung beinahe gelungen. Die Begeisterung riß mich fast aus meinem Anzug. Immer neue Gäste stürmten herein. Bei manchen hatte ich den Verdacht, daß sie schon ein bißchen getankt hatten. Sie schienen ihren Gastgeber zu kennen und dachten nicht daran, sich der nüchternen Diktatur der Ge-

sundheit zu beugen. Ihr Atem beflügelte mich, und mein Neid kannte keine Grenzen. Dr. Meadows wirbelte durch die Tür: schwarze Samtjacke, weißer Schal, die Haare olympisch zerwühlt, die Augenbrauen triumphierend gehißt, der Hecht im Karpfenteich. »Unser Genie«, donnerte er und nahm meine beiden Hände. »Weiß nicht, was alles in ihm steckt. Holy Mackerel!« Ich verdrückte mich und geriet an eine mollige Dame, die mir unbedingt das Lied der Loreley vorsingen wollte. Ihre Brüste bildeten eine Art Hängebrücke zwischen uns. Es machte ihr nicht das Geringste aus, daß ich sie an die Wand preßte. Sie redete und redete. Ehe ich selber zu Wort kommen konnte, tauchte eine silberhaarige Dame neben mir auf und fragte, ob man Rudolf G. Binding noch in Deutschland lese. Für ihn habe sie als junges Mädchen geschwärmt. Thomas Mann sei ihr zu zynisch. Sie stammte aus Stuttgart und schwäbelte aus Heimweh.
»Man muß das Schöne in der Welt lieben.«
Die Loreley glaubte allen Ernstes, wir sprächen griechisch. »Letztes Jahr waren wir in Delphi, mein Mann hatte furchtbaren Durchfall.« Die meisten der Gäste waren Geschäftsfreunde Bills, Nachbarn und die üblichen Alleinunterhalter, die den Erfolg einer Party garantieren. Dr. Meadows war ein solches Talent. Er agierte im Mittelpunkt, charmant, laut und zweideutig, daß die Frauen was zu kichern hatten und die Männer auf ihr Weltverständnis stolz sein konnten. Er war eine Art Hausorgel mit allerlei Registern, dessen kräftigstes die Kunst war.
»Sie müssen sich den Andy-Warhol-Film ansehen. Bei ihm ist alles so natürlich und selbstverständlich.«
»Ich möchte nicht, daß mir jemand dabei zuschaut«,

schrie eine Frau. Dr. Meadows äugte nach der Zwischenruferin und resümierte: »Die Kunst kennt keine Tabus.«
»Als ob das Leben eine Kunst wäre, eine miese Imitation von Statuszirkus ist es.« Ein junger Mann, den ich im benachbarten Garten schon bei Yoga-Übungen gesehen hatte, die schwarzen Haare schulterlang und eine dicke silberne Kette um den Hals, drängte sich vor und hob beschwörend seine Hände. »Wißt ihr eigentlich, daß in diesem Augenblick unschuldige Menschen sterben müssen und zwar nur deswegen, damit wir hier unbehelligt über Kunst und das sogenannte Leben quatschen können.«
»Recht hat er!« Dr. Meadows senkte gedankenvoll seine Stimme, nestelte den Schal von seinem Hals, breitete ihn auf dem Boden aus und sagte doch tatsächlich: »Tun wir etwas für den Frieden!« Er legte ostentativ einen Fünf-Dollar-Schein auf den Schal und trat, seines guten Beispiels gewiß, einen Schritt zurück. Es war plötzlich still wie in einer Kirche. Geld raschelte, Mitleidsseufzer. Das Schuldgefühl wegwischen, indem man die Lippen aufeinanderpreßt.
»Eine prachtvolle Idee!« flüsterte meine Loreley. Der junge Mann, der die spontane Hilfsaktion provoziert hatte, sah aus, als wolle er Dr. Meadows niederschlagen. Er ballte seine Fäuste, ließ aber, als er das Spendenzeremoniell der Gäste sah, die Schultern sinken und trat ab. Die Party flackerte nur noch schwächlich. Die ersten gingen, und Molly sammelte die Gläser ein.
»Ein wundervoller Abend!« flötete die Loreley, stieß mir die Fingerspitzen gegen die Brust. Sie war nicht die einzige, die das sagte. Bill und Betty standen Arm

in Arm, ein Bild ehelichen Glücks, an der Haustür und verabschiedeten die Gäste. Molly schleppte die Mäntel herbei.
Dr. Meadows bewies noch einiges Sitzfleisch. Er räkelte sich auf dem Ledersofa und betätschelte den Rüssel des ausgestopften Elefanten.
»In meiner Jugend hatte man nur Sport und eine schnelle Karriere im Kopf. Ich spielte Football in einer College-Mannschaft. Ein typisch amerikanischer Sport. Man ist ganz Büffel und rammt den Gegner in Grund und Boden. Phallische Aggression, die jeden Widerstand brechen will. Sie sollten sich das einmal mit mir ansehen. So lernen Sie Amerika am besten kennen. Wie ist es am Wochenende?«
Bill warf mir einen ermunternden Blick zu und ich nickte mit dem Kopf. Ich saß nur da und trocknete. Die Party war wie eine Dampfwalze über mich hinweggerollt. Gesprächsfetzen hingen noch an mir. Betty wirkte in ihrem dunkelroten Hausanzug sehr kühl und damenhaft.
»Haben Sie nicht gesehen, wie Ihnen die Frauen zu Füßen lagen?« Groll belastete ihre Stimme.
»Unser Genie beginnt sich in Amerika wohlzufühlen. Der Hahn im Korb.« Dr. Meadows stimmte ein gluckendes Gelächter an. Bill gähnte hinter vorgehaltener Hand. Er hatte prachtvolle Zähne. Man schwelgte noch eine Weile im Tratsch über die Finanzen und Ehen der Gäste. Ein Ehepaar aus der Nachbarschaft, das wohl nur deswegen dageblieben war, um die Abwesenden gebührend durchzuhecheln, zeigte eine bemerkenswerte Kennerschaft der Verhältnisse. Michel Ferràs, ein Franzose, der als junger Mann in die Vereinigten Staaten gekommen war und sich durch Suppen-

konserven ein Vermögen erworben hatte, brillierte in Bosheiten. Seine Frau, Laura, ein juwelenbehängtes Bügelbrett mit angelsächsischen Allüren, pflichtete ihm mit einem »So ist es« bei. Die beiden ergänzten sich vorzüglich. Ich hatte den Eindruck, als wollten sie mich verheiraten, denn Michel schwärmte von den reizvollen, zugänglichen Mädchen in der Nachbarschaft, diesen heiratsfähigen Wundern, scharf, aufgeputzt, lackiert, frisiert, poliert und reich.
»Der Weg der Karriere«, formulierte er eifrig, »geht durch die Betten der Reichen.«
»So ist es!« Bill hatte für Frivolitäten wenig Sinn. Er begann auffälliger zu gähnen. Ich spielte ein bißchen Julien Sorel und fußelte mit Betty. Dr. Meadows bedauerte, daß er nicht mehr jung war. Schließlich ging man. Michel schüttelte mir kräftig die Hand.
»Sie müssen uns unbedingt besuchen.«
»So ist es« echote Laura.
Abnehmender Mond beschien die Stätten der Wohlhabenheit. Eine Seite aus einem protzigen Bilderbuch. Reichtum verlangt prächtige Fassaden, mag man auch noch so puritanisch dahinter leben, an Fruchtsäftchen nippen und das gute Fleisch verschmähen. Man zeigt, daß man etwas hat; es ist im Grunde nichts anderes als eine Art Schwanzmessen.
Ich war vor unerfüllter Liebe ganz krank und hing meine Sehnsucht an den Mond. Als Kind war ich erfolgreicher Schlafwandler gewesen.
Kaum waren die letzten Gäste gegangen, begann Bill, das Geld für den Frieden zu zählen. Er hatte vor, es den Boy Scouts zu geben. Er selbst war ein hohes Tier bei ihnen und marschierte jeden Frühling mit Kompaß und Dolch an der Spitze einiger unternehmungslu-

stiger Kerlchen durch die Wälder von Michigan. Man lebte spartanisch am Busen der Natur.

HAPPY KIDS A BETTER WORLD.

Ich lernte allmählich diesen Refrain, der sich allen Ereignissen aufprägte, bedankte mich für die Party und ging auf mein Zimmer. Ich kehrte wieder ganz in mich selbst zurück und war fast glücklich, mit mir allein zu sein und meinem Gesicht keinen Zwang mehr auferlegen zu müssen. Ich lachte nicht mehr. Ich grinste.

In meinem Büro am nächsten Tag war es kalt. Ich teilte es mit Duke Kennel, einem jungen Mann mit Universitätsgrad, der seinen Unternehmungsgeist kaum zügeln konnte. Er telefonierte leidenschaftlich gern und gab seiner Stimme einen verführerischen Klang, wenn er mit Frauen sprach. Er war permanent verliebt und analysierte peinlich genau die Vorzüge seiner Freundinnen, die seinen Erzählungen nach alle blond waren und einen dicken Busen hatten. Auf seine Tricks bildete er sich was weiß ich ein. Was ihm als Glück und als Erfolg jedoch letztlich vorschwebte, war das übliche Statusmärchen, ein mit viel Geld gepolstertes Familienleben, Kinder und ein Haus, Rotarierwürden und vielleicht eine gelegentliche Geliebte, die ihn über die Routine eines überbeschäftigten Familienvaters hinwegtrösten würde.

Er holte einen rosa Briefumschlag aus seiner Jackentasche und warf ihn mir auf den Tisch.

»Von einer Verehrerin.«

Er zwinkerte mir zu, wobei er ein Lid langsam und genießerisch über sein Auge herunterzog. Amerikaner

sind sehr offenherzig in Liebes- und Leibesdingen. Sie öffnen ihr Herz wie eine Schleuse, und man ertrinkt fast in ihren Bekenntnissen. Ich war über Dukes Leben so gut im Bilde, daß ich seine intimen Memoiren hätte schreiben können. Ich überflog die Liebesergüsse und gab meinen Senf dazu, den er sich geschmeichelt anhörte. Gegen die schwarze Platte meines Schreibtisches wirkte das Briefpapier gewissermaßen fleischfarben. Ich versuchte, mir die Schreiberin vorzustellen: blond, vollbusig, langbeinig. Ich teilte den Liebeshunger Dukes, hütete mich jedoch, es einzugestehen.
In den Büros herrschte ein sehr lockerer Ton, man gab sich gegenseitig die Namen von Comic-Helden und handelte danach. Mir fiel die Rolle von Donald Duck zu, und ich quakte so gut ich konnte. Duke spielte Superman mit der ›Crime doesn't pay-Tour‹.
»Donald Duck ruft Superman .. Unsere deutsche Zentrale fordert zweitausend Mondraketen zum Selbstbasteln an ...«
»Superman ruft Donald Duck ... Der Mond ist zum Naturschutzgebiet erklärt worden ...«
»Donald Duck ruft Superman ... Unsere deutsche Zentrale reklamiert zehntausend abwaschbare Puppen.«
»Superman ruft Donald Duck ... Die amerikanischen Frauenvereine protestieren gegen den Export von unschuldigen Puppen.«
Mit solchen Späßchen würzten wir unsere Arbeit. Anfangs fiel es mir nicht leicht, Donald Duck bis in die letzte Vollendung darzustellen, aber mit der Zeit hatte ich den Bogen so gut raus, daß es mir schwer fiel, nicht Donald Duck zu spielen. Ich erhielt meinen ersten Paycheck.

Dr. Meadows machte seine Versprechung wahr und schleppte mich an einem kalten, klaren Herbsttag in das Football-Stadion der Northwestern University. Ein scharfer Wind rötete Nasen und Ohren der Zuschauer, die in Decken eingewickelt, mit den Füßen auf dem Boden stampften. Ihr Atem hing in Schleierfähnchen vor ihrem Mund. Eine Kapelle schmetterte die Nationalhymne und alle standen auf. Die Männer nahmen den Hut ab, manche legten die Hand an die Brust, und der Wind zerriß ihren Gesang in Fetzen.
Nach der patriotischen Feierlichkeit, die das Publikum mit Beerdigungsblicken durchstand, brüllte man den Spielern Ermunterung zu. Mädchen in kurzen Röcken und roten Pullovern hopsten zum Wohl ihrer Mannschaft vor uns herum und schwangen die Beine. Auf der Gegengerade trugen sie blaue Pullover und weiße Mützen. Die Spieler machten Lockerungsläufe, demonstrierten Kraft und Saft, gingen auf ihren Platz und warteten auf den Pfiff des Schiedsrichters.
Dr. Meadows fütterte meine Neugier mit hastigen Erklärungen. Als endlich das Spiel begann und das lederne Ei von einem Fuß in den Wind gekickt wurde, vergaß Dr. Meadows meine Gegenwart und beugte sich vor. Der Ball senkte sich in die muskelbepackten Arme eines blauen Spielers, der sich kurz umschaute, um dann davon zu stürmen, mitten hinein in einen roten Spieler. Sie gingen beide zu Boden, und von allen Seiten stampften die anderen heran und warfen sich übereinander, blau über rot und rot über blau, bis der Schiedsrichter der menschliche Turm hoch genug schien und er abpfiff. Das Lederei blieb unversehrt – und wurde auf dieselbe Stelle placiert, wo man es vorher mit aller Gewalt in den Boden zu pflanzen

versucht hatte. Die blauen Spieler bildeten einen Kreis und berieten, was sie diesmal mit dem Ei alles anfangen könnten. Mit einem Schrei stoben sie auseinander, duckten sich nieder, den behelmten Kopf vorgeschoben, die gepolsterten Schultern und die geschwellte Brust in Vorwärtshaltung, »phallisch«, wie Dr. Meadows sagen würde. Wieder rasten sie los und bauten einen Turm, der noch höher wurde als der erste. Es dröhnte, als die Leiber gegeneinanderprallten. »Sie bringen sich ja um!« Ich beugte mich vor. »Eine hervorragende Verteidigung«, beruhigte mich Dr. Meadows, der so gut er konnte, das Spielgeschehen nachzuahmen versuchte. Er stieß mir den Ellenbogen in die Lebergegend, daß ich zu Boden ging und nach Atem rang, und das große Ereignis versäumte, das die Zuschauer völlig aus dem Häuschen brachte. Dr. Meadows sprang hoch, ich nahm an aus Freude, und landete auf meinem Bauch, was mir für einige Zeit den Rest gab.
Sollen sie doch ihr Lederei zerbeißen und zerfetzen, dachte ich und sammelte meine Kräfte, um wieder auf die Beine zu kommen. Hinter mir kreischte ein etwas dickliches Mädchen und stemmte mir ihre Fäuste in den Rücken. Diesmal blieb ich oben und starrte mit glasigen Augen auf das Spielfeld, wo ein roter Spieler, den Ball an die Brust gepreßt, den anderen davonlief, während die Zuschauer um mich herum ihre Lungen aushauchten. Dr. Meadows verlor seine psychologische Würde vollends, drosch mir die Hand auf die Schulter und erklärte atemlos, die Platzmannschaft habe die ersten Punkte geschafft. Die Mädchen in den roten Pullovern sprangen derart in die Höhe, daß ich fürchtete, sie könnten nicht mehr herunterkommen.

Ich wollte Dr. Meadows nicht kränken und schrie mit ihm um die Wette, und legte meine ganze Begeisterung in die Schläge, die ich ringsum austeilte. Nur so konnte ich bestehen. Das Mädchen hinter mir wurde der Erregung, die ihm die Kehle zuschnürte, nicht mehr Herr und zerfloß in Tränen. Auch die Jungens auf dem Spielfeld gaben ihr Bestes. Ihr Kopf unter dem Helm verkümmerte zum Prellbock. Es krachte, als die Leiber gegeneinander prallten.

SPLASH, NNNK, WUMP, ONK, POW.

Aus den gebrochenen Knochen hätte man zweifellos einen tüchtigen Homunculus zusammenbasteln können: kleiner Kopf, ausladende Schultern, schmale Hüften und schlanke Beine. Superman, der Sieger aus Reklamezwecken, das Idol der Frauen, der Stier.
Am Ende des Spiels war ich ziemlich fertig. Ich hatte die Regeln leidlich begriffen. Nur eines blieb mir noch verborgen, warum in aller Welt hatte der Ball die Form eines Eis. Sollte das auch symbolisch sein?
Ich wagte nicht, Dr. Meadows danach zu fragen, weil ich nur zu gut wußte, mit welcher Ausführlichkeit er solchen Problemen auf den Grund ging.
»Wie hat Ihnen das Spiel gefallen? Ich bin im Eifer des Gefechts gar nicht dazu gekommen, es Ihnen genau zu erklären. Es ist im Grunde sehr einfach. Kraft und Strategie. Wissen Sie, ich liebe die Demonstration überlegener Körper. Wie nennt sie Ihr Philosoph noch? Blonde Bestien. Sie müssen ja nicht unbedingt blond sein. Ich denke vielmehr an den Triumph der Jugend gemeinhin.«
Wir kehrten auf dem Heimweg noch in eine Bar ein, wo Dr. Meadows seine ganze Redseligkeit entfaltete.

»In Amerika ist die Jugend die große Attraktion. Jeder möchte sie besitzen, sie ausstrahlen, in ihr aufgehen. Die Bewahrung der Jugend ist unsere neue Religion. In ihrem Dienst steht die gesamte Industrie. Sie macht selbst die alten Leute wieder jung. Neulich hatten in Evanston ein paar alte Witwen, die genügend Geld von ihren Männern besaßen, um sich alles leisten zu können, ein farbiges Paar engagiert, das für sie den Akt der Liebe auf einer ganz in rosa gehaltenen Bühne zelebrierte. Beim Orgasmus klatschten sie und bestanden auf einem Dacapo.«
»Das ist ja scheußlich!«
»Sie urteilen zu hart, mein Freund. Ich sehe das anders. Die Jugend des Alters ist die Erinnerung. Sie müssen die alten Damen einmal näher ansehen: rote Wangen, silbergetöntes Haar unter Blumenhüten, bunte Kleider. Die Verjüngungs-Chirurgie holt sie zurück ins Jungmädchenalter. Selbst bei den Toten sieht man darauf, daß sie mit einem jugendlichen Ausdruck ins Grab kommen.«
»Das ist doch alles nur eine Sache des Geldes«, warf ich ein.
»Selbstverständlich«, triumphierte Dr. Meadows, »die Jugend ist letztlich der einzige Grund, weswegen wir hinter dem Geld herlaufen. Es schmiert die Ritzen zu, durch die uns der Tod angrinst.«
»Sind Sie reich?«
»Ich halte mich jung.«
Es hätte mich interessiert zu erfahren, ob Dr. Meadows das glaubte, was er sagte. Wahrscheinlich machte er nur Konversation, aber mitunter ist das Geschwätz die bitterste Wahrheit. Er gab sich jovial und bestellte Whisky.

»Scotch Whisky, bitte. Ich liebe den europäischen Geschmack. Wissen Sie, ich fliege alle drei Jahre einmal nach Europa. Vive la différence.«
Dr. Meadows funkelte und fackelte, und ich hatte den Eindruck, als wäre er nicht nur aus psychologischen Gründen an mir interessiert. Einmal ergriff er gar meine Hand und beschwor mich, meine Talente nicht verrosten zu lassen.
»Sie haben das Leben noch vor sich. Ich werde Sie Mrs. Perlman vorstellen. Sie unterstützt Begabungen. Sie wird nur so auf Sie fliegen.«
Dr. Meadows gefiel sich in der Rolle des Weihnachtsmanns. Er bestellte so viel Whisky, daß ich seinen Worten immer gefügiger wurde.

Mein Atem roch nicht gerade nach Rosenwasser, als ich ins Liebesnest zurückkehrte. Bill schnupperte, sagte aber nichts. Von der Unterhaltung mit Dr. Meadows erwähnte ich vorsichtshalber kein Wort. Betty schmollte. Ihre leise und belegte Stimme ließ erkennen, daß sie nach Tröstungen hungerte. Sie wurde ihrer Mutter immer ähnlicher. In der Nacht kam sie auf mein Zimmer. Sie machte keinen Hehl daraus, was sie von mir erwartete. Aus reiner Bequemlichkeit erfüllte ich ihre Wünsche, es waren ja auch meine Wünsche. Hopp hopp. Ich bildete mir furchtbar viel auf meinen Zynismus ein.
Die Abteilung, in der ich arbeitete, wurde von Mr. Layman geleitet, einem Deutschen, der einmal Lehmann geheißen hatte und so amerikanisch geworden war, daß er als Normalverbraucher im Werbefernsehen hätte auftreten können. In einer schwachen Stunde erzählte er mir seine Geschichte. Er stammte aus Hei-

delberg, hatte ein bißchen studiert und war als Austauschstudent nach Amerika gekommen, wo er prompt einer Amerikanerin ein Kind machte. Er heiratete und begann seine Metamorphose. Wie ich ihn einschätzte, hatte er alles vorausgeplant. Von seinem Philosophiestudium hatte er einige wehleidige Allerweltssprüche gerettet, mit denen er uns zur Arbeit antrieb. Er war ein bitterböser Terminfuchser, der seine Arbeit in CHILDREN'S PARADISE zu einer Art Lebenswerk hochstilisierte. Über seinem Schreibtisch hing eine graphische Darstellung der Umsatzsteigerung. Eine rote Kurve, die in die Höhe zuckte. Er berauschte sich daran, arbeitete wie im Fieber und nahm Pillen, um seine Konzentrationsfähigkeit zu steigern. Deutsch sprach er nur noch mit einem gräßlichen amerikanischen Akzent. Er war eine Parodie auf das, was ich werden wollte. Mit einem Wort, wir kamen nicht sehr gut miteinander aus. Er hatte eine Schwäche, seine Hypochondrie. Sagte man ihm, er würde schlecht aussehen, rannte er sofort zum Arzt. Er ernährte sich hauptsächlich von Medikamenten. Selbst für das Gelingen des Eheglücks schluckte er etwas. Sein Sohn sang im Kirchenchor.

Duke hielt mich auf dem laufenden. Auf seine unbekümmerte Art kam er mit jedem gut aus und machte sich durch kleine Hilfeleistungen unentbehrlich.

Er war aus echt amerikanischem Holz geschnitzt: hochgewachsen, breitschultrig, sportlich und immer in guter Laune. An seine unermüdliche Lebensfreude mußte ich mich erst gewöhnen. Er war gleichsam immer unter Dampf.

Mr. Layman sah in mir einen Rivalen. Hinter meinem Rücken stänkerte er gegen mich, wann er nur konnte;

mir gegenüber jedoch war er die Liebenswürdigkeit selbst, soweit ihm das seine Hypochondrie erlaubte. Ich muß gestehen, ich war nicht unvorbereitet, als er zu Bill lief und mich anschwärzte. Er fand, daß ich meine Arbeit nicht ernst genug nähme. Eine häßliche Geschichte. Mit dem Instinkt des Pedanten hatte Mr. Layman herausgefunden, daß ich in meiner Arbeit nicht aufging, sondern sie lediglich als Übergangsstadium betrachtete, sozusagen als Schwarte vor dem Speck. Ich stellte ihn zur Rede, aber er versicherte mir wortreich, er habe nicht das geringste gegen mich. Der alte Heuchler. Er war ganz einfach eifersüchtig und fürchtete, ich könnte ihn von seinem gutdotierten Pöstchen verdrängen.

HAPPY KIDS A BETTER WORLD

Mr. Layman war nicht glücklich. Er litt an den deutschen Tugenden wie Pflichtgefühl und Arbeitseifer. Sehr viel mehr wußte er nicht mit sich selbst anzufangen.
Bill versetzte mich um des lieben Friedens willen in die statistische Abteilung. Es tat mir leid, Dukes Gesellschaft aufgeben zu müssen. Er hatte mich mit seinen Beichten stets gut unterhalten.

Zum Abschied lud er mich zu einem Bummel durch die Well-Street ein, einer zum Ringelpietz ausstaffierten Straße des alten Chicago. Sie verläuft genau von Süden nach Norden und überbrückt den Chicagoriver. Der indianische Name CHICAGO bedeutet ›wilde Zwiebel‹. Man kann sich keine bessere Bezeichnung für die aus allen Schalen berstende Stadt vorstellen.

Duke hatte ein vielversprechendes Doubledate arrangiert. Wir fuhren in seinem alten Plymouth nach Evanston, einer kleinen versponnenen Universitätsstadt im Norden Chicagos und parkten vor einem riesigen Studentinnenwohnheim. Duke ließ mich im Wagen sitzen, und kehrte nach einer guten halben Stunde mit zwei Mädchen zurück, die sich sehr ähnlich sahen: blond, langbeinig, vollbusig und so weiter. Er machte uns bekannt. Sie hießen Rhonda und Debbie. Rhonda studierte französische Literatur und roch nach Veilchen: Debbie, ein wenig kleiner und pummeliger, übte sich im Gesang. Sie kroch zu mir auf den Rücksitz und erzählte mir sofort, daß Mozart ihr geistiger Flirt sei. Duke klemmte sich hinter das Steuer. Auf der Fahrt beschnupperten wir uns gegenseitig und gestanden uns, was wir vom Leben hielten. Ich gab mich geheimnisvoll. Debbie wollte unbedingt wissen, wie oft ich den Don Giovanni gesehen hätte. Ganz zufällig fanden sich unsere Hände.
»Ich spiele Blockflöte. Pansmusik. Mir liefen alle Mädchen nach.«
»Ist das wirklich wahr«?
»Debbie, wenn ich etwas sage, ist es immer die Wahrheit.«
»Lügst du gern?«
»Nur, wenn es dir gefällt.«
Die vermaledeite Wollust. Meine Eingeweide kitzelten. Der alte Adam rührte sich.
Wir parkten in einer Seitenstraße der Well-Street und stürzten uns in den Trubel. Duke protzte mit einigen französischen Brocken. Er war einmal in Paris gewesen und hatte bei einer französischen Nutte die Un-

schuld verloren. Ich kannte die Geschichte bis ins letzte Detail.
Über die Trottoirs wälzte sich der Strom der Nachtbummler, geschminkt von den Lichtern der Bierkneipen, Bars und Jazzlokale, den Antiquitäten- und Kuriositätenläden, den Restaurants und Boutiquen. Es gab für jeden etwas. Amulette, Schmuck aus Elefantenhaar, Tigerzähne, den Lendenschurz für den häuslichen Tarzan, japanischer Kitsch, Bierseidel, Kukkucksuhren und bunte Kerzen.
Debbie entdeckte eine Kaffeemühle, die sie unbedingt haben wollte, ein großmütterliches Monstrum für starke Arme.
»Willst du tatsächlich Kaffee damit mahlen?«
Ich kaufte sie ihr, und Debbie preßte sie verzückt an ihre Brust. Bei O'Rourke, einer Kneipe im irischen Stil, kehrten wir ein. Ein Dudelsackbläser, ernst wie ein Pfarrer auf einer Beerdigung, füllte den engen, hohen Raum mit atavistischem Lärm. Wir schrien uns an, um uns überhaupt verständlich machen zu können, und bliesen den Schaum von den Biergläsern.
»Gefällt dir Amerika?« brüllte Debbie.
»Ich liebe dich.«
An den Wänden überlebensgroß die Fotografien der irischen Nationalheiligen, James Joyce, Bernard Shaw, O'Casey und Brendan Behan, dem Borstal Boy.
Im Anfang war das Wort!
Fall nur nicht drauf rein!
IN THE NAME OF ANNAH THE ALLMAZIFULL, THE EVERLIVING, THE BRINGER OF PLURABILITIES, HALVED BE HER EYE, HER SINGTIME SUNG, HER RILL BE RUN, UNHEMMED AS IT IS UNEVEN.

»Das kommt mir so bekannt vor.«
»Die Internationale der Liebe.«
»Jemand steht auf meinem Fuß.«
»Schick ihn heim.«
»Ich kann dich nicht verstehen, der Dudelsack frißt meine Ohren.«
»Hoffentlich läßt er mir noch etwas übrig.«
Der Mann hinter der Theke hatte rostrote Koteletten.
Draußen auf der Straße tauten unsere Ohren wieder auf.
»Mozart ist mir lieber«, meinte Debbie.
»Ich liebe die Urlaute, wenn der Stier nach geschmeidigen Kühen brüllt, wenn der Hahn seine Hühnchen herbeizitiert, wenn der Löwe ...«
»Müßt ihr Männer euch immer so aufspielen, wenn das bißchen Natur, an dem wir leiden, sein Recht fordert?« unterbrach Rhonda.
»Sag nur, du bist eine Emanzipierte?«
»Ich möchte auch einmal schreien.«
»Schrei doch!«
»Nicht hier!«
Der Dudelsack dröhnte hinter uns her. Die Nacht blusterte sich auf. Federwarm. Sie trocknete die Kehlen. Im Big Mike, einer vergrölten Bretterbude, war der Boden mit Erdnußschalen übersät. Eine Damenkapelle plagte sich ab. Eine mindestens 300 Pfund schwere Schwarze hockte in der Mitte des Podiums, eine schwabbelnde, breitärschige Fruchtbarkeitsgöttin mit Brüsten wie der Ureuter. Sie parodierte Louis Armstrong, wackelte mit den Hüften, so daß die Grundmauern der Bruchbude erzitterten. Ihre Stimme schaffte es fast nicht durch die Kehle. Ihr teigiges Gesicht mit den verschwindend kleinen, chinesischen

Augen war schweißüberdeckt. Sie klatschte sich ein Taschentuch gegen die Stirn und rotierte mit ihren Brüsten. Die Frauen quietschten vor Neid.
»Kannst du das auch?«
Debbie stieß mir die Kaffeemühle gegen den Bauch. Big Mike stahl allen die Schau. Sie wirkte wie ein Orkan. Ihre Lieder, die sie vortrug, hatten, soweit ich sie verstehen konnte, etwas mit der Liebe zu tun. Debbie kicherte mit abgewandtem Gesicht.
»Worum geht's denn?«
»Duke, sag es ihm!«
Duke erklärte mir den Text.
»Vom Ficken bekommt man keine Hämorrhoiden.«
»Hat sie das wirklich gesungen?«
»Die Schwarzen nehmen kein Blatt vor den Mund.«
Der Scheinwerfer setzte eine Lichttorte auf das Podium. Die Musikerinnen flackerten in ihren silberbestickten Trikots, die das Fleisch zu Wülsten zusammendrängten. Am Klavier hockte ein verschüchtertes Männchen und krähte die Melodie zu seinem verstimmten Geklimper. Durch die Tür wirbelten neue Gäste, die Augen weit aufgerissen. Sie blieben einige Zeit stehen, um Big Mike zu bewundern, die abwechselnd sang und die Trompete blies. Eine zweite Murphy. Alles zitterte an ihr, wenn sie die Lippen an das Mundstück der Trompete preßte und die Backen blähte. Ich glaube, wenn man sie von ihrem Stuhl gestoßen hätte, wäre sie nicht ohne Hilfe wieder hoch gekommen. Sie war nicht nur dick, sondern auch besoffen und trällerte Songs, die einem Bordell Ehre gemacht hätten. Die Leute hören das gern. Duke erklärte mir den Slang. Er genoß es offensichtlich, vor den Mädchen als Sachverständiger aufzutreten.

Als wir die Bude verließen, sah ich eine spielzeugkleine Kloschüssel vor Big Mike, in die man Geldmünzen hineinwarf. Notdurft und Geldverdienen. Man schämt sich des einen wie des anderen, und ist doch unglücklich, wenn beides nicht klappt. Wir mischten uns wieder unter die Menge auf der Well-Street. Zeitungsverkäufer schmetterten die letzten Sensationen in den Lärm.

150 TOTE VIETCONGS. SKANDAL IN DER STADTVERWALTUNG. IST RICHARD BURTON MIT ELIZABETH TAYLOR GLÜCKLICH? DIE MEISTEN ARBEITSLOSEN UNTER DEN FARBIGEN.

Wir ließen uns treiben, ein bißchen erschöpft von der unbefriedigten Neugier unserer Gespräche. Duke und Rhonda gingen vor uns her und spielten ein Liebespaar, engumschlungen, daß sie fast über ihre Füße stolperten. Wenn nicht die verdammte Kaffeemühle gewesen wäre, hätte ich mich etwas näher an Debbie herangewagt. So hielt ich Abstand und drosch die Phrasen einer jungen Bekanntschaft.

»Ehrlich gesagt, finde ich es ein wenig komisch, in einer Kinderspielzeugfabrik zu arbeiten. Färbt das nicht ab?«

»Happy kids – a better world.« Ich überließ es ihr, darüber zu denken, was sie wollte.

»Ich war als Kind sehr glücklich.«

»Als ich auf die Welt kam, detonierte in der Nachbarschaft eine Fliegerbombe. Die Hebamme hätte mich beinahe fallen lassen.«

»Sag nur, du kannst dich daran erinnern?«

»Ich träume oft von Detonationen. Ich springe in tausend Stücke.«

»Du bist ein komischer Vogel.«
Als ich Debbie küssen wollte, fuhr sie zurück. Meine Lippen streiften ihre Haare.
»Was hast du nur?«
»Ich kenne dich doch gar nicht.«
»Ich bin Donald Duck.«
»Ich wollte immer eine arme Waise sein und an Mädchenhändler verkauft werden. Es ist schön, gerettet zu werden.«
Sie drehte die Kaffeemühle. Ich horchte in die Nacht hinein und spürte, wie Debbies Blick auf meinem Gesicht ruhte, nicht gerade verheißungsvoll als vielmehr suchend, so daß ich ungeduldig wurde. Ich war es keineswegs gewohnt, die zarten Anspielungen eines weiblichen Gesichts auszulegen, das den Zweifel zur Koketterie ermuntert. Wie ein geiler Pinscher, den körperliche Gewißheit nur interessiert, trottete ich neben ihr her und machte Konversation, ohne der Worte sicher zu sein, die ich sprach. Ich mußte sehr komisch ausgesehen haben, denn Debbie konnte vor Lachen kaum an sich halten, und die Kaffeemühle klapperte an ihrer Brust.
In einem japanischen Restaurant, wo wir mit Stäbchen zu essen versuchten und Sake tranken, erholte ich mich etwas von dem vergeblichen Anrennen, und es machte mir den größten Spaß, die leeren Stäbchen zum Mund zu führen, sozusagen als geheime Demonstration meiner Gefühle. Ganz anders Duke und Rhonda: Sie überhäuften sich mit Zärtlichkeiten, soweit es ihnen das Essen erlaubte und schmatzten genießerisch. Duke bestellte übermütig eine zweite Portion. Er ließ sich von Rhonda überreden und ging auf den Händen. Der japanische Besitzer lächelte höf-

lich und gab zu verstehen, daß die anderen Gäste vielleicht Anstoß an dieser künstlerischen Darbietung nehmen würden. Duke sprang beleidigt auf seine Füße und sagte dem japanischen Besitzer, er solle sich Reisnudeln in die Ohren stecken. Wir zahlten überstürzt und verschwanden aus dem Lokal. Es war höchste Zeit, denn zwei Matrosen wollten unbedingt herausfinden, wieviel Reisnudeln in Dukes Ohr Platz hätten.
»Ich hasse Japaner«, sagte Duke atemlos.
»Und warum das?«
»Sie müssen alles fotografieren, verstehst du!«
»Hast du Angst deine Seele zu verlieren?«
»Sie sind die Spione des Untergangs.«
»Immerhin haben die Amerikaner das erste Atomei in Japan gelegt.«
»Das ist es ja gerade.«
1343 North-Welf-Street entdeckten wir durch eine alte verschmierte Ladenfensterscheibe eine Jazzcombo in Aktion. Die Scheiben schepperten. Der Saxophonist warf den Kopf zurück, so daß sein Rücken fast eine Parallele zum Boden bildete. Auf einem schwarzen Schild stand in weißer verschnörkelter Schrift:

THE HUNGRY EYE

Ein Aufschrei von Rhonda. Wir mußten aufbrechen, um nach Evanston zu kommen, ehe das Studentinnen-Wohnheim dicht machte. Auf der Heimfahrt sprachen wir kein Wort. Wozu denn reden, wenn die Hände reden und antworten und reden und antworten. Debbie fraß mich fast auf. Ich geriet zwischen ihre Schenkel, sie seufzte »Donald Duck«, und ich wurde der

Präsident der Vereinigten Staaten. In den Kurven sorgte ich mich um das Wohl meines Volkes und opferte mein Privatvermögen für die Weltraumfahrt. Eine glatte Mondlandung. Die reinste Wüste. Schnell das Fähnchen, aber Debbie schob mich weg.
»Du bist verrückt, du bist völlig verrückt!«
Was blieb mir andres übrig. Alles hinter Kleidern, ich legte meine Hand auf ihre Brust. Duke fuhr viel zu schnell. Die Räder sangen auf dem Asphalt. Rhonda hatte den Kopf auf seinen Schoß gelegt und die Beine gegen das Fenster gepreßt. Es war ein Wunder, daß wir auf der Straße blieben. Das Licht der Straßenlaternen spritzte durch das Fenster und malte kurzlebige Flecken auf die Haut.
»Du bist verrückt!«
Ich war verrückt.
»O my America! My new-found-land,
My Kingdom, safeliest when with one man mann'd
My Mine of precious stones, My Empery,
How blest am I in this discovering thee.«
Wir reimten uns und wenig später fielen wir wieder in Prosa. »Ich habe einen Krampf im Bein«, jammerte Debbie.
Ich wünschte mich zurück auf den Mond.
Vor dem Studentinnen-Wohnheim in Evanston parkten viele Autos. In der Eingangshalle wimmelte es von Pärchen, die eng umschlungen herumstanden und sich abknutschten. Das reinste Rodin-Museum. Seufzer. Gestammeltes. Ein Blick auf die anderen. Kein Zweifel, man wollte gesehen werden. Man genoß die Öffentlichkeit. Es war fünf Minuten vor zwölf. Der Zeiger lauerte sprungbereit. Ein Wachmann in blauer Uniform schob sich desinteressiert durch die Reihen

der Liebenden und rasselte mit dem Schlüsselbund. Ich war noch nie ein Freund von erotischen Freilichtaufführungen gewesen. Debbie drängte mich in eine Ecke und preßte ihre Lippen auf meinen Mund. Die Kaffeemühle zeichnete ein Muster auf meinen Bauch. Ich sah, wie Duke die Arme um Rhonda legte und sich über sie beugte. Mein Hirn schrumpfte ein. Debbie zeigte große Schlafaugen.
»Du hast mich ganz verrückt gemacht und dabei kenne ich dich gar nicht.«

Eintagsfliegen verbringen ihr kurzes Leben mit wiederholter Begattung.

Ich war nicht bei der Sache. Das Liebesgerangel um mich herum irritierte mich. Hier wurde unter Ächzen und Stöhnen demonstriert. Jemand lehnte sich gegen meinen Rücken. Ich stolperte.
»Sorry!«
Ich geriet zwischen zitternde Leiber.
»Können Sie nicht Ihre Knie wegnehmen?«
»So geht es besser.«
»Baby, come on, Baby!«

WOE HMM AHHH

»Mach alles mit mir alles! Ich will, daß du alles mit mir machst.«
Wer war wer? Die ersten lösten sich voneinander. Der Wachmann steckte sich eine Zigarette an. Ich verabschiedete mich von Debbie und sagte, ich würde sie anrufen. Nur weg. Debbie hielt die Kaffeemühle hoch und lächelte.

Als ich wieder auf der Straße stand, warf die Nacht ein kühles Handtuch auf mich. Das Studentinnen-Wohnheim schaute mich aus Hunderten hell erleuchteten Fenstern an. Zu viel auf einmal. Vorhänge wurden zugezogen. Duke schlürfte heran und lehnte sich an seinen Wagen.
»Wie war Debbie?«
»Wir haben Kaffee gemahlen.«
Duke brachte mich nach Hause. Er redete auf der ganzen Fahrt und goß die Lauge seines Innenlebens auf mich. Er war rundherum glücklich mit sich. Ein beneidenswerter Mensch, der nichts anderes wollte, als daß man sich mit ihm begeisterte, über Frauen, Geld, Spielzeuge, Politik und Gott.
»Weißt du, ich glaube, daß alles vorausbestimmt ist. Du sitzt in einem Boot mit festgestelltem Ruder. Wen Gott liebt, den steuert er in die Sonne.«
Duke war überzeugt, im richtigen Boot zu sitzen. Er hatte stets gute Mahlzeiten gegessen, seinen Körper in Sport gestählt, unkomplizierte Mädchen geliebt, die richtigen Leute kennengelernt, optimistische Bücher gelesen, sein Leben war einfach wie ein TV-Diner, er mußte es nur in den Ofen schieben.
Ganz allmählich versickerte die Erinnerung und zurück blieb eine große, sanftäugige Puppe, die die Arme auseinanderbreitete und mir immer wieder ins Ohr flüsterte:

HAPPY KIDS A BETTER WORLD

Die Worte wuchsen zu einer riesigen Sprachblase, die sich von der Erde abhob und mich mit in die Höhe riß.

Betty war sehr einsilbig am nächsten Morgen. Sie schien es mir übelzunehmen, daß ich außer Haus ging.
»Ich habe heute abend ein Wort mit dir zu reden«, sagte sie mir, als Bill das Auto aus der Garage holte. Das Liebesnest erlaubte keine Seitensprünge.

Im CHILDREN'S PARADISE wurde vor Weihnachten mit Hochdruck gearbeitet. Die Aufträge flatterten nur so ins Haus und Bill schwelgte in Zahlen. Eines mußte man ihm lassen: Er verstand es, seine Angestellten und Arbeiter bei Laune zu halten. Er hatte sich ein raffiniertes Bonus-System ausgedacht, das von Überstunden bis zu Verbesserungsvorschlägen eine ganze Reihe von Anerkennungsgeschenken vorsah. Verdiente Arbeiter rief er zu sich, schüttelte ihnen die Hand, sah ihnen tief in die Augen und entließ sie mit dem Gefühl, daß es einfach ein Privileg sei, im CHILDREN'S PARADISE zu arbeiten.
Für jedes Produkt gab es sogenannte Laufkarten, die alle Arbeitsgänge fein säuberlich in zeitlicher Reihenfolge aufgezeichnet enthielten. War ein Arbeitsgang erledigt, wurde die Laufkarte abgezeichnet und mit dem Werkstück weitergegeben. Um die Produktion möglichst reibungslos und schnell voranzutreiben, hatte Bill zusammen mit Dr. Meadows und einer Gymnastikerin eine Choreographie der Handgriffe ausgetüftelt, die den Arbeitern wie ein Tanz beigebracht wurde. Das Werk besaß dafür eine eigene Turnhalle. In das Dröhnen der Maschinen mischte sich sanfte Musik. Bill hatte an alles gedacht: er wollte glückliche Arbeiter und hielt große Stücke auf das individuelle Leistungssystem. Ich sah vollendete Tänzer in dem Be-

trieb, die den Lockungen der Maschinen folgend, fast kultische Bewegungen ausführten. Jeder Arbeiter und Angestellte war an dem Profit des Unternehmens beteiligt. Mehr als ein Trinkgeld kam dabei freilich nicht heraus. Man muß die Illusionen derer füttern, die man braucht. Als Boß wirkte Bill wie der jugendliche Held eines optimistischen Familienromans: stets lächelnd, drahtig, aufrichtig, Pfadfinder. Die Frauen schwärmten für ihn. Sie wären nicht nur durchs Feuer, sondern auch durchs Bett gegangen. Die Männer sahen in ihm einen guten Kumpel.
Das Spielzeug färbte ab. In die Gesichter stahl sich ein puppenhaftes Glück. Einfach nur den Knopf drükken und schon grinsten sie, hoben die Arme, setzten das Bein vor, marschierten.

HAPPY KIDS A BETTER WORLD

Die statistische Abteilung, in der ich jetzt arbeitete, war das reinste Irrenhaus. Man stellte die idiotischsten Fragen und hoffte auf vernünftige Antworten. Zum Beispiel: Welche Kinder spielen am liebsten? Die von reichen Eltern oder von armen? Große Fragebogen-Aktionen wurden vorbereitet, um dem Geheimnis auf die Spur zu kommen, welches Spielzeug am beliebtesten sei. Ein Team von zwanzig Befragern interviewte Kinder, Eltern, Psychologen und Pfarrer. Resultat: die Puppe war der absolute Favorit.
Bill stellte eine Puppe her, die nicht nur mit den Wimpern wackeln konnte, sondern sich auch das Höschen naßmachte und Pipi murmelte. Sie konnte gehen, mit der Hand wedeln und Sätze sagen: »Mommy I want another drink of water« oder »I have five little toes«. Dr. Meadows hatte sie programmiert. Die Dinger gin-

gen weg wie warme Semmeln. Sie hörten auf den Namen Judy. In Los Angelos machten sie sogar einen Judy-Fan-Club auf, in dem Bill einmal ein Eiswettessen veranstaltete. Die Puppen pißten, daß es fast zu einer Überschwemmung kam. In der statistischen Abteilung wurden solche Fakten festgehalten und ausgewertet. Ich malte Tabellen und hielt den Siegeszug von Judy fest. Nur in Arkansas erlitt Judy eine Niederlage. Dort fand ein Richter die Puppen zu frivol, denn sie kamen sowohl in weiblicher als auch in männlicher Ausfertigung auf den Markt. Das ging dem Richter gegen die guten Sitten. Die Presse bauschte die Sache ungeheuer auf und wie das so ist, der Absatz stieg. Bill war jedoch vor allem Geschäftsmann. Er schickte nach dem Skandal geschlechtslose Puppen nach Arkansas, die »Let us pray« sagten und die Hände falteten. Die Wogen glätteten sich sofort und keiner redete mehr von Judy als einer Ausgeburt des Teufels. Die schwarzen Judys waren etwas billiger. Sie konnten nicht sprechen.

Die meisten Spielzeuge, die wir herstellten, waren Imitationen von Waffen und Kriegsmaterial: vom guten alten Colt bis zum kosmischen Strahlengewehr. Die Interviewer, die immer auf Achse waren und so ziemlich jeden, der ihnen über den Weg lief, nach seinem Verhältnis zum Spielzeug ausquetschten, machten die erstaunliche Feststellung, daß besonders Kinder sozial schlecht gestellter Familien eine Vorliebe für Waffen zeigten. Unser Kriegsspielzeug kam dementsprechend zu billigsten Preisen auf den Markt. Der Absatz in den Ghettos überstieg alle Erwartungen. Man war dort ganz wild auf Maschinenpistolen aus Plastik, die ein

schnarrendes Geräusch von sich gaben, wenn man den Abzughebel drückte.
Wir trieben Marktforschung im großen Stil.
Einmal zog ich mit den Interviewern los, als sie in den Slums von Süd-Chicago herumhorchten. Ich wurde Doug zugeteilt, einem Schwarzen, der vier Semester englische Literaturgeschichte studiert hatte und seine jetzige Situation mit gepfefferten Shakespeare-Zitaten kommentierte. Er haßte seinen Job, und ich konnte es ihm nicht verdenken. Er wollte schnell zu Geld kommen. Doug erzählte mir, wie er groß wurde, es war aber eher die Geschichte, wie er klein wurde. Seinen Vater hatte er nie gesehen. »Er konnte es nicht lange an einem Ort aushalten, du kennst doch das Prickeln in den Füßen, die Angst Wurzeln zu schlagen und im Dreck steckenbleiben zu müssen.«
Wie ich das kannte.
Ich verstand mich sehr gut mit Doug. Er machte keinen Hehl daraus, daß er mich für verrückt hielt.
Auf unserer Befragungstournee hatten wir recht wenig Erfolg. Wir gerieten an einen alten Krauter, der vor der Haustür saß und die Autos zählte. Er konnte prachtvoll spucken. Über das Trottoir hinweg auf die Straße. Plupp und wieder plupp. Erstaunlich, wo er den ganzen Saft aus seinem dürren Körper hernahm.
»Womit die Kinder heutzutage so spielen, Mann, das ist vielleicht eine Frage! Ist das amtlich? Also amtlich wollen wir unsere Ruhe haben. Die Verbesserungsvorschläge, die sie da ausschwitzen«, er deutete hinter sich, »machen so 'ne Art Versuchskaninchen aus uns. Sie beobachten, was wir machen, und schreiben dikke Bücher darüber. In denen steht dann, daß wir arme Schweine sind und es müßte das und das getan wer-

den. Und was wird getan? Mann! Sie denken sich Verbesserungsvorschläge aus, lauter schöne Verbesserungsvorschläge, die kosten ungeheuer viel Geld und wenn es zu den Verbesserungen kommen soll, ist rein nichts mehr da. So läuft hier der Laden. Womit wir spielen? Wir sind die Spielzeuge.«

Er spuckte.

Doug machte sich Notizen. Als der Alte sah, daß jemand alles das aufschrieb, was er sagte, war er nicht mehr zu bremsen. In einem rhythmischen Singsang kramte er den ganzen Haß aus seinem Inneren hervor, den das Leben in ihm angestaut hatte. Seine Gefühle wetzten das Messer.

Wir leierten jedesmal brav unser Sprüchlein herunter, daß wir von der Firma CHILDREN'S PARADISE kämen. Es war der reinste Hohn. Die Befragten lachten sich fast tot, und wir lachten mit.

Überall schnittige Autos, die blank geputzt vor öden, zerfallenden Mietskasernen und Häusern standen. Die Großstadt kultiviert keine Seßhaftigkeit, am allerwenigsten in den Slums. Die Wohnungen sind lediglich ein jämmerliches Wartezimmer, vollgestopft mit Menschen, die herumhocken und auf den Pfiff eines Zuges hoffen, der sie aus dem Dreck herausholen könnte. Das Auto eröffnet da schon bessere Möglichkeiten; es wird zum prächtigen Heim zurechtgeputzt, in dem man vögelt und träumt. Und dieses Heim hat den Vorzug, daß man mit ihm aus dem Elend fliehen kann. Den schier endlosen Häuserreihen entlang zog sich die Kette parkender Autos. Nur an den Feuerhydranten war ein freier Raum gelassen.

Vor den Häusern hockten alte Männer und würfelten. Die Frauen hatten rotgefärbte Haare. Wenn sie lachten, tanzte ihr Körper. Abfall häufte sich in der Gosse. Ein süßlicher Gestank von Schweiß und verfaulendem Obst lag in der Luft. Vor dem Himmel hing ein grauer Schleier. Die Hochbahn drückte die Häuser in einen ewigen Schatten. Fernsehapparate röhrten und malten gespenstische Bilder an die Fenster. Auf einer Hauswand las ich COME JESUS!

Ein kleiner Junge lief über die Straße, er hielt einen Stock und ein Gewehr und schrie: »Bum, bum, bum.« Ein Mann in einem gelben Hemd und roter Jacke riß die Arme an die Brust, sackte in die Knie und riß sie wieder hoch. Er warf den Kopf nach hinten und lachte mit den Zähnen. Geruch von Pommes frites mischte sich in die Schwaden von Auspuffgasen. Der kleine Junge schrie: »Jetzt bist du tot.« Der Mann schüttelte sich vor Lachen.

»Du bist Superman!«

Ich blickte die Hauswand hoch. Die Hochbahn, eine riesige stählerne Raupe, kroch durch die Straße. Auf dem freien Platz um den Hydranten herum spielten kleine Mädchen Seilhüpfen. Ihre Zöpfe waren straff gebunden, und die dünnen Beine kamen nie zur Ruhe unter den wippenden Kleidchen. Der kleine Junge lief auf mich zu, schrie: »Bum, bum, bum«, und ich ging in die Knie.

»Du stirbst so gut wie ein Indianer!« bemerkte Doug voller Anerkennung. Ich spürte Schmutz auf meinen Lidern. Ein weißes Mädchen lachte auf einer Coca-Cola-Reklame. Man hatte ihr einen Schnurrbart gemalt und auf das Unterteil ihres Bikinis ein fettes Dollar-Zeichen.

Der kleine Junge hielt sein Holzgewehr in die Luft und schoß nach der Sonne, die hinter einem grauen

Schleier schwamm. Der Mann im gelben Hemd äugte mißtrauisch zu mir herüber. »'n fremder Vogel!«
Doug legte den Arm um meine Schulter und sagte: »Ist 'n Freund, Bruder.«
Das ist was anderes. Weiße Vögel finden hier kein Futter.
»Er stammt aus Deutschland, ist ausgewandert.«
»Ich wäre daheimgeblieben.«
»Du schon, du hast ja auch keinen Ehrgeiz.«
»Ehrgeiz schon, aber keine Aussichten. Nur bei den Weibern. Huh, wenn ich eine stemme, habe ich die besten Gedanken.«
Sie sprachen ohne Scheu über mich. Ich stand daneben, wartete und verstand nur die Hälfte von dem, was sie sagten. Es war nicht sehr schmeichelhaft. Während Doug sprach, wippte er mit dem Oberkörper. Er knetete die Worte zu einem rhythmischen Teig.
»Kann dein Freund englisch?«
»Frag ihn doch selbst.«
Der Mann im gelben Hemd hatte nur noch zwei Vorderzähne, zwischen denen seine Worte pfeifend hervorspritzten. »Sag mal was!«
»The dog has stolen the sausage.«
»Das ist 'n verdammt schöner Satz. Alle Hunde klauen Würste, solange es Würste gibt.«
Er lachte und wiederholte den Satz.
»Wie kommst du gerade auf den Satz?«
»War der erste, den wir in der Schule lernten.«
»Freut mich, dich kennenzulernen.« Er streckte mir seine Hand entgegen, die ein klobiger Siegelring beschwerte. »Mein Bruder war als GI in Deutschland. Ihr müßt 'n gutes Bier haben und lustige Mösen. Sag mal 'n deutschen Satz!«

»Die Menschen sind verrückt.«
»Was heißt 'n das?«
Ich übersetzte es ihm, und er wandte sich an Doug.
»Was weiß denn der, ob ich bei Trost bin.« Er versuchte, den Satz nachzusagen.
»Ich will begraben sein, wenn ich das jemals lerne. Warum müssen die Menschen nur verschiedene Sprachen quasseln?«
Doug sagte: »Damit sie ihre Geheimnisse besser hüten können.«
»Trinkt ihr einen mit mir?«
Wir folgten ihm an dem seilhüpfenden Mädchen vorbei in die Bar, die auf der anderen Seite der Straße lag. Der Barkeeper, eine Tonne von einem Mann, mit einem Bleistift überm Ohr, starrte mich verwundert an. Er futterte Pommes frites, die er in Ketchup tunkte.
»Hey, Cutie, wo hast du denn den aufgegabelt?«
Die Gäste musterten mich feindselig.
»Er kommt aus Deutschland. Stell dir vor, was die in der Schule für ein Englisch lernen: ›The dog has stolen the sausage!‹«
Der Barkeeper öffnete seinen Mund und lachte, daß ihm der Bleistift vom Ohr rutschte.
»So 'n Bastard.« Er fuhr mit seinen dicken Fingern durch die Haare. »Mit 'nem Satz wie dem kommst du überall durch. Da liegt die ganze Weltgeschichte drin. Ist immer gut, wenn man den Schuldigen kennt.«
Ein dürrer Bursche mit einem hohlen Kreuz, den Kopf unter einer schmierigen Baseball-Mütze, pflanzte sich vor mich und quäkte: »Ich kann Weiße nicht ausstehen. Sie sind häßlich.«
»Eine Schönheit bist du gerade auch nicht«, sagte der

Barkeeper. Über seiner mächtigen Brust spannte sich eine weiße Jacke. Sein Hals war nicht vorhanden. Er angelte drei Bierdosen unter der Theke hervor und öffnete sie. Schaum quoll aus dem Schlitz und tropfte auf seinen Handrücken. Über der Theke hing ein Bild von Cassius Clay. Sein Autogramm reichte bis an die Nasenspitze.
»Kühl dich ab, Georgie!«
Ich hob die Bierdosen in die Höhe und nickte Cutie zu. Er sagte: »The dog has stolen the sausage« und verschluckte sich, als er lachend das Bier trank. Georgie beobachtete mich aus halb zugekniffenen Augen.
»Ich glaube nicht, daß er aus Deutschland ist.«
Cutie legte seine beringte Hand auf meine Schulter.
»Ich sage dir, er spricht deutsch.«
»Seit wann verstehst du denn was davon?«
»Mann, es klingt, als ob man Dampf ablassen würde.«
Doug schlug vor: »Sing ihm doch 'n deutsches Lied vor.« Der Baarkeeper klatschte in die Hände.
»So ist's recht, laß den Mann singen. Wir sind lauter Musikfreunde hier. Wir zahlen auch Eintritt.«
Ich spürte, wie mein Gesicht rot wurde. Sie umringten mich. Doug stieß mir den Ellenbogen in die Seite.
»Mach schon! Du kannst doch singen. Sei kein Frosch. Die Jungs wollen was hören.«
Ich begann zu singen:
»Es, es, es und es, es ist ein harter Schluß, weil, weil, weil und weil, weil ich aus Frankfurt muß.« Ich hatte zu tief angefangen. Sie klatschten den Takt. Doug grinste mich schadenfroh an, als ich mein Liedchen trällerte. Er krümmte sich so beim Lachen zusammen, daß ich ihn beinahe nicht mehr sehen konnte, obwohl er dicht neben mir stand. Ich sah nur den Schimmer

seiner Handflächen, wenn sie auseinanderschnellten. Cutie packte mich an den Händen und wirbelte mich im Kreise herum. Der Barkeeper wieherte.
»Wenn das meine Mutter hören könnte, ihr Rheuma würde glatt verschwinden. Ich pisse mir in die Hosen, wenn mich nicht einer festhält.«
Jemand fütterte die Musikbox, die im Hintergrund der Bar stand, mit Geld. Sie begann in allen Regenbogenfarben zu leuchten. Als die Nadel in die Rinne griff, kratzte es im Lautsprecher. In das Rauschen hinein pochten Baßtöne. Die Musikbox dröhnte. Ich hörte auf zu singen und lehnte mich an die Theke. Sie tanzten um mich herum, den Oberkörper vorgebeugt und mit angewinkelten Armen. »Nur wer tanzt, ist schön«, murmelte Georgie und stieß mir die Faust ermunternd in die Rippen.
»Sei kein Frosch!« Ich löste mich von der Theke, machte einige Schritte.
»So ist's recht«, schrie Cutie.
Ich tanzte.
Man muß die Feste feiern, wie sie fallen, dachte ich und schmiß eine Runde. Die Musikbox beherrschte uns. Es gab jedesmal Zeder und Mordio, wenn eine Platte zu Ende war. Jeder wollte etwas anderes hören.
»The dog has stolen the sausage.« Cutie berauschte sich an dem Satz, zerkaute ihn, schluckte ihn runter.
»Verrückt, Mann, völlig verrückt!«
Eine junge Frau in einem grellroten Pullover, der der mächtigen Brüste kaum Herr werden konnte, betrat die Bar und schaute sich um.
»Jungs, hat einer Geburtstag?«
»Das ist Nina! Für zehn Eier macht sie es dir.«

»Cutie, du bist 'n alter Lüstling, willst morgens, was Du abends nicht gekriegt hast.«
»Fick dich ins Knie, ihr seid doch alle schlappe Schwänze.« Der Barkeeper flüsterte Nina etwas ins Ohr, und sie gluckste vor Lachen. Ich stellte mich ihr vor, sie knickste und trillerte: »Nett, Ihre Bekanntschaft zu machen. Man sieht wenig weiße Vögel mehr in unserer Gegend.«
Sie roch nach süßlichem Parfum, das mir verheißungsvoll in die Nase stieg und mich fast aufs Kreuz legte. Unter den Armen hatte sie Schweißflecken. Die Musikbox röhrte. Nina versetzte ihren stattlichen Hintern in ein rhythmisches Wackeln, schnalzte mit den Fingern und hielt den Kopf schief. Ihre rosarote Zunge schoß zwischen den Lippen hervor. »Jungs, so hab' ich's gern.«
Der Perücke rutschte ihr in die Stirn. Der Rock hob sich über ihre mächtigen Schenkel, auf denen Muskel-Wellen von Fleisch auf und ab jagten.
»The shadow of your smile.« Der Lautsprecher schaffte es nicht mehr ganz und krächzte.
»Be my love!« Nina sang gegen die Musikbox an. Cutie zeigte seine beiden Schneidezähne.
»Baby, ich fühl's!«
»'n Dreck fühlst du.«
Georgie befeuchtete einen Finger und steckte ihn Nina ins Ohr.
»Was hör ich denn da?«
Der Barkeeper kratzte sich hinter der Theke am Bauch und strahlte über beide Backen. Doug und ich schwitzten unser letztes Geld raus. Nina drehte eine Runde mit mir. Ihre Brüste klatschten mir gegen die Brust. Rumdada! Ich kam ins Flattern und spitzte die Lip-

pen. Nina schob ihr Knie zwischen meine Beine und ging auf heißen Kurs. Es war höchste Zeit, daß wir den Schauplatz wechselten. Nina nahm mich mit auf ihr Zimmer, das über der Bar lag, ein mit Hollywood-Stars und Pop-Sängern tapezierter Raum. Sie tanzte auf das Bett zu, eine Melodie summend, schweißnaß das Gesicht mit verrutschten falschen Wimpern. Sie machte nicht viel Federlesen. Ich schmolz auf ihr wie ein Stück Eis auf einer schwarzen heißen Herdplatte, und sie keuchte atemlos »The dog has stolen the sausage«. Ganz Hollywood guckte mir zu. Ich hatte nicht gedacht, daß ein solcher Satz für Anfänger derartige Konsequenzen haben konnte. Es war ein Vergnügen, Nina anzusehen. Alles an ihr zitterte und bibberte. Sie hatte ein Vergnügen am Geschlechtsverkehr, wie man es bei Frauen selten findet, die es für Geld machen. Keine Routine. Es flutschte nur so bei ihr. Ich glaube, die Eskimos nennen den Spaß von Mann und Frau »Lachen«. Nina lachte mit mir, wie ich noch nie in meinem Leben gelacht hatte. Ich geriet ganz außer mich, und nachher leerte ich ihr mein Herz aus. Nina steckte sich eine Zigarette an und hörte interessiert zu.
»Ich kenn 'ne Wahrsagerin«, unterbrach sie mich.
»Möchtest du wissen, was später einmal mit dir geschieht?« Sie setzte sich auf und massierte ihren Bauch.
»Nicht 'ne Bohne, Schatz. Wir fallen in 'n tiefen Schacht, hat meine Mutter gesagt. Am Anfang sieht man noch etwas Licht, aber dann wird's finster, und man hat keinen richtigen Spaß mehr am Leben.
»Du bist ja die reine Sibylle!«
»Verwechsle mich nicht mit deinen Mädchen.« Sie

drückte die Zigarette in dem Aschenbecher aus und stieg auf mich. Das war ihre Art Trost. Ich schämte mich fast, daß sie sich so viel Mühe mit mir gab. Sie walkte mich platt.

Doug war ziemlich hinüber, als ich mit Nina in die Bar zurückkehrte. Er deklamierte Shakespeare und schrie dabei so, daß die Zuhörer vor Angst die Köpfe duckten. Cutie saß rittlings auf einem Stuhl und hatte den Kopf auf die Arme gelegt. In allen Gesichtern stand nackte Erschöpfung. Nur Nina war noch in Schwung. Sie stolzierte zur Musikbox und genoß sichtlich die Blicke der Jungs, als sie sich bückte, um eine Nummer zu wählen. Cutie stand auf, zog seine Hose hoch, schwänzelte langsam auf sie zu und legte den Arm um ihre Taille. Ninas Tageswerk ging weiter. Für einen Augenblick glaubte ich, mich auf Cutie stürzen zu müssen, aber als ich sah, wie Nina sich an ihn schmiegte, mein Gott, ich war schließlich nicht der einzige Mann auf der Welt.
Erst nach drei Tassen Kaffee fand Doug wieder angeekelt in die Gegenwart. Ich erinnerte ihn daran, was wir eigentlich zu tun hätten, und zeigte ihm die Fragebogen. Er wollte nichts davon wissen.
»Sollen sie doch mit sich selbst spielen! Jungs, womit habt ihr am liebsten gespielt?«
Der Barkeeper klatschte das Handtuch auf den Tresen. »Mann, was heißt hier *habt*. Ich spiele heute noch gern mit 'ner anständigen Möse. Man verliert immer, aber es macht doch Spaß, immer wieder anzufangen.«
Georgie zog sein Hemd straff und drosch seine Faust in die offene andere Hand.

»'ne Bombe war's. Ich wollte immer eine Bombe haben. Und wum!« Er hüpfte in die Höhe und bekam einen ganz verklärten Ausdruck.
»Komm, schreib schon!« ermunterte ich Doug – und zu meiner Überraschung verarbeiteten sie später jedes Wort, das wir aufgeschrieben hatten. Die Statistik frißt alles. Es kommt schließlich auf den Durchschnitt an, der alle Kanten und Ecken abstößt und nur die runden, gefahrlosen Tatsachen zuläßt: den Normalverbraucher.

Doug hielt es nicht lange in CHILDREN'S PARADISE aus. An einem Morgen platzte er in mein Zimmer und schrie: »Ich werde aussteigen. Ich werde CHILDREN'S PARADISE verlassen. Happy kids a better world! Daß ich nicht lache! Wer ist denn zu guter Letzt glücklich, doch der Herr Kaufmann persönlich, wenn er seine Ideen hatte gut verkaufen können. Er wird noch den ganzen Himmel verramschen. Mil all dem, was dazugehört. Die ewige Seligkeit auf Ratenzahlung. Mann, mir steigt die Scheiße von innen hoch!«
»Und was willst du tun?«
»Du sollst froh sein, daß ich nichts tue.«
Um ehrlich zu sein, beneidete ich Doug, aber ich konnte den ganzen Kram nicht so ernst nehmen wie er. Ich wollte obenauf schwimmen, ich hatte viel mit mir vor. Ich wollte leben. Es fiel mir nicht schwer, die Verhältnisse, in denen ich mich abstrampelte, zu durchschauen. Sie waren Milch für mich, die ich zu Butter stampfen wollte.
Ich kann jetzt ehrlich sein, ohne mir was zu vergeben.
Doug blieb mit mir in Verbindung. Es reizte ihn, mir

immer wieder vor Augen zu führen, was für ein Schwein ich im Grunde war, aber ich fühlte mich zu wohl auf der Bühne meiner Wahl, als daß ich es ihm übelgenommen hätte. Im Gegenteil: wir wurden richtige Freunde; er, der am liebsten Bomben geworfen hätte, und ich, der sich nichts daraus gemacht hätte, ihm die Bomben zu verkaufen.

Doug wollte wieder studieren, aber das Geld reichte vorn und hinten nicht. Ein Stipendium verweigerte man ihm, weil ihn einmal die Bullen wegen eines Autodiebstahls hops genommen hatten. Er hatte deswegen eine Jugendstrafe absitzen müssen. Er war rein zufällig in die Sache reingeschlittert. Der Vorfall hing wie eine böse Wolke über seinem Leben und vermasselte ihm seine Chancen. Er schaffte es einfach nicht, einen Platz an der Sonne zu finden. Er blieb im Schatten und nährte seinen Haß mit Shakespeare. Er war schon eine Type: ein Viertel Indianer, zwei Viertel Schwarz und das letzte Viertel irgend etwas Spanisches. Meist zeigte er eine rhythmisch heitere Lässigkeit, wenn er jedoch in Rage geriet, war es gut, ihn allein zu lassen. In solchen Stimmungen liebte er es, alles kurz und klein zu schlagen. Einmal habe ich einen solchen Sturm miterlebt. Seine ganze Bude ging in Trümmer, mir drosch er einen Stuhl ins Kreuz, daß ich in sein Büchergestell hineinsegelte. Nachher tat es ihm furchtbar leid, und er legte großen Wert darauf, daß ich ihn verstünde.

»Mann, wenn du mit dem Arsch nicht aus der Scheiße herauskommst, gehen dir schon mal die Gäule durch!«

Seine Mutter war eine große dicke Frau, die in einer Sekte das himmliche Jerusalem erwartete. Sie glaub-

te, ich hätte einen bösen Einfluß auf ihren Sohn. »Ist 'n Weißer. Die machen alles mit dem Kopf.« Sie wollte unbedingt, daß Doug sich bekehrte. Er tauchte nur selten zu Hause auf. Es war der Jüngste und hatte bei seiner Geburt seinem Vater einen derartigen Schock von der Fortpflanzung eingejagt, daß dieser das Weite suchte, seine Frau und sieben Kinder zurücklassend.
Jetzt lebte Dougs Mutter mit einem Sektenprediger zusammen, einem grauhaarigen, hageren Männchen, das von Erscheinungen heimgesucht wurde. Er sah den schwarzen Messias, wie er in einem Cadillac sitzend durch die State Street von Chicago kutschierte mit einer Brillantnadel in der Krawatte – und für die Auserwählten begann ein Leben in Reichtum und Freude und Liebe. Das prophetische Männchen nannte sich Elias und hatte eine Gemeinde von dreihundert Seelen, die ihm blind vertraute. Er besaß die Kraft des Wortes und konnte die Glückseligkeit zum Greifen nahe schildern, so daß seinen Gläubigen das Wasser im Munde zusammenlief. In einer alten Bretterkirche, die ihm die Methodisten überlassen hatten, versammelte Elias seine Anhänger und predigte sie in Ekstase, die ihnen für einen zuckenden Augenblick den Himmel aufriß. Doug nannte ihn einen Scharlatan, der seine Erleuchtungen nur dazu benutzte, um sich die Butter fürs Brot zu beschaffen. Er lebte recht gut von den Spenden, die man ihm als eine Anzahlung auf den Himmel leistete. Tatsache war, daß Elias Doug stets aus dem Weg ging. Er besaß wohl die prophetische Gabe zu ahnen, wann er durchschaut wurde. Seine Anhänger indes erwarteten voller Ungeduld die Herankunft des himmlischen Jerusalem, das sich in den feurigen Worten ihres Propheten wie ein Potpourrie des Werbefernsehens aus-

nahm. Den Ärmsten der Armen kann man nur zu leicht das Paradies schildern.

Ich ging einmal mit Doug zu einem Gottesdienst des Propheten. Die Kirche, die die Form einer Lagerhalle hatte, stand inmitten zerfallender, zerwohnter Häuser, von stickigem Abfall umlauert. Ein kleines Glöckchen piepste gegen den Lärm der Straße an. Alte Männer und Frauen schlürften herbei. Elias begrüßte mit offenen Armen die Andächtigen an der Tür.
»Gott dankt es dir, daß du den Weg zu uns gefunden hast.« Das Innere der Kirche war schmucklos. Von den Bretterwänden blätterte die Farbe ab. Auf einem schwarzgedeckten Tisch ein Kreuz, daneben eine zerlesene Bibel und ein Zepter. Die Orgel brummte, und ein Schlagzeuger tippte die Trommel an. Erst als Elias nach vorn ging und nach der Bibel griff, wurde es still. Nur die Stühle ächzten und knarrten, auf denen die Gläubigen erwartungsvoll ausharrten. Elias ertrank fast in seinem schwarzen Anzug. Die Ärmel flatterten. Er räusperte sich und klopfte mit den Fingern gegen das Mikrophon, das vor ihm hochwuchs. Der Lautsprecher knarrte.
»Amen«, schrie eine Frauenstimme.
»Our Lord!«, schrie Elias, warf den Kopf zurück und schüttelte ihn.
»Our Lord!« kam das Echo der Stimmen.
Elias im Wechselgebet mit der Gemeinde: flehend, beschwörend, ein Hin- und Herwogen, das sich schließlich in einem Amen löste. »Amen!« »Amen!« »Amen!« Die Stimmen plätscherten durcheinander.
Elisas stellte sich auf die Zehenspitzen, die Bibel wippte in seiner rechten Hand.

»Let us hear the Word of the Lord.«
Sie schoben den Oberkörper vor und nickten mit dem Kopf Zustimmung.
»BLESSED ARE THE POOR IN SPIRIT: FOR THEIR'S IS THE KINGDOM OF HEAVEN!
BLESSED ARE THEY THAT MOURN: FOR THEY SHALL BE COMFORTED!«
Der Prophet schmetterte die Sätze in das Mikrophon, daß es nur so rasselte. Sein schmächtiger Körper pumpte wie ein Blasebalg und ließ den Adamsapfel tanzen. Die Füße stampften. »BLESSED ARE THE MEEK: FOR THEY SHALL INHERIT THE EARTH!« Die Gemeinde seufzte auf. »AMEN! AMEN!«
Eine Frau warf die Arme hoch, von einem Lächeln verzückt. Elias ließ sich von der Begeisterung tragen, die er entfachte: er spuckte, donnerte, dröhnte, die Verheißungen wurden Fleisch und Blut und entlockten den Zuhörern spitze Schreie. Plötzliche Stille. Elias knallte die Bibel auf den Tisch, ergriff das Zepter, schüttelte es in der Faust und begann in einem rhythmischen Singsang die himmlische Seligkeit zu schildern.
Schönheit schälte sich aus den Gesichtern. Keiner kam zu kurz. Jeder konnte sich satt essen, satt sehen, satt fühlen, satt hören, und der Hunger verging nicht. Die Armut fuhr in einem klapprigen Karren davon. Die Krankheiten verkrochen sich in die Erde, und Reichtum quoll aus dem Füllhorn des Himmels. Der schwarze Messias schritt im weißen Gewand durch die Städte und vergoldete das Grau. Die Verheißungen wurden immer greller, und die Hoffnung fuhr den alten Leuten in die Glieder. Sie hielten es nicht mehr auf den

Stühlen aus, sprangen hoch, schrien Hallelujah und Amen, klatschten in die Hände, die Orgel stöhnte auf, und der Schlagzeuger verkündete seine Botschaft. Elias schwang das Zepter und zeigte das Weiß seiner Augen. Weit weg war er, sein Körper zuckte. Schweiß zerklüftete sein Gesicht.

»PREPARE YE THE WAY OF THE LORD! MAKE STRAIGHT IN THE DESERT A HIGHWAY FOR OUR GOD. EVERY VALLEY SHALL BE EXALTED AND EVERY MOUNTAIN AND HILL SHALL BE MADE LOW; AND THE CROOKED SHALL BE MADE STRAIGHT, AND THE ROUGH PLACES PLAIN:
AND THE GLORY OF THE LORD SHALL BE REVEALED! AND ALL FLESH SHALL SEE IT TOGETHER: FOR THE MOUTH OF THE LORD HATH SPOKEN IT.«

Frauen wälzten sich auf dem Boden und spreizten die Beine. Ihre Münder sprangen auf und entließen langgezogene Schreie, die in das Tosen der Orgel und das Geklapper der Trommeln hineinstießen.

»SAVE US OUR LORD! SAVE US OUR LORD!«

Ich kauerte in einer Ecke und gab mich dem Lärm hin. Doug lehnte neben mir an der Wand, und ich sah im Halbdunkel seine Zähne in einem spöttischen Lächeln. Er schlug seine Faust mir im Rhythmus auf die Schulter.
»Bist du wahnsinnig?«
»Komm, wir gehen!« Er riß mich hoch und zerrte mich aus der Kirche, hinaus auf die Straße. Autos glitten vorüber, die Gosse glitschig von Kehricht.

Junge Burschen alberten vor einem Drugstore. Frauen in bunten Kleidern hingen in den Fenstern. Es war Samstag. Eine Kehrmaschine polterte vorüber, und ein Wirbel erhob sich in der Gosse und erfüllte die ganze Straße mit dichten Staubwolken. Wir wollten Nina einen Besuch abstatten, aber sie war nicht zu sprechen. Eine Type mit Blumenkohlohren und einer schiefen Nase wachte vor ihrer Tür, eine Zigarre paffend, und sagte, wir sollten uns zum Teufel scheren. Ich hatte mich so danach gesehnt, ein bißchen Vorgeschmack auf das Paradies zu kosten. Der Tag endete in alkoholischer Poesie. Bill machte mir zum ersten Mal Vorwürfe; gleichsam von Mann zu Mann sprach er zu mir. Ich sollte mein Glück nicht mit den Füßen treten und was sonst noch zu derlei Aussprachen gehört. Er kannte meine Neugier nicht, meine unersättliche Neugier, die mich an alle Tische zwang, die in der Welt gedeckt waren. Um das Faß nicht zum Überlaufen zu bringen, marschierte ich mit der ganzen Familie am Sonntag in die Kirche. Bill war Presbyterianer und gehörte dem Kirchenvorstand an.

Vor der im neugotischen Stil gebauten Kirche stauten sich die piekfeinen Autos. Es war die reinste Modenschau. Frauen in eleganten Pelzmänteln, die sie in dem kalten Herbstwind sichtlich genossen, die Männer, wie aus dem Ei gepellt, mit gedämpfter Fröhlichkeit. Bill grüßte reihum und genoß es, daß man ihn mit seiner Frau und seinen Kindern sah. Die Orgel lockte süß. Wir traten in eine ganz in Weiß gehaltene Kirche. Der Altar ertrank in einem Blumenarrangement. Über der Kanzel schwebte, klein und zierlich, eine Taube. Ein sanftroter Teppich dämpfte die

Schritte. Alles war behaglich, warm und weich und in ein honiggelbes Licht getaucht, das durch die hohen Fenster fiel, den prächtigen Steinfußboden lackierte und in den Gesichtern ein engelhaftes Lächeln anzündete. Da saßen die Auserwählten, vom Reichtum verhätschelt, den sie für Gnade hielten, und stimmten das Lob Gottes an, vollkommen, ohne Fehler, da war nichts zu ändern, keine verpfuschte Stelle, Leib und Seele in zufriedenem Einklang. Der Prediger, die Rechte auf der Brust mit wohlberechnet hingebungsvoller Geste in einem weißen Gewand, das ihn feierlich umfloß, tönte süß und wärmte die Herzen mit besinnlichen Dichterworten. Weisheiten in Blumen gegossen, goldene Bestätigungen, daß man auf dem richtigen Pfad sei. Er erzählte die Geschichte eines Mannes, den Gott mit einer schweren Krankheit heimsuchte, aber der Mann gab nicht auf. Vom Krankenbett dirigierte er sein Unternehmen weiter und mehrte seinen Besitz und wurde wieder gesund und dankte Gott, indem er ein Buch über sein Leben schrieb, zum Trost und zur Ermunterung seiner Brüder und Schwestern, die auf Gott vertrauen. Das tat gut. Da konnte man befreit singen »LET US PRAISE THE LORD«.

Es war gut zu wissen, daß Teppiche für einen ausgerollt wurden, Türen geöffnet, Schenkel aufgeblättert, Börsenkurse in die Höhe getrieben, daß man die Schäfchen ins Trockene bringen konnte, daß die Versicherungen für den Schaden aufkamen, daß man der Konkurrenz gewachsen war und daß man mitzureden wußte.
Die Zuversicht ölt das Geschäft, besonders wenn sie von oben kommt.

Nachher stellte mich Bill Reverend Seymour vor, der so schöne Worte über das irdische Glück gefunden hatte. Er schüttelte mir innig die Hand, suchte meine Augen und fragte, wie mir seine Predigt gefallen habe. Ich hatte nicht viel Übung in diesen Dingen. Ich glaubte nicht an Gott, aber selbst mein Atheismus war ohne Überzeugung. Ich hätte mich zu allem bekehren können. Meine Religion war sozusagen unenttäuschbare Hoffnung, die große Möglichkeit. Reverend Seymour gab sich mit mir sehr viel Mühe. Er roch wohl den saftigen Braten einer Bekehrung. Ich ließ ihn in dem Glauben, daß ich in seinem Netz zappelte. Man muß mit den Tauben gurren und den Krähen krächzen. Ich kam mir ungeheuer diplomatisch vor und widmete mich mit großen Vorsätzen meiner Arbeit. Ich schuftete wie ein Hund, jeden Augenblick darauf gefaßt, eine kleine, zierliche Taube über meinem Haupt zu entdecken. Abends, wenn ich müde ins Bett fiel, erging ich mich in maßlosen Träumen. Ich setzte vor lauter Illusionen geistiges Fett an und kaufte mir einen modischen Anzug. Meine Mimikry gelang mir immer besser. Es gab Leute, die mich für einen waschechten Amerikaner hielten. Und ich bildete mir was weiß ich darauf ein. Es war weiter keine Kunst herauszufinden, daß meine Gelüste nicht die eines armen Teufels waren. Der Luxus nahm mich in seine weichen Arme, und ich erlag nur zu gern seinen Verführungen.

Mit einem silbernen Löffel geboren werden. Kotzdonner! Nicht einer der vielen sein. Auserwählt. Reverend Seymour fand, daß ich eine gute Stimme habe, und ich trat in den Kirchenchor ein.

5. Runde

Vorteil im Infight.
Der Gegner läßt sich meinen Stil aufzwingen.
Ich sammle Punkte.

»Laß mich von den Superreichen sprechen«, sagte Francis Scott Fitzgerald, »sie sind ganz anders als du und ich. Sie besitzen und genießen früh, und das hat seine Wirkung. Es läßt sie sanft sein, wo wir hart sind, und zynisch, wo wir vertrauen. Es ist schwierig, das zu verstehen, wenn man selbst nicht reich geboren ist. Tief im Herzen denken sie, daß sie besser sind als wir, die wir den Ausgleich und die Auswege im Leben selbst zu entdecken hatten. Selbst wenn sie weit in unsere Welt eindringen oder tief unter uns sinken, denken sie immer noch, daß sie besser sind als wir. Sie sind anders.«
»Ja, sie haben mehr Geld«, knurrte Hemingway.

Beglückt durch den Gang der Entwicklung verlor ich mehr und mehr meine Vergangenheit, den ganzen Trödel der Erinnerungen, die einen so sanft aus dem Verkehr ziehen. Bin ich ihnen ein für allemal entrückt, habe ich mich verändert oder bin ich immer derselbe geblieben? Unter der Schminke meiner Anpassungsversuche?

Ich weiß es nicht. Während ich mich zurückbeuge, bemerke ich, daß ich keine Spuren hinterlassen habe. Ich habe Feuer angezündet, die schnell verglühten, Worte gesprochen, die mit den Augenblicken, für die sie bestimmt waren, vergingen. Jetzt lüge ich die Leere zu, die hinter mir gähnt.

Die Tage vergingen, und die Arbeit plätscherte dahin: Puppen, Spielzeuge, Verkaufszahlen, Verbraucherwünsche. Ich geriet auf die schiefe Bahn der Routine. Selbst mein bißchen Privatleben lief wie eine Spieluhr ab. Mit Debbie exerzierte ich eine junge Liebe, mit Betty spielte ich wortlose Leidenschaft, und mit Nina, die ich gelegentlich besuchte, erholte ich mich von Debbie und Betty. Ich entwickelte eine komplizierte Geometrie von erotischen Beziehungen und mußte achtgeben, daß ich nicht die Fäden verknotete. Ich ertappte mich dabei, daß ich einen fast krankhaften Ordnungssinn entwickelte. Alles hatte sich einem bestimmten Schema zu fügen: so wenigstens glaubte ich mich vor unliebsamen Überraschungen sicher. Es kostete mich große Anstrengungen, die Rollen nicht zu verwechseln, so daß ich nicht Nina für Betty hielt

oder Debbie für Nina oder mich für einen anderen, wozu ich große Lust hatte.
Debbie fing an, sich ihr Leben mit mir einzurichten. Wir gingen oft ins Kino miteinander. Sie hatte die Angewohnheit, bei leidenschaftlichen Liebesszenen auf der Leinwand selbst in Fahrt zu geraten und meine Hand dorthin zu dirigieren, wo sie sie haben wollte. Ihre Seufzer, die sie nur schwer unterdrücken konnte, mischten sich in das Liebesgeflüster des Films.
Debbie besaß einen alten klapprigen Volkswagen, mit dem sie mich in der Gegend herumkutschierte. Sobald wir aus dem Häusermeer herauskamen, wurde sie ganz aufgeregt und begann, Bäume und Wiesen mit kindlicher Freude zu begrüßen. Sie hatte ihre Kindheit auf dem Lande verbracht, wo ihr Vater als Arzt praktizierte. Nach seinem Tode zog ihre Mutter wieder in die Stadt und heiratete einen reichen Geschäftsmann, mit dem Debbie sich nicht sehr gut verstand.
Debbie liebte die Natur und nahm jede Gelegenheit wahr, in ihr Seele und Lungen richtig auszulüften. Ich wollte sie nicht kränken und tat so, als würde ich ebenfalls aufblühen. Tatsache jedoch war, daß ich fernab von allem wenig mit mir anzufangen wußte. Ja ich entwickelte nach langen Wanderungen einen richtigen Haß auf das lyrische Geheimnis der Natur und versuchte, mich vor den Ausflügen zu drücken, was Debbie als ein Erkalten meiner Liebe auslegte.
Sie ließ sich sehr gern von mir ihre Zweifel ausreden, und um so mehr genoß sie hinterher die Versöhnung. Der Herbst war sehr kühl, so daß wir schließlich in einem Motel mit einem Ausblick auf einen See unsere wochenendliche Versöhnung fortsetzten. In unserem Zimmer stand ein Fernsehapparat. Das Nachtpro-

gramm brachte alte Westernfilme. Als Alan Ladd den Schurken umlegte, liebte ich Debbie und versuchte mir vorzustellen, es sei das letzte Mal. In solchen Untergangsstimmungen glaubte ich auf den Grund meiner Wollust zu stoßen. Es war die Angst, nicht sicher zu sein, wozu man überhaupt die Segel setzt, und diese Angst machte mich nur noch geiler.

»Möchtest du Kinder?« fragte mich Debbie, als ich später aus dem Bett kroch und an das Fenster trat.

Ich blieb ihr eine Antwort schuldig und fragte mich insgeheim, ob Möglichkeiten eine Form der Wirklichkeit seien. Nicht auszudenken! Mich ergriff eine düstere Heiterkeit, ein übermütiges Todesverlangen, daß ich am liebsten durch das Fenster gesprungen wäre. Solche Wünsche hat man, erfüllt sie sich jedoch nicht. Ich ging brav wieder ins Bett, wo Debbie versöhnungshungrig auf mich wartete. Alan Ladd kriegte sein Mädchen, und die Glocken läuteten. Im Nachbarzimmer schrie jemand, wir sollten den Fernsehapparat leiser stellen. Die Nacht kam in großen, schmutzigen Wellen, die Strandgut in den Schlaf spülten, lauter leere Dosen.

Auf eine ziemlich verzwickte Art liebte ich Debbie. Ich liebte sie mit meinem auf Häuslichkeit erpichten Ich, aber noch mehr hing ich an meiner Unruhe, die mich immer wieder wegtrieb und neu engagierte. Es ist erstaunlich, wieviel Ichs man im Laufe der Zeit in sich großzieht. Man gibt ungern eines davon auf: andrerseits läßt man sich nicht allzuleicht auf eines festlegen. Debbie fand sehr bald heraus, daß ich nicht mit Haut und Haar bei der Sache war und wollte wissen, ob es mir denn ernst sei. »Was denkst du?« bohrte sie.

Meine Gedanken waren der Punkt auf einem noch nicht existierenden I.
So schnell wie unsere Liebe entflammte, erkaltete sie auch wieder. Debbie fand einen Musiker, mit dem sie inniger musizieren konnte. Eines Tages erhielt ich ein unförmiges Paket mit der Post, das die Kaffeemühle enthielt. Ich schenkte sie Betty.
Bill war sehr stolz auf seine Frau und weihte sie in all seine geschäftlichen Unternehmungen ein. Seine Mutter lebte in einem feudalen Altersheim an der Westküste. Er hatte dafür gesorgt, daß ihr jedes Wochenende ein Strauß gelber Rosen gebracht wurde. Bills Mutter glaubte, ein junges Mädchen zu sein und war fast überzeugt, daß die Rosen von einem geheimnisvollen Verehrer stammten. Ihr Sohn wagte sie nicht zu besuchen: sie schien ihm übel zu nehmen, daß er sie an ihr Alter erinnerte. Betty versuchte, ihrem Mann eine gute Mutter zu sein. Sie hatte mit der Zeit herausgefunden, daß sie auf diese Weise Bills Erwartungen entgegenkam, fürchtete jedoch dabei, frühzeitig zu altern und pflegte ihren Körper mit einer fast rituellen Besessenheit.
Über psychologische Wehwehchen und Probleme wurde im Liebesnest in aller Unbefangenheit geredet. Bob zum Beispiel hatte einen prächtigen Ödipuskomplex: er wollte unbedingt seine Mutter heiraten. Ich hatte den Eindruck, daß Bill sehr stolz auf seinen Sohn war, denn er lebte in dem Glauben: was psychologisch halbwegs erklärbar ist, kann nichts schaden.
Ich langweilte mich zu Tode und gab mir alle Mühe, dem Papagei ein paar neue Sprüche beizubringen, aber er blieb nur zu gern bei seinen frommen Ausrufen, mit denen er den Ereignissen einen christlichen Aus-

gang zusicherte. Die Liebesnestwärme lullte mich ein. Reverend Seymour lobte meinen Eifer im Kirchenchor.
»Die Deutschen haben die Musik im Blut!«
Er hatte den »Doktor Faustus« von Thomas Mann gelesen und war fest überzeugt, die musikalischen Tiefen der Deutschen ergründet zu haben. Es fiel ihm gar nicht auf, daß meine Musikalität lediglich darin bestand, mitzusingen. Mit der Originalität ist das so eine Sache. Warum muß es mir vorkommen, als ob fast alle, nein, alle Mittel und Konvenienzen der Kunst heute nur noch zur Parodie taugen?
Ich habe nie etwas Schlimmes dabei gefunden.

Weihnachten stand vor der Tür. Die Straßen hingen voller Sterne, die in der Dunkelheit aufleuchteten und den Käufern den Weg zur Kasse wiesen. Märchenfiguren aus Pappmaschee, Schneewittchen im Brautkleid schlummerte dem Prinzen entgegen. Aus den Lautsprechern ertönten immer wieder dieselben Lieder, dazwischen Glöckchengeklingel und das aufgeregte Schnattern der sieben Zwerge. Die Verkäufer gaben sich alle Mühe, einem nicht um den Hals zu fallen.
Doug mimte Santa Claus. Seine Arbeitskleidung bestand aus einem dicken, weißgesäumten, roten Mantel, einer pelzgefütterten Mütze, ebenfalls rot, zwei schwarzen Stiefeln, einem falschen Bart und einem Sack.
Doug mußte ein freundliches Gesicht machen und würdevoll auf und ab schreiten. Ein Fotograf blieb immer in seiner Nähe und knipste ihn zusammen mit erwartungsvollen Kindern, mit kichernden Frauen und

ermatteten Familienvätern. Man konnte die Bilder vorweihnachtlicher Freude kaufen. Das Geschäft florierte. Doug lächelte, bis ihm der Bart verrutschte. In den Sack steckte er die Wunschlisten der Kinder. Er leerte ihn am Abend in eine Mülltonne aus.
»'n tolle Verkleidung«, erklärte er mir, »jedes Kind will sich mit mir gutstellen. Ich komme mir tatsächlich wie ein Weihnachtsmann vor.«
Der Fotograf drückte mir seine Karte in die Hand. Ich hatte keine Lust herauszufinden, ob das Bild gelungen war. Ich hatte den Ehrgeiz schon längst aufgegeben, mir selbst ähnlich zu sehen.
CHILDREN'S PARADISE hatte für die Kinder der Angestellten und Arbeiter eine besondere Überraschung. Am 21. Dezember lud Bill sie zusammen mit ihren Eltern zu einer großen Weihnachtsparty ein, bei der sogar die Presse nicht fehlte. Er empfing sie als Peter Pan verkleidet. Jack Grueneveldt watschelte in einem Pinguinkostüm herum und wirkte so echt, daß ihn ein kleiner Junge sofort mit nach Hause nehmen wollte. Selbst Doktor Meadows kehrte sein *alter ego* hervor: er trat als Krokodil auf, das mit den Zähnen knirschen konnte.
Es gab Gingerale und heiße Waffeln. Ein Kinderchor sang Weihnachtslieder, und die Eltern vergingen vor Rührung, als ihr Nachwuchs die richtigen Töne fand. Mich hatte man in ein künstliches Bärenfell gesteckt, in dem ich erbärmlich schwitzte. Ich hatte zu brummen. Was tat man nicht alles für die Kinder in CHILDREN'S PARADISE. Die Waren mußten Sales Appeal haben. Darauf kam es schließlich an. Also brummte ich, so gut ich konnte. Dabei kroch mir der Schweiß den Rücken hinunter und versammelte sich in meiner Hose.

Ein kleines Mädchen stach mir eine Nadel in die Wade, sie wollte wissen, ob ich echt war.
Hauptattraktion an diesem Nachmittag war die Vorführung des neuen Spielzeugs. Bill wollte die Reaktion des Publikums studieren, um zu erfahren, ob er den Geschmack der Verbraucher getroffen habe. Er liebte den Kult der Publikumsanalyse, und ich spielte eine nicht unwesentliche Rolle dabei: Ich zählte die Lachfalten der Beglückten und die Stirnrunzeln der Zweifler. Die Jungens und Mädchen stürzten sich tatendurstig über die Spielzeuge, die auf Tischen ausgelegt waren. Angestellte im Micky-Maus-Dreß machten den kläglichen Versuch, die Ausgelassenheit in ruhigere Bahnen zu lenken, sie wurden einfach mitgerissen. Schreie und Rufe prallten in dem vollgedrängten Saal zusammen. Es roch nach kaum zu bändigenden Kindern. Die Fotografen jagten nach Bildern kindlichen Entzückens. Die Eltern blieben hilflos im Hintergrund und warfen verzeihungsuchende Blicke nach Bill, der über beide Backen strahlte. Das Fernsehen interviewte ihn. Gegen das Geschrei ankämpfend schrie er:
»Spiele sind Abbilder der verschiedenen Lebensverhältnisse. Wenn wir spielen, geben wir unserer Sehnsucht, der Welt zu entfliehen, nach, und doch bleibt dabei all unser Tun mit den Spiegelbildern der Welt erfüllt.«
Die Sätze klangen nach Doktor Meadows, der sich das Ganze mit einem affirmativen Kopfnicken anhörte. Als Krokodil zeigte er wirklich Grazie.
Die Kinder entdeckten sehr bald den Schlager unserer Produktion, den elektrischen Stuhl, den Jack Grueneveldt zusammen mit seinem Designerteam in entsa-

gungsvoller Arbeit kreiert hatte. Er war dem Original ziemlich ähnlich. Ein kleines, aufgewecktes Kerlchen setzte sich auf den Stuhl und kniff erwartungsvoll die Augen zusammen. Um Hals-, Hand- und Fußgelenke legte man ihm elektrische Drähte, die mit einer Batterie verbunden waren.

Ein Micky-Maus-Mann drückte den Hinrichtungsknopf, und ein Kitzeln durchschüttelte das Opfer, das nicht recht wußte, ob es lachen oder weinen sollte.

»Ist er jetzt auch wirklich tot?« fragte ein junger Skeptiker.

»Alles nur Spiel!«

»Schade!«

»Und hier, liebe Kinder, haben wir eine Guillotine. Wißt ihr, was das ist?«

»Neinnnnnnnnn!«

Der Micky-Maus-Mann öffnete eine Schachtel und holte die Bestandteile einer Guillotine heraus, die er mit verzögerter Routine zusammensetzte. Das hatte selbst der Dümmste schnell heraus. Ruckzuck. So etwas muß nur so flutschen. Der Micky-Maus-Mann schob eine Plastikpuppe unter das Fallbeil – und plumps wurde die Französische Revolution wiederholt. Der Kopf sprang in den Korb. Das Ganze kostete $ 10, Guillotine samt 30 Püppchen. Letztere konnten nachgeliefert werden.

Natürlich dominierten die Puppen, Puppen in allen Größen, Farben und Formen. Man hatte selbst an Krüppel und einschüchternde Häßlichkeiten gedacht, an triefäugige Fratzen, schiefe Nasen, Narbengesichter, Raffzähne und Warzen. Mit Schreckensrufen rissen die Kinder sie in ihre Arme und gossen ihr Mitleid über die aus Kunststoff gepreßten Erbärmlichkeiten,

die sogar plärren konnten und winseln. Und daneben triumphierten die Bilderbuchschönheiten: Puppen mit klappernden Wimpern; sie sangen und tanzten, seufzten, machten altkluge Konversation und präsentierten selbstbewußt die neueste Mode, kniefrei, die Haare schulterlang und spitze Brüste. Eine konventionelle Lüsternheit straffte ihre Gesichter. Mit schmiegsamer Hysterie deuteten sie Umarmungen an, warfen Kußhändchen und lachten, ihres Erfolges gewiß.
Die Kinder wußten gar nicht, wonach sie zuerst greifen sollten. Ihre Blicke spiegelten den vom Überangebot der Spielzeuge hervorgerufenen tranceähnlichen Zustand wider. Manche von ihnen blieben hilflos stehen und wagten nicht, sich zu rühren. Andere steigerten sich in eine wilde Begeisterung, die etwas Zerstörerisches hatte. Ein kleiner Junge riß eine Puppe auseinander und warf die Stücke um sich. Die Micky-Maus-Männer schnauften vor Erschöpfung. Das Publikum wuchs ihnen über den Kopf.
Selbst für die christliche Erziehung hatte man in Children's Paradise gesorgt. Kinder konnten einen Zelluloidchristus ans Kreuz schlagen. Ein großer Kasten barg das Material: die Dornenkrone, Nägel, eine Lanze und ein Hämmerchen. Eine bebilderte Broschüre erklärte, gespickt mit frommen Sprüchen, den Leidensweg zum Selbstbasteln. Der Christus hatte grellrote Lippen und einen schönen Bart. Nichts hatte man vergessen. Alles war Spielzeug geworden: Himmel und Erde, der Krieg, die Technik, der Weltuntergang, der Sport, die Mode, die komplizierten Affären des Geldes, die zu Comic strips verkürzte Geschichte, die Welt zum Selbstdrehen, der Flirt, das Kinderkriegen und so weiter. Und sie marschierten auf: die Pla-

stiksoldaten und schwarzangestrichene Sonntagsprediger, die langschenkligen Girls, die sprechenden Roboter und tollpatschigen Astronauten, die muskulösen Sportskanonen und Donald Duck mit einer Baseballmütze. Sie erfüllten alle Wünsche und lösten alle Probleme.
Das Geschrei laugte mich völlig aus. Ich vergaß meine Rolle als Brummbär und taumelte in die Toilette. Es war die einzige Beschäftigung, zu der ich noch Kraft hatte. Als der Zauber vorüber war, versammelte Bill seine Mitarbeiter und analysierte den Erfolg. Wir liefen noch immer in unserer Verkleidung herum, und ich mußte mir Mühe geben, nicht zu brummen. Eines stand fest: Wir konnten dem kommenden Jahr gefaßt entgegensehen. Das beifällige Gequieke der Kinder hatte eine rosige Zukunft eröffnet. Ich bezog den allgemeinen Optimismus auf mich.

HAPPY KIDS A BETTER WORLD

Bill zählte zu den glücklichen Kindern. Er sah aus, als wäre er aus seiner Puppengebäranstalt hervorgegangen. Er war sein eigenes bestes Produkt und verkaufte sich sehr teuer. Selbstvertrauen und zur rechten Zeit zugreifen. Auf jeden Fall sah ich, wie es gemacht wurde. Bill lobte mich auf der Heimfahrt.
»Sie haben sich schon gut eingelebt, schneller als ich dachte. Das muß doch alles sehr fremd für Sie sein?«
»Eigentlich überhaupt nicht. Ich kannte drüben keine festen Gewohnheiten. Erst Gewohnheiten lassen uns an Nestwärme glauben.«
»Was haben Sie früher gemacht?«
Ich dachte nicht daran, ihm meine damalige Wartezimmer-Existenz zu schildern, und log einige Erleb-

nisse von größerem Interesse zusammen. Das Fatale war, ich glaubte selbst an meine Flunkereien. Sie machten die Rolle, die ich spielen wollte, leichter. In dem Gewirr bunter Lichter, grinsender Weihnachtsmänner, Whisky-Reklamen und fünfzackiger Sterne von Bethlehem, durch das wir fuhren, entdeckte ich meine Zukunft. Plüschgefühle machten mich zuversichtlich. Und ich merkte gar nicht, daß immer mehr Fädchen meine Glieder regierten. Es war ein Glück, das den Widerspruch gleichsam unter die Käseglocke der Hoffnung verstaute. Zweifel hob ich mir für Frauen auf.
Bill hörte mir aufmerksam zu. Seine Hand tätschelte das Lenkrad. Als Betty uns so vertraut sah, wurde sie mißtrauisch. Sie hatte es offensichtlich nicht gern, daß ich mich zu gut mit Bill verstand. Wir aßen irgendein biologisch wertvolles Mahl.
»Was hat das nur zu bedeuten«, fragte Bob, »daß der Papagei sich seine Federn ausrupft?«
Der Tag endete vor dem Fernsehschirm. Seeräubergeschrei mischte sich in unsere Unterhaltung.
»Wir können mit unserem Erfolg zufrieden sein«, resümierte Bill stolz. Ich ging erschöpft auf mein Zimmer. Durch die Ritzen der Jalousien blinzelte das Licht aus dem Nachbarhaus. Von Zeit zu Zeit hallte das Geräusch von Schritten herauf. Der Widerhall verstärkte sich an den Zimmerwänden, summte und verschwand. Ich ließ Wasser in die Badewanne laufen. Dampf bleichte den Spiegel und trieb Schweiß aus meinen Poren. Ich prüfte mit meinen Zehenspitzen die Temperatur des Wassers und stieg gegen die Hitze ankämpfend in die Wanne. Unzählige Reize wiegelten meine Haut gegen mich auf. Sie preßte mich zu einem

Schmerzklumpen zusammen. Man müßte aus Zelluloid sein.
Vielleicht traute ich dem Wasser zuviel zu, aber als ich in mein kühles Bett stieg, Lindbergh neben dem Propeller, hatte ich das Gefühl einer ungeheuren Befreiung. Der Abfluß röchelte. Meine Vergangenheit wurde immer kleiner.
Von der Tür her kam ein zaghaftes Klopfen. Betty trat ein. Ich tat, als ob ich schliefe und atmete lang und tief.
»Du Schuft!« murmelte Betty und strich mit gespreizten Fingern über meine Schenkel. Dagegen war ich wehrlos. Debbie hatte immer ein klein wenig geschrien und Nina, wen interessiert's schon. Betty holte sich bei mir, was ihr Mann ihr versagte. Ihr schlechtes Gewissen machte sie nur noch ungestümer. Sie biß und kratzte mich. Sie nannte mich Bill.
Nachher sagte sie: »Ich schäme mich. Du denkst wohl, ich sei schlecht.«
Meine Finger spürten Schweiß auf ihrer Brust. Ich schlief ein, als sie über Bill redete. Immer dieselbe Geschichte. »Er ist ein Kind.«

Weihnachten packte mich ganz in Watte. Es war ein Fest demonstrativer Verschwendung. Ich hatte tief in meine Taschen gegriffen, um den Weihnachtsmann zu spielen. Man muß sein Prestige zuweilen mit Geschenken aufbügeln. Ich ließ mich festlich füttern und heuchelte Begeisterung über eine geschenkte Krawatte, die, der neuesten Mode folgend, so breit war, daß sie ein Hemd ersetzte. Im Liebesnest sonnte man sich in gegenseitiger Liebenswürdigkeit. Der Papagei hatte sich fast kahlgerupft. In der Kirche roch es nach

neuen Kleidern. Ich stieg auf die Empore und brüllte das Hallelujah mit, das nach endlosen Proben, die Mr. Crompton leitete, die ersehnte Wirkung hatte. Die Leute weinten vor Rührung. Mr. Crompton, ein nervöses Männchen mit wildem Haarwuchs, war ein Phänomen. Er beglückte eine ganze Reihe von Vereinen und Unternehmungen mit seinen Talenten. Er war nicht nur hingebungsvoller Leiter des Kirchenchors, sondern auch Präsident eines magischen Zirkels, Schriftführer in einer Gesellschaft zur Pflege und Erhaltung amerikanischer Naturschönheiten, Tierfreund, Amateurastronom und Ehemann einer Frau, die ihrerseits sich in mehreren Vereinen austobte.
Reverend Seymour entfachte mit seiner Predigt ein allgemeines Selbstmitleid. Eine Frau wurde ohnmächtig. Ein kleiner Junge schrie: »Kommt Mrs. Mortimer jetzt in den Himmel?« Reverend Seymour machte eine salbungsvolle Pause und wartete, bis man die Frau hinausgetragen hatte. Ich bildete mir ein, daß ich alles durchschaute, aber ich machte mit und schmiegte meine Stimme in den Gesang der Gemeinde. Letztlich kommt es immer auf die Demonstration an. Überzeugungen und Zweifel haben wenig Gewicht, wenn ihnen die Rhetorik nicht zu Hilfe kommt. Meist ersetzt jedoch die Rhetorik alles andere. Man weiß nie genau, wie dürr ein Vogel ist, wenn er sich aufblustert.
Bob hatte einen Astronautenanzug bekommen, den er selbst beim Essen nicht ausziehen wollte. Sein Kopf wirkte lächerlich klein über der ausgebeulten Brust. Micky zog den Schwanz ein und versteckte sich im Garten. Ich kämpfte verzweifelt gegen die Langeweile an, die in großen Wogen über mich hereinbrach und mir jegliche Courage abkaufte. Am Nachmittag lief

ich zum See und schmiß Steine ins Wasser. Ich war drauf und dran zu glauben, damit eine schöpferische Arbeit zu leisten. Es stank nach toten Fischen. Mir war es nach einer Flasche zumute, nach einem großen Ereignis, das meine Lethargie auftauen würde, nach einer Frau.

Ich entschloß mich, Michel Ferràs einen Besuch abzustatten. Er bewohnte mit seiner Frau eine Villa direkt am See. Das Haus hatte das Aussehen eines griechischen Tempels, ganz in Weiß, das käsig durch das dunkle Grün sorgfältig gestutzter Nadelbäume hindurchschimmerte. Schwer vorzustellen, daß Suppenkonserven diese klassizistische Pracht bezahlt hatten. Ein alter, fetter Hund schleppte sich mühsam in meine Nähe und bellte keuchend. Michel pfiff ihn zurück und begrüßte mich überschwenglich. »Welche Weihnachtsüberraschung!«
Er führte mich in ein Zimmer, einen nicht besonders großen Eckraum, dessen Fenster auf den See hinausgingen. Klaviergeklimper hallte durch das Haus.
»Meine Frau«, erklärte Michel mit einem Achelzukken, »zur Feier des Tages vergewaltigt sie Chopin. Ich hasse Musik, sie gibt meinen Gedanken eine elegische Richtung.« Er forderte mich zum Sitzen auf, blieb eine Weile unschlüssig stehen und warf sich dann aufseufzend in einen Sessel. Das Zimmer stand voller Antiquitäten, an der Wand hing eine altersdunkle Landschaft, Wolken in Form von mächtigen Hinterbacken brüteten über einem idyllischen Hain. Ich erkannte einige fahle Nymphen.
»Was trinken Sie?« fragte Michel.
»Ich schließe mich Ihnen an.«

Michel lächelte spöttisch. »Man muß in Amerika immer seine Wünsche äußern, sonst wird man für einen Schwächling gehalten.«
Die Konversation kam nur schwer in Gang.
»Haben Sie sich an Spielzeuge gewöhnt?«
»Die Arbeit macht mir Spaß.«
»Bill hat es geschafft. Komischer Kauz. Werde nicht warm mit ihm. Ungeheuer verläßlich, aber ein furchtbarer Puritaner. Ich würde mich interessieren, wie tief das bei ihm sitzt. Er ist Missionar und Geschäftsmann zugleich, eine erfolgreiche Mischung, wenn Sie wissen, was ich damit meine.«
Das Klavierspiel verstummte, und wenig später trat Laura ins Zimmer. Ein langes, meerblaues Kleid hing flach an ihr herunter. Sie flößte einem Furcht ein, so dürr war sie.
»Warum hast du mir nicht gesagt, daß Besuch da ist?«
»Ich wollte dich nicht stören.«
»Ich liebe Chopin.« Sie fuhr sich mit einem Finger von der Stirn bis zum Kinn. Die Armbänder klirrten. Sie sah aus wie ein alter Vogel, der zu müde ist, sich mit einem Flügelschlag vom Boden abzustoßen.
»Machst du uns einen Tee?«
Laura starrte mit offenem Mund ins Leere. Sie schien ständig in einer Art Trance zu sein. Ich war gar nicht so sicher, ob sie sich an mich erinnerte. Sie trug die Maske einer Freundlichkeit, die selbst das Absurdeste noch gelassen erduldete. Es konnte sie nichts mehr aus dem Gleichgewicht bringen: sie hatte jede Beziehung zur Wirklichkeit verloren.
»Es wird einige Minuten dauern.« Ihr britischer Akzent klang ein wenig forciert, wie mit unendlicher Mühe ins Gedächtnis zurückgerufen.

»Wir sind jetzt seit 25 Jahren hier. Damals schwärmte man für alles Französische, für französische Weine, für französische Menus, für französische Filme. Ich machte einfach Karriere als Franzose. Meine Zwiebelsuppe in Dosen war die große Attraktion. Die Amerikaner leckten sich die Finger danach. Stellen Sie sich Donald Duck mit einem französischen Akzent vor: er agiert als Chef. Mesdames! Alles ganz einfach: Sie nehmen einen Büchsenöffner, und Sie haben wieder Zeit für ihre Männer.« Michel lachte und fügte hinzu: »Wer nicht selber schöpferisch begabt ist, dem bleibt doch der Kunstgenuß.« Sein knochiges Kinn, das gespalten war wie ein Huf, zitterte.

Und dann saßen wir da und tranken Tee. Laura sagte wohl huntertmal »So ist es«. Michel gab sich alle Mühe mir zu zeigen, daß er es zu etwas gebracht hatte. Für ihn diente das Geld dem gleichen Zweck wie bei anderen Menschen Schuhe mit erhöhten Absätzen. Er wippte darauf.

»Sie dürfen das Geld nicht nur verdienen, Sie müssen es auch genießen.«

»So ist es!« echote Laura. Sie schien nicht die geringste Ahnung von dem zu haben, worüber ihr Mann sprach. Was muß man noch denken, wenn alles Selbstverständlichkeit geworden ist. Als Laura das Zimmer verließ, beugte sich Michel vor und breitete seine Erfahrungen mit amerikanischen Frauen vor mir aus. Er dämpfte seine Stimme. Es war ein unerschöpfliches Thema: falsche Busen, knarrende Betten, schlechtes Gewissen, abenteuerliche Liebespraktiken und mißtrauische Ehemänner. Michel geriet dabei ganz aus dem Häuschen, sein Gesicht verklärte sich vor Erinnerung.

»Wenn man jung ist, will man nichts versäumen. Man fürchtet, daß man sterben könnte und für nichts und wieder nichts auf Erden gelebt hat. Es sind nicht zuletzt die Frauen, die uns ein wenig über diesen Zweifel hinwegbringen.«
Ich hörte zu, und er dankte es mir mit interessanten Einzelheiten. Die Öde saß ihm an der Kehle, und er versuchte sich mit allen Mitteln davon zu befreien. Da war einmal ein Leben – jetzt versickerte es in Worte, in boshafte, schmeichelnde, zynische und großspurige Worte. Ein Feuerwerk, das die Dunkelheit seines Alters erhellte.
Aufgerührt durch die Delirien eines fremden Schicksals kehrte ich in das Liebesnest zurück und wartete vor dem Bildschirm auf die Müdigkeit. Ein Dutzend trikotgebändigter Girls plagte sich singend und hopsend damit ab, das Publikum vom Vorhandensein ihrer Reize zu überzeugen. Der Master of ceremonies bedankte sich händeringend und kündigte die nächste Nummer an. Ein weißgekleideter Japaner jonglierte Teller auf Stöckchen. Ich wünschte aus ganzem Herzen, daß er einen Fehlgriff machen würde, und starrte gebannt auf die schimmernden Teller.

Der Stern Weihnachtens verglühte sehr schnell. In Chicago rüstete man sich schon für das Neue Jahr. Die Uhren in den Schaufenstern zeigten fünf vor zwölf. Luftschlangengeschmückt die Schaufensterpuppen. Ihr Grinsen überdauerte jede Mode. Die Zeitungen berichteten von einer amerikanischen Offensive in Vietnam. Die Menschen stauten sich in den Geschäften, um die Weihnachtsgeschenke wieder umzutauschen.

In CHILDREN'S PARADISE erschien man mit neuen Krawatten. Duke hatte sich verlobt und reichte stolz das Bild seiner Braut herum. Das Spiel ging weiter. Der Absatz von Judy war zurückgegangen. Donald Duck lag gut im Rennen. Er hatte Superman fast eingeholt.
Jack Grueneveldt steckte voller Pläne. Er schlug die Produktion eines Puppenpaars vor, daß zu Aufklärungszwecken an Schulen verkauft werden könnte: Adam und Eva, die in gemeinverständlicher Weise der Liebe pflegten, zitterten, stöhnten und ermatteten.
»Die jungen Menschen müssen lernen, daß Liebe etwas Schönes ist«, erklärte er und führte ein Muster des Aufklärungspaares vor. Man wußte nie recht, woran man bei Jack Grueneveldt war: aus Geschäftsgründen quetschte er das Letzte an Gefühl aus sich heraus. Ich hatte ihn in Verdacht, im Grunde seines Herzens ein völlig langweiliger Mensch zu sein, dem nur Ehrgeiz Begeisterung einpumpte. Im Moment war er Feuer und Flamme und erläuterte seine Erfindung.
Er hatte an alles gedacht.
Das Paar exerzierte sexuelle Normalität. Es liebte sich mit weichen, gleitenden Bewegungen, die etwas Turnerisches an sich hatten. Von roher, besitzergreifender Leidenschaft, wie man sie im Kino sehen konnte, keine Spur.
»Ist das nicht lieblich!« jauchzte Jack und trat einen Schritt zurück, von seinem Machwerk ganz entzückt. Wir alle schauten andächtig zu. Es herrschte Stille. Nur das Knirschen der Puppengelenke war zu hören. Insektenmusik. Bill vergaß vor lauter Nachdenken, seinen Mund zuzumachen. »Ob die Zeit schon reif dafür ist?«

»Die Aufklärung ist nicht mehr aufzuhalten. Jedes Kind hat ein Recht, bestens informiert zu werden.« Jack verfiel in Werbepathos, stellte sich auf die Zehenspitzen und ließ Adam und Eva nicht aus den Augen, aus deren Kopf ein feiner Draht herauswuchs, der zu einer handlichen Schaltanlage führte. Ein rotes Lämpchen zeigte an, daß das Programm lief. Es gab keine Variationen, immer dieselben Bewegungen bis zum Höhepunkt, ein Flattern der Wimpern, ein Ruck und die Körperchen klebten zitternd aneinander. Jack drehte den Schalthebel nach links, und Adam und Eva lösten sich etwas unbeholfen voneinander.
Was mich erstaunte, war die Tatsache, daß keiner die Demonstration zu einer saftigen Zote ausnützte. Man verhielt sich zurückhaltend wie bei der Betrachtung eines Kunstwerks: taxierender Blick und jene Nachdenklichkeit, die etwas Großes anzukündigen schien.
Dr. Meadows brach das Schweigen und murmelte:
»Es sieht so aus, als ob wir von den Puppen noch viel lernen können.«
Jack lachte, und um ihn noch mehr zum Lachen zu reizen, griff Dr. Meadows zu einem alten Mätzchen: er tat beleidigt. »Sie verstehen mich falsch!«
Vor lauter Zähnen sah man Jacks Gesicht kaum mehr.

Eine schnell arrangierte Testkampagne ergab, daß Adam und Evas Liebeswerk von Eltern und Schulen als wertvolles Aufklärungsmaterial begrüßt wurden. Was wäre die Welt ohne große Beispiele.
Jack hatte wieder einmal den richtigen Riecher gehabt und aalte sich in seinem Erfolg. Wieder war ein Bonus fällig. Bill trommelte die ganze Belegschaft zusammen und eröffnete mit einer bibelgewürzten Rede die

Adam-und-Eva-Ära im CHILDREN'S PARADISE. Die Worte kamen in mächtigen Sätzen aus seinem Mund hervor, und ältere weibliche Angestellte griffen aus Rührung zu ihren Taschentüchern.

Trotz seines allzu eleganten Anzugs sah der Held des Tages aus wie ein Pfadfinder, der einen Gipfel erklommen hat. Die Begeisterung katapultierte Jack in die Kindheit zurück. Er zog die flatternde Stirnlocke über die gerötete Nase und machte ganz den Eindruck, als ob er noch nicht vom Baum der Erkenntnis genascht hätte. Er war die Unschuld selbst mit Grübchen und feuchten Lippen. Der Erfolg hält jung.

Der Absatz von Adam und Eva nahm paradiesische Formen an. Natürlich gab es auch Beschwerden. So war einer Lehrerin in Milwaukee das Malheur passiert, daß sie Adam und Eva nicht mehr auseinanderbringen konnte.

»Sie werden verstehen«, schrieb sie, »daß solche Pannen einen ungünstigen Einfluß auf die Phantasie der Kinder haben können.«

All diese Briefe beantwortete Mr. Ricone, der verzweifelt bemüht war, seine Frau und seine Magengeschwüre loszuwerden. Er hatte, wie er immer wieder erzählte, Opernsänger werden wollen, aber seine Stimme war zu schwach. Von seinen künstlerischen Ambitionen hatte er einen unersättlichen Liebeshunger zurückbehalten, mit dem er jedes weibliche Wesen in Children's Paradise verfolgte. Was immer an weibliche Rundungen in seine Reichweite kam, mußte er befummeln. Seine Hände flogen nur so auf Frauen, tätschelten, kniffen, streichelten. Seine Frau kam mit ihrer Eifersucht kaum nach. Mr. Ricone war so etwas wie ein Briefkastenonkel in CHILDREN'S PARA-

DISE, der selbst einer läppischen Kleinigkeit kosmische Bedeutung verlieh. So etwas schätzten die Kunden, besonders die Kundinnen. Er ging auf jede Beschwerde ein. Mr. Ricone war eine sehr wertvolle Kraft.
Ich bekam immer mehr Übersicht in meiner neuen Welt, und mein Vertrauen zu den Spielzeugen wuchs. Eine kleine Gehaltserhöhung half nach. Geld beschleunigt stets den Anpassungsprozeß.
Ich glaubte in einer Welt von Türklinken zu leben, die ich nur herunterzudrücken brauchte.

Es war höchste Zeit, daß ich das Liebesnest verließ und mir in Chicago irgendeine Bude mietete, um ein eigenes Leben führen zu können. Betty hörte es gar nicht gern, wenn ich davon anfing. Sie warf mir Undankbarkeit vor, überwachte alle meine Schritte und war jedesmal beleidigt, wenn ich etwas auf eigene Faust unternahm. So konnte das nicht weitergehen.
Am schlimmsten waren die Sonntagnachmittage, wenn der Papagei seine frommen Sprüche in die Verdauungsstille schmetterte. Um der Langeweile, der trüben Schwester des Luxus, nicht ganz zum Opfer zu fallen, trieb die Familie Beschäftigungstherapie. Man setzte sich zusammen an den runden Tisch im Livingroom und spielte Scrabble. Der Fernsehapparat gab seinen Senf dazu. Betty verriet mich mit keinem Augenzwinkern, und ich bildete aus meinen Buchstaben unflätige Wörter. Eine ziemlich dürftige Rache, die überdies keiner verstand. Jane verbesserte mich alle Augenblicke, und Bill paßte auf, daß fair gespielt wurde.

Man mußte sich die Gemütsart eines Hundes zulegen,

der den geringsten Spaß schwanzwedelnd begrüßt, um nicht durchzudrehen. Wann immer ich nur konnte, verdrückte ich mich nach Chicago, hielt meine Gurgel feucht und spielte mit irgendeiner Puppe das Spiel, das unser Verkaufsschlager Adam und Eva so perfekt vormachte.
Was tat man schon, wenn man 5 Tage harter Arbeit in Children's Paradise hinter sich hatte. Bill schenkte seinen Angestellten und Arbeitern nichts. Er zahlte gut, aber dafür mußte man ganz schön rotieren. Die Arbeitsprogramme, die uns geradezu überschwemmten, ließen uns kaum Zeit, um einmal genüßlich zu kacken. In den Toiletten, die seltsamerweise ganz in Grün gehalten waren – die Farbpsychologie wird darauf schon eine Antwort wissen –, stand in fetten Buchstaben:

NO LOITERING

Die Arbeit fraß einen auf. Die Fenster in den Räumen hatten eine leicht violette Färbung. Die Außenwelt wurde auf Distanz gehalten. Bei schönem Wetter verwandelte sich der Himmel in ein beunruhigendes Grau. Ich gewöhnte es mir ganz ab, aus dem Fenster zu starren.

Am Wochenende war ich dann reif für das große Angebot der Vergnügungen. Es hatte keinen Sinn, wählerisch zu sein: ich nahm mit, was sich mir anbot. Nach all dem Zahlenkrampf in Children's Paradise war ich so ausgelaugt, daß ich auf jedes Amüsement und auf jede Zerstreuung hereinfiel, ehe der Sonntag mit seiner feierlichen Öde heranrückte und alles in die Wüste der Beschäftigungslosigkeit schickte. Immer dieselben Bilder am Sonntagmorgen: Frauen in Lockenwicklern stecken ihre Köpfe zusammen und reden über das liebe Geld und über ihre Männer, die das Geld verdienen. Zerkrumpelte Gestalten versaufen in Bars ihren Katzenjammer. Alte Männer suchen in dem nächtlichen Abfall nach Gold. An den Zeitungsständen hängen die Wochenendausgaben, die schon ein wenig mürbe geworden sind. Der ganze Kohl der Aktualitäten und Sensationen ist sauer geworden. Die Hochbahn rattert fast leer an zerwohnten Häusern vorbei. Kirchgänger sind besonders stolz auf sich.

AND ON THE SEVENTH DAY GOD ENDED HIS WORK WHICH HE HAD MADE; AND HE RESTED ON THE SEVENTH DAY FROM ALL HIS WORK HE HAD MADE.

Man mußte sich eben die Gemütsart eines Hundes zulegen, der jeder Witterung, die ihm in die Nase steigt, nachläuft und auskostet.
Schon am Freitagabend zog ich los und brachte mein Geld unter die Leute.

KINOS
SCHIESS-STÄNDE
WÜRFELBUDEN
WETTEN
STRIPLOKALE
NACHTKLUBS
JAZZKELLER
ANDENKENLÄDEN
PIZZERIAS
KAFFEESTUBEN

WÜRSTCHENSTÄNDE
SPEZIALITÄTENRESTAURANTS
DELIKATESSENGESCHÄFTE
SEX-SHOPS
PRIVATE FILMVORFÜHRUNGEN
TÜRKISCHE BÄDER
BOWLING
TISCHRÜCKEN
HOROSKOPE
POPART
HUNDERENNEN
HAHNENKÄMPFE
FOOTBALL
KONZERTE
DANCING
SEX
AUF DIE SCHNELLE
FÜR EINE GANZE NACHT
HEIRATSVERSPRECHEN
ABSCHIEDE
MASSAGE
TRIPS
ROCK
JESUS
MOHAMMED
BUDDHA
ZEN
RÄUCHERSTÄBCHEN
FARBEN
INDIEN
GESPRÄCHE
COCKTAILS
VERGANGENHEIT

ZUKUNFT
STOFFWECHSEL UND SCHLAF

An einem Montagabend, kurz nach Arbeitsschluß, explodierte im CHILDREN'S PARADISE eine Bombe. Das war mal eine Überraschung. Jack Grueneveldt, der noch im Paradies Überstunden machte, sah als erster die Bescherung. Er rief in Wilmette an, holte Bill aus einem Gesundheitsbad und erstattete Bericht. Bill schluckte einige Beruhigungspillen und brauste mit mir ins Paradies zurück, wo es von Feuerwehrmännern, Fernsehleuten und Polizisten nur so wimmelte. Scheinwerfer fraßen sich durch die Dunkelheit. Was ich durch die zerstiebenden Staubschwaden erblickte, war so erstaunlich, daß ich gar nicht daran glauben wollte: Lauter Puppen, Puppenköpfe, Puppenarme, Puppenschenkel, Puppenleiber, zerrissen, zerborsten, zermalmt, alles durcheinander, Adam und Eva bei ihrer letzten Demonstration.
FUCKED OUT
Ich mußte unwillkürlich lachen, aber man konnte nur vom Hals aufwärts lachen, denn ein ungeheurer Gestank wehte uns entgegen.
Jack flennte vor sich hin. Er war nur noch ein Häufchen Elend.
Am nächsten Morgen, als sich herausstellte, daß die Bombe nicht allzuviel Schaden angerichtet hatte, fand sich in der Post ein Brief, der aus zusammengekleisterten Zeitungslettern bestand.
AN DIE VERANTWORTLICHEN VON CHILDREN'S PARADISE STOPPT ADAM & EVA-PRODUKTION! VERBANNT DIE SÜNDE.
GOTT

Bill trommelte seine Leute zusammen und beriet mit ihnen, wie man auf diesen Drohbrief reagieren solle. Nur mit Mühe wahrte er seine Fassung und schrie: »Jemand will uns fertigmachen!«
Buddy Sheldon, der Personalchef, ein jovialer, dicklicher Mitfünfziger, der Bill jede Bitte von den Lippen abzulesen versuchte, legte die Liste der Entlassenen vor. Auch die Konkurrenz wurde durchgehechelt. Der Kochtopf der Verdächtigungen brodelte. Man war geradezu besessen. Der übelste Klatsch kam ans Tageslicht, geboren aus Eifersucht, Haß, Neid und Halluzinationen. Das Paradies hatte plötzlich Risse.
Bill glaubte sich sogar persönlich bedroht und heuerte aus einem Detektivbüro eine Leibwache an, einen rothaarigen Riesen, der unaufhörlich Kaugummi kaute und finster dreinblickte. Dieser Kerl parkte in seinem Wagen vor dem Liebesnest und beobachtete die Straße, den Hut im Nacken und den Mantelkragen hochgeschlagen. Er sah so echt aus, daß man sich einfach sicher fühlen mußte. Er kam Bobs Vorstellung von Dick Tracy ziemlich nahe.
Die Drohung aber blieb, und mit einer fast wollüstigen Hingabe malte ich mir die Folgen einer neuen Detonation aus: Puppen, nichts als Puppen und aufgerissene Wände. Betty stahl sich fast jede Nacht in mein Zimmer: auch eine Art, die Angst in satte Zufriedenheit zu verwandeln. Den Erschöpften ist die Zukunft nur Schlaf.
Bill dachte natürlich nicht daran, die Produktion von Adam und Eva einzustellen. Es war ihm nicht wohl dabei, aber was tut man nicht alles, wenn man ganz oben auf der Leiter steht und nach den Früchten fingern kann. Die Bombe hatte neue Käufer angelockt,

und die Erfolgskurve in Mr. Laymans Zimmer schoß steil in die Höhe. Nur Dr. Meadows unkte, wie es sich für einen Psychologen gehört: Er war felsenfest überzeugt, daß wir noch mehr Ärger bekommen würden. Er mußte es ja wissen.
»Der Täter leidet unter einer starken Mutterfixierung und haßt Sex, weil dieser ihm seine Vostellung von einer unschuldigen Kindheit beschmutzt. Er wird alles tun, um sich seine Illusionen zu bewahren. Seine Identifizierung mit Gott verrät, daß er keinen Widerspruch verträgt. Wir müssen auf das Schlimmste gefaßt sein.«
Der unheimliche Briefschreiber meldete sich wieder. Diesmal faßte er sich kurz.

MEINE GEDULD WÄHRT NICHT EWIG.
G

Bill war einem Nervenzusammenbruch nahe. Er zuckte bei jedem Geräusch zusammen und schaute immer wieder auf die Uhr. Donald Duck, der die amerikanische Fahne schwenkte, vermochte ihn nicht zu trösten. Bill setzte sein ganzes Vertrauen in den Affen, der das Telefon auf dem Tablett trug. Der Plastikzoo verfehlte gerade jetzt seine Wirkung nicht. Er wurde zur Horrorkulisse.
Gott ließ auf sich warten. Die Polizei tat, was sie konnte. Bill steigerte sich in Hysterie und versetzte seine ganze Umgebung in Weltuntergangsstimmung. Er kam auf die absurdesten Ideen: So ließ er zum Beispiel die Puppen untersuchen, ob sie nicht mit einer Bombe schwanger gingen. Das Schlimmste war noch, daß er sich seine brillanten Einfälle nicht ausreden las-

sen wollte. Ich legte mein Ohr an Tausende von Puppenleibern und hörte ein Ticken. Ich lauschte meinem eigenen Puls. Gott schwieg. Wir machten uns allmählich alle völlig verrückt. Schließlich erwischte die Polizei einen jungen Mann, als er über den hohen Zaun von Children's Paradise klettern wollte. In einer Tasche, die er bei sich trug, fand man eine selbstgebastelte Bombe. Er erklärte, daß er unsterblich sei und flehte die Polizisten an, ihn nicht zu berühren. Als er zu flüchten versuchte, wurde er erschossen. Seine letzten Worte erstickten in blutigem Schaum.
Die Zeitungen schrieben das Übliche: Sie haben für den Wahnsinn immer dieselben Floskeln mitleidiger Entrüstung. Das Wenige, das sie über den Bombenleger hastig zusammenkratzen konnten, bauschten sie zu einer rührseligen Story auf. Das war man seinen Lesern schuldig. Der Täter sollte nach Aussagen derer, die ihn gut kannten, der liebenswürdigste Mensch der Welt gewesen sein. Mit Kindern hätte er besonders gut umgehen können. Was ihn zu seiner seltsamen Tat bewogen haben konnte, blieb nur zu vermuten. Vielleicht wollte er die Welt auf sich aufmerksam machen. Für ein paar Tage stand sein Name fett in allen Zeitungen.

TERROR IM PARADIES.

Der Absatz von Adam und Eva nahm nach dem Ereignis nie geahnte Ausmaße an. Im Paradies war alles wieder im Lot. Sogar Mrs. Ricone willigte in eine Scheidung ein, und Dick Tracy verschwand vor dem Liebesnest. Eigentlich schade: Ich hatte mich an sei-

nen finsteren Blick gewöhnt. Bill kam auf die glorreiche Idee, den Abschied von der Angst mit einer großen Party zu feiern. Sie fand in seinem Büro und den angrenzenden Räumen statt. Eingeladen waren die Presse, wichtige Männer aus der Stadtverwaltung Chicagos und die üblichen Gesellschaftsevergreens: solche, die die Kunst, unentbehrlich zu sein, beherrschten, strahlende Schmarotzer, die immer wiederholten, wie schön alles war, Werbeexperten, die sozusagen die Kunst vertraten, die engeren Mitarbeiter Bills und ein paar Chicks aus dem Paradies, die schon bei dem Wort einflußreich sich die Höschen naß machten.
Ich geriet an eine jugendliche Vierzigerin, die mir eine Coca-Cola-Flasche gegen die Brust stieß und ohne Umschweife erklärte: »Ich bin für die Todesstrafe.«
Blitzlichter zwangen die Gesichter zum Zähnchen-Zeigen. »Kann man denn sicher sein, daß einer schuldig ist?« Sie legte mir die Hand auf meinen Arm und äugte mütterlich. »Ich verstehe nicht viel von der Juristerei, weiß aber, daß man die Gesellschaft vor Verbrechern schützen muß. Wo kämen wir denn sonst hin?«
Ihre Jugendlichkeit endete am Halsansatz. Dort zitterten von Puder besänftigte Falten, während sie redete. Sie sagte nur Sätze, die man mit Ja beantworten konnte, wenn man sie nicht aus dem Konzept bringen wollte.
»Wir haben eine Kunststoffabrik.«
Ihr Mann tänzelte heran, auf Diät gesetzt und sonnengebräunt, schüttelte mir die Hand und verbreitete eitel Wohlgefallen und Freude. Er weihte mich sofort in seine Geschäfte ein.
»Wir stellen künstliche Bäume an den Straßen auf. Sie

würden glatt darauf hereinfallen. Im Herbst werden sie ausgewechselt.«
»Erzähl ihm doch die Geschichte von dem Vogel!«
»Ach ja! Sie werden es nicht glauben, aber da hat doch ein Vogel sein Nest in einen unserer Bäume gebaut.«
Ich lachte, seinen Erwartungen gemäß. Man fährt noch am besten, wenn man die Menschen nicht daran hindert, ihre Platte herunterzuleiern. Es genügt schon, ununterbrochen verblüfft zu sein. So schafft man sich Freunde.
Jack Grueneveldt riß mich weg, tätschelte meine Schulter und sagte, sich auf die Zehenspitzen stellend: »Es wird höchste Zeit, daß wir uns einmal näher beschnüffeln.«
Er roch nach süßem Mundwasser. Geheimnisvoll führte er mich in sein Büro, verschloß die Tür, brachte aus seinem Schreibtisch eine Flasche Whisky zum Vorschein und füllte zwei Gläser.
»Auf das Paradies!«
Der Whisky tat gut: Er spendete Wärme und Sicherheit. Jack Grueneveldt geriet sehr schnell ins Fliegen. Er schmeichelte mir, und ich konnte mir endlich Gewißheit verschaffen, daß er eine Perücke trug. Je mehr Whisky er intus hatte, um so normaler wurde er. Er war nicht wiederzuerkennen, und ich glaubte nicht recht zu hören, als er voller Verachtung von seinen Erfindungen sprach.
»Fauler Zauber!« japste er und schob voller Ekel seine Unterlippe vor.
»Wenn ich ein Kerl gewesen wäre, hätte ich die Bombe persönlich hochgehen lassen. Ich, Jack Grueneveldt, 48 Jahre alt, Nachtwächter im Paradies. Trinken Sie, lieber Freund, ich werde Ihnen Dinge erzählen, die

Sie nüchtern nicht verkraften könnten. Wissen Sie eigentlich, daß dieses Paradies hier« – er machte eine Handbewegung, die ihn fast das Gleichgewicht gekostet hätte – »eine ausgemachte Bruchbude ist, ein riesiges Lager für Ersatzteile, weil wir selbst nichts mehr mit uns anzufangen wissen? Fragen Sie Jack Grueneveldt! Was dem Bombenleger fehlte, was uns allen fehlt, ist, daß wir kein Außenleben haben, nur ein Innenleben, und zwar notgedrungenermaßen. Da kommt man auf die seltsamsten Einfälle. Sie können mir glauben, manchmal bin ich nicht Herr meiner selbst.«
Er betrachtete seine Handflächen, griff zu seinem Glas und schlürfte den Whisky in kleinen Schlückchen.
Das Neonlicht schmolz glänzende Flecken aus den Fotografien, die die Wände bedeckten: Puppen, Spielzeuge, Stofftiere, Kinder.
Jack kicherte.
»Mir ist gerade etwas eingefallen.«
»Was?«
»Das kann ich nicht sagen.«
»Ich gehe so lange raus.«
Er fuhr mit der Fingerspitze über den Glasrand.
»Sie machen sich lustig über mich.«
»Um Gottes Willen!«
»Sie lachen mich aus!«
»Wirklich nicht!«
»Ehrenwort!«
»Ich habe Sie einmal heimlich fotografiert.«
»Wozu?«
»Ich werde eine Puppe nach Ihrem Aussehen entwerfen.« Whisky schwappte auf meine Krawatte. Feuchte

Kühle auf meiner Brust. Ich sah mich schon als vielbeschäftigter Adam.
»Eine Puppe wollen Sie aus mir machen?«
»Sehen Sie, jetzt hassen Sie mich.« Er verfiel in einen weinerlichen Ton und wagte nicht, mich anzusehen.
»Sie werden verstehen, daß mich diese Mitteilung etwas überrascht.«
»Ich bin froh, daß ich es Ihnen gesagt habe.«
»Was versprechen Sie sich davon?«
»Meine Puppen haben stets Gesichter von Menschen, die ich schätze. Das macht den Umgang mit ihnen persönlicher.« Jack strahlte mich an, rappelte sich hoch und machte einen ungeschickten Versuch, mich zu umarmen. Ich hielt still wie eine Puppe.
Als ich ganz benommen in das Getümmel zurückkehrte, hörte ich, wie Dr. Meadows einem Mann in einem Beerdigungsunternehmer-Anzug lautstark erklärte, daß das Verbrechen durchaus etwas Normales, ja sogar ein integrierender Bestandteil jeder funktionierenden Gesellschaft sei. Jack Grueneveldt hing an meinem Arm.
»Ich bin Ihr Freund, vergessen Sie das nicht.«
Es fiel mir gar nicht leicht, die Gäste von den überlebensgroßen Disney-Figuren zu unterscheiden, die in Bills Büro herumstanden, das Maul zu großen Worten aufgerissen. Ich versuchte sogar mit Donald Duck ins Gespräch zu kommen und wunderte mich schließlich, daß es jemand gab, der so ausdauernd zuhören konnte, ohne mir ins Wort zu fallen.
Zu guter Letzt belustigte man sich über Adam und Eva. Die Frauen quietschten vor Vergnügen, als Jack, nicht mehr ganz Herr seiner selbst, das Puppen-Liebespaar in überhöhter Geschwindigkeit in Aktion treten ließ.

Rauf und runter. Rauf und runter.
Begierig verfolgte man die Turnerei, fast leistenbrüchig vor Mitmachsehnsucht. Die Hinterbacken Adams glänzten käsig.
»Oh, sieh nur, Darling!«
Die Lüsternheit kippte in ein wildes Gelächter über. Man stieß sich gegenseitig die Ellenbogen in die Rippen und preßte die Knie aneinander. Jack bekam vor Aufregung einen Schluckauf. Über eine Viertelstunde plagte sich das Puppenpaar ab. Die beharrliche Gleichmäßigkeit der Demonstration wirkte herausfordernd. Ich entdeckte Neid in den Blicken einiger Gäste, ja sogar Haß.
Dr. Meadows flüsterte mir zu:
»Ich fürchte, wir geben da der Jugend ein Vorbild, dem sie beim besten Willen nicht nachkommen kann.«
Um zu beweisen, daß er es nicht allzu ernst meinte, lachte er hinter vorgehaltener Hand. Bill forderte Jack mit einer ungeduldigen Handbewegung auf, die Puppen zum Stillstand zu bringen, aber Jack dachte nicht daran, den Liebessturm zu unterbrechen. Mit schweißgeröteten Augen betrachtete er sein Machwerk. Das Lachen wurde schriller, die Bewegungen unkontrollierter. Plötzlich erstarrte Adam auf Eva. Man klatschte, und Jack verstaute das Puppenpaar in dieser Happy-End-Stellung wieder in den Karton, auf dem in fetten Lettern zu lesen stand:

THE WONDERS OF LIFE

Daneben der Preis.
Nach dieser Vorführung schleppten sich die Gespräche nur mühsam dahin. Es kam keine richtige Stimmung mehr auf. Es war ganz einfach unmöglich, den Taten

von Adam und Eva noch etwas hinzuzufügen. Man hatte sich mit einem Mal furchtbar wenig zu sagen; so werden Tragödien hingenommen, deren Sinn man nicht zu begreifen wagt.

Ich nippte an den Unterhaltungen, heuchelte Interesse und lächelte affirmativ.
Eine mollige Blondine las mir die Zukunft aus der Hand. Aus meiner Lebens-, Schicksals-, Herz-, Kopf- und Intuitionslinie knüpfte sie einen prachtvollen Teppich von Aussichten. Ich ließ es ohne Widerstreben geschehen und schwitzte.
»Dagmar hat immer recht«, erklärte mir ihr Mann, der irgendein großes Tier in der Werbung war. Er lachte auf, und unter dem Lachen überfiel ihn ein bösartiges Husten, das tief in der Lunge begann und in den Hals hinaufstieg. Er wandte sich ab, um sich den Mund zu wischen. Er hatte nikotingelbe Finger. Seine Stimme war so tief, daß man unwillkürlich auf seinen Bauch schaute.
Die rosigen Eröffnungen schürten den Übermut an, den der Alkohol in mir geweckt hatte. Ich quatschte mich um den Verstand. Eine der Chicks hielt mich für eine einflußreiche Persönlichkeit. Ich verschwand mit ihr ausgerechnet in Mr. Laymans Büro. Und unter den hochschießenden Erfolgskurven, die in der milchigen Dunkelheit wie Fratzen wirkten, öffnete ich ihr Kleid, zerrte das Unterzeug weg und versuchte sie auf den Boden zu drücken. Sie stolperte und kippte über den Tisch. Papier raschelte. Ihr Kopf knipste im zurücksinken die Tischlampe an. Licht blendete mich, und dann sah ich nur noch die Kurven der Umsatzsteigerung.

Das Mädchen gab mir eine Telefonnummer. Als ich sie Tage später anrufen wollte, meldete sich eine sanfte Männerstimme und beschwor mich, mein Leben zu ändern.
»Noch ist es nicht zu spät. Christus sagt: ›Ich bin der Rebstock, ihr die Rebzweige.‹«
Eine falsche Nummer. Ich hing auf.

Doug erhielt den Einberufungsbefehl. Er hatte den großen Fehler, gesund und kräftig zu sein. Wir schlugen uns mit allerlei leidenschaftlichen und kühnen Hypothesen und Möglichkeiten herum. Doug dachte daran, nach Kanada zu türmen. Ich hatte nicht viel zu sagen. Mir fehlte jeder Sinn für militärisches Ameisentum und für brustspannende Gefühle, die einen doch nur zur Schlachtbank der Weltgeschichte führen. Doug nannte mich einen opportunistischen Bastard.
Im Grunde waren mir solche triefende Grundsatzgespräche zuwider. Erst in der Situation selbst können wir herausfinden, was tatsächlich in uns steckt – und dann haben wir meist gar nicht die Kraft, uns über uns zu schämen.

Die Erde liegt in einem rötlichen Schimmer. Meine Glieder sind steif. Während ich spreche, spüre ich meine Lippen. Sie blähen sich auf. Ich werde eine Kleinigkeit essen.

Ich sah Doug nur noch einmal. Er hatte mich zu einer mysteriösen Show eingeladen. Wir fuhren in seinem Wagen, einem wackligen Dodge, nach Süd-Chicago.

Vor einer halbzerfallenen Fabrikhalle hielten wir an. Doug tat sehr geheimnisvoll. In der Kälte war seine Haut fast violett. Ich hatte nicht die geringste Ahnung, was mich erwartete. Über den Dächern schimmerten eiskalte Stückchen Himmel im Ausschnitt der Regenrinnen. Aus einem Müllhaufen ragte der zerborstene Strunk eines Schornsteins. Der Wind rüttelte an Blech und ließ Bretter aufquietschen.

Wir traten durch eine eiserne Seitentür in das Innere der Halle. Auf dem Fußboden ölige Pfützen und schwarze Löcher. Offensichtlich waren dort einmal Maschinen verankert gewesen. Vom rostigen Gestänge eines Laufstegs hing ein Kranseil herunter, an dem eine ausgestopfte Puppe baumelte. An den Wänden Schimmelflecken. Im Hintergrund der Halle, von starken Lampen grell beleuchtet, ein Podium, um das sich die Zuschauer drängten, meist Schwarze mit riesigen Schlapphüten, langen, auf Taille gearbeiteten Ledermänteln und Stiefeln. Sie schrien und gestikulierten.

Auf dem Podium, mutterseelenallein, ein junger Bursche in einem roten Rollkragenpullover. Er ließ die zu Fäusten geballten Hände herunterhängen, stand breitbeinig da und zuckte unter dem Geschrei zusammen, das über ihn hereinbrach. Sie beschimpften und verfluchten ihn. Ihre heiseren Stimmen aus vor Haß weit aufgerissenen Mündern schmolzen ihn zu einem Häufchen Elend. In sich zusammengeduckt, den Oberkörper vorgeschoben, versuchte er, dem Geschrei standzuhalten, bäumte sich auf, taumelte und hob schließlich resignierend die Arme. Unter Pfiffen und hämischem Gejohle verließ er das Podium.

»Ist 'ne Probe, was ein Mensch so alles verkraften kann. Die Jungs legen ganz schön los, und du mußt die

Klappe halten, darfst dich nicht wehren, nicht zurückbrüllen. Mann, glaube mir, die können dich beleidigen, daß du dir vor Wut und Bammel in die Hosen scheißt. Du kannst darauf wetten, daß sie eine schwache Stelle bei dir finden. Da waren schon Typen oben, die 'ne Wucht vertragen konnten. Sie haben 'ne Weile den Kopf hingehalten, bis ihnen der Knoten platzte und sie mit Fäusten auf die Jungs losgegangen sind. Sie waren so fertig, daß sie ihre eigene Mutter nicht erkannt hätten, und ihre Schwänze waren butterweich. Wer das Ganze ungerührt übersteht, ist König und kriegt 'n Preis. Der letzte Sieger hat 'nen deutschen Schäferhund gewonnen. Die Jungs machen es dir nicht leicht. Glaube mir, du mußt schon 'n ganz schönen Stiefel vertragen können.«

Ein neuer Kandidat, ein dürres, schlaksiges Kerlchen mit zusammengekniffenen Mausaugen und abstehenden Ohren, wurde von dem Schiedsrichter auf das Podium geführt und vorgestellt. Noch lächelte er und drehte sein verschmitztes Köpfchen zur Seite, um die Gesichter seiner Peiniger nicht sehen zu müssen. Die Arme hielt er über der Brust verschränkt. Man schloß Wetten ab, hielt Dollarscheine hoch und notierte sich Zahlen. Der Gong ertönte, und während der Schiedsrichter vom Podium sprang, ging das Geschrei los. Geruch von süßem Schweiß und säuerlichem Urin stieg aus der Menge hoch. Das Opferlamm hatte seine Augen geschlossen und die Knie zusammengepreßt. Die ersten Rufe galten seinem Aussehen. Er erwiderte sie mit einem rhythmischen Kopfschütteln und schwang die Arme hin und her.

Sie nahmen ihn Stück für Stück auseinander: sein Gesicht, seine Gestalt, seinen Charakter. Am längsten verweilten sie bei seiner Männlichkeit. Er kam ins Schwitzen, ballte die Fäuste und bebte. Einen Kübel von Beleidigungen, Flüchen und bis ins letzte eklige Detail ausgemalten Scheußlichkeiten gossen sie über ihn aus. Sie entmannten ihn mit Worten und nahmen ihm das bißchen Sexualstolz, der selbst das ärmste Schwein noch zuweilen aufmöbeln kann.

Dann kam seine Familie an die Reihe: ein Panoptikum von Schlappschwänzen, Versagern, Nutten, Arschfickern, Idioten, Hosenscheißern und Lumpen. Die Mutter, eine geile Schlampe mit knotigen Brüsten, die Schenkel voller Schwären, von verfaulendem Samen aufgeschwemmt. Seine Augen quollen vor: er stampfte mit den Füßen auf und stieß einen schrillen Schrei aus. Er hatte verloren. Die Buhrufe trieben ihm Tränen in die Augen. Den Kopf auf die Schulter des Schiedsrichters gelehnt, watschelte er aus dem Ring. Die Knie drohten ihm einzuknicken.

Der nächste arme Teufel hüpfte wie ein Boxer auf dem Podium herum und schnellte die Fäuste nach vorn: rechts, links. Er rutschte aus und landete auf seinem Hintern. Man lachte ihn aus. Er hatte nicht die geringste Chance.

»Wie wär's mit dir?« Doug schob mich durch die Menge und rief auf mich deutend: »Ich wett 'n Fünfziger, daß dieser Mann es schafft.«

Ein Typ mit Sonnenbrille hob sein schwarzes Stöckchen. »Ich setz' dagegen. Ist 'n weißer Knilch, der sich vor Angst in die Hosen pißt. Guck ihn dir nur an. Kein Mumm.«

Jemand knetete meine Armmuskeln.

»75!«

»Halt' ich. Ist 'ne glatte Sache für mich.«

»100!«
»Ich laß mich nicht lumpen, Bruder, immer weiter! Das wird ja 'n richtiges Geschäft.«
Das Ganze war so absurd, daß mir gar nicht bewußt wurde, wie man mich taxierte.
»Jetzt beweise, daß du was vertragen kannst!« flüsterte mir Doug zu und lächelte vielsagend. Ich machte den schwachen Versuch, mich zu wehren, aber ich war so eingekeilt, daß mir gar nichts anderes übrigblieb, als hinter dem Schiedsrichter in den Ring zu steigen. Es war noch der einzige freie Platz.
Der Schiedsrichter steckte seinen Zeigefinger in meine Ohren, um sich zu überzeugen, daß ich sie mir nicht mit Watte verstopft hatte, und ließ sich meinen Namen sagen, den er bei der Vorstellung völlig verhunzte.
Und dann war ich allein. Man sagt, daß man im Boxring wohl ausweichen, sich jedoch nirgendwo verstekken könne. Ich stand auf dem Präsentierteller. Das grelle Licht der Lampen drückte meine Augenlider herunter. Hinter Rauchschwaden die Gesichter, hämisch lauernd, schadenfroh.
Ich versuchte zu grinsen, als sie über mich herfielen, stemmte die Arme in die Hüften und kratzte den Boden mit meinen Schuhen. Sie demontierten mich in kleine häßliche Teile, die sie bis zu monströsen Lächerlichkeiten ausmalten! Ich, ein Schandfleck der Menschheit. Ihre Münder schienen nach mir zu schnappen. Wogen von Haß schlugen über mir zusammen und nahmen mir die Luft aus den Lungen. Ich war in der Mangel, aber all die Ungeheuerlichkeiten, die mich durchwalkten, kitzelten nur Lust in mir wach. Mein Glied wuchs hoch, und mit verkrampftem Schließ-

muskel, den Unterleib vorschnellend, jubelte ich, vor Glück zitternd, einen in die Hose.

O Amerika!

Das Geschrei vertröpfelte allmählich. Heiserkeit raubte den Worten ihren Sinn. Ich nahm sie schon gar nicht mehr auf, spürte nur, wie mir der Samen die Schenkel hinunterfloß, wie ich mich in einem wohligen Brei auflöste. Der Schiedsrichter rannte auf mich zu und riß meine Arme hoch. Schweiß schmerzte in meinen Augen. Jemand hing einen Siegerkranz um meinen Hals.
Große, starke, sehnige Hände hoben mich hoch und wirbelten mich um meine Achse. Für einen Augenblick hing ich in der Luft. Als ich wieder auf meinen Füßen stand, taub vor Lärm und völlig abgeschlafft, machte ich ein paar lächerliche Versuche, etwas zu sagen. Ich brachte nichts als ein Krächzen über meine Lippen.
Doug schob sich durch die Menge und umarmte mich.
»Ich wußte ja, daß du so etwas schaffst!« Er sagte es nicht gerade bewundernd. Immerhin hatte er einen ganz schönen Batzen Geld durch mich gewonnen. Die Sonnenbrille blätterte ihm widerwillig einige Scheine hin: er war nicht der einzige, der zu berappen hatte.
Ich sehnte mich danach, in die Nacht zu verschwinden, aber noch mußte ich eine lautstarke Siegerehrung über mich ergehen lassen. Ich war schließlich der Champion.
Man drückte mir eine Statue, einen nackten Mann, der die Arme der Sonne entgegenstreckte, in die Hand,

und ich mußte Unbekümmertheit heucheln, um mir das Wohlwollen meiner neugewonnenen Freunde zu erhalten. Um ganz sicher zu gehen, wagte ich ein paar kümmerliche Witze, meine dicke Haut betreffend. Sie klatschten sich auf die Schenkel und zeigten beim Lachen das Weiß ihrer Zähne.

Ich war eine ganz große Nummer.

Aber mein Auftritt dauerte nicht lange. Jemand schrie, daß die Bullen kämen. Ich ließ meine Siegestrophäe fallen – und nichts wie weg. Es gelang mir, in dem Durcheinander neben Doug zu bleiben, der keuchend und vor sich hinfluchend zum Ausgang stürmte. Wir stampften durch Abfall, mit Mühe unser Gleichgewicht haltend. Büchsen klapperten. Eine halbhohe Mauer. Ich landete auf allen vieren, wischte die verschmierten Hände an meiner Hose ab und schaute mich um. Wir standen auf einer Straße, und Doug hatte nichts Eiligeres zu tun, als unter einer Bogenlampe seinen Gewinn zu zählen. Ich hörte das verführerische Knistern der Scheine.

»Warum sind wir nur getürmt?« fragte ich.

»Die Bullen haben ein Auge auf ein paar der Jungs geworfen, und da ist es immer besser, wenn man auch die Platte putzt. Bei solchen Gelegenheiten wird man nämlich leicht verwechselt. Ich kann dir ein Lied davon singen.«

Mit klebrigen Hoden stapfte ich neben Doug her, der so aufgekratzt war, daß er unentwegt Shakespeare zitierte. Seine gute Laune steckte mich an. Diese Kolik der Gefühle. Wir alberten herum, boxten uns in die Rippen und quiekten vor Vergnügen.

Die Leuchtreklame einer dance hall zeigte ein Girl in

rotem Trikot, das seine Beine in die Nacht schickte. Vom Wind zerquetschte Rockmusik wehte uns entgegen. Wir scheuchten eine dicke Mamsell von ihrem Comic-Heftchen auf und zahlten Eintritt. Sie drückte einen Stempel auf unsere rechte Hand und hauchte: »Have a good time!«

Wir drängten uns an verschwitzten Pärchen vorbei, die am Eingang nach Luft schnappten. Ein Mann in goldbetreßter Uniform forderte uns auf, die Hände unter eine Infrarotlampe zu halten, die in Bauchhöhe an der Wand angebracht war. Der Stempel schimmerte auf. Wir durften passieren.

Ein ohrenbetäubender Lärm stürzte über uns zusammen. An der Decke des Saals rotierte eine Kugel, sprühte blaues und rotes Licht über die Tanzenden und verwandelte sie zu fluoreszierenden Fackeln, die der heiße Atem der Musik durcheinanderwirbelte. Dikker Zigarettenrauch, in dem ein süßlicher Geruch nistete. An der Wand der Detonationspilz einer Atombombe. Die Band nannte sich ›THE BIG BANG‹ und machte ihrem Name alle Ehre. Sie zelebrierten Selbstmord.

Eine riesige Maschine aus Lärm stampfte durch den Saal, alles zitterte. Man selbst wurde von Kopf bis Fuß von dem Zittern ergriffen. Verstärker putschten Lautsprecher auf. Ich wurde mit meinem ganzen bebenden Fleisch selbst zur Maschine in dem Getöse dieses ungeheuren Lärms, der einem im Kopf dröhnte, in den Eingeweiden wühlte, an den Muskeln zerrte und mit hastigem, unermüdlichem, niemals endendem Klopfen in die Augen emporstieg.

Man konnte nicht miteinander sprechen. Ich ging auf eines der Mädchen zu, das an der grell bemalten Wand

lehnte, und zog es in das Getümmel. Wir verständigten uns in einer schnell improvisierten Zeichensprache.
Der Lärm jagte jeden Gedanken und jeden Wunsch aus meinem Hirn. Übrigblieb nur die Asche des Tages.
Als wir dann in einer schummrigen Nische ein ausgekühltes Coca-Cola tranken, tropfte ich nur so. Das Mädchen meinte es gut mit mir und strich mit seinen langen schwarzen Händen über meine Oberarmmuskel.
Nichts, rein gar nichts. Kein neuer Adam. Kein Kribbeln in der Bauchgegend. Fucked out.
Ich suchte Doug. Er knobelte mit ein paar Jungs und ließ sich nur sehr ungern von seiner Glückssträhne weglotsen. Nachher im Auto waren wir beide sehr kühl zueinander. Die Straßen, die wir durchfuhren, bedrohten uns mit ihrem steinernen Schweigen.
»Warum warst du so sicher, daß ich die Sache durchstehe?« fragte ich.
Doug trommelte mit den Fäusten auf das Lenkrad. Wir gerieten in Randsteinnähe.
»Du bist der Typ dazu. 'N Art Stehaufmännchen. Du hast 'n Schlüssel für jedes Schlüsselloch. Versteh' mich nicht falsch. Ich beneide dich.«
»Wie tröstlich, das zu wissen.«
Die Trottoirs waren leer bis auf die Hydranten und Abfallkästen. Die Waren in den Schaufenstern wirkten wie Gebisse in Wassergläsern. Auf einer Kinoreklame John Wayne überlebensgroß, breitbeinig und mit rauchendem Colt. Von seinem Gegner war nichts zu sehen. Man mußte sich die Leiche selbst dazu denken.

Doug warf mir einen abschätzenden Blick zu.
»Du bist doch nicht sauer, daß ich dir das gesagt habe?«
»Nicht die Bohne. Spiele nur weiter den Menschenkenner!«
Doug redete ununterbrochen. Es war sein Abschied – und er wollte mir etwas mit auf den Weg geben. Wir fuhren in Schlangenlinien. Ein Wunder, daß wir nicht in einer Schaufensterscheibe landeten.
Eine gute Woche darauf erhielt ich eine Postkarte von Doug, die die Niagarafälle, von der kanadischen Seite aus gesehen, zeigte. Er schrieb nur einen Satz.
»More Power for the Eskimos!«

In Chicago herrschte die niedrigste Temperatur seit Menschengedenken. Ich war gezwungen, mir einen dickgefütterten Mantel zu kaufen. Betty suchte ihn aus. Sie lebte von der Vorstellung, daß Kleider den Charakter bilden. Hätte sie recht gehabt, die Folgen wären verheerend gewesen.
Der eisige Wind, der vom Lake Michigan herwehte, drang durch alle Fugen und Ritzen. Er winselte vor meinem Fenster und zeichnete Rohrschachfiguren auf das Glas. Ich verdämmerte den größten Teil meiner Freizeit mit Zeitschriften, in denen ich mir besonders die Reklame anschaute. Man lernt ein Land am besten durch die Wünsche kennen, die es in einem weckt.
Ich verpulverte mein ganzes Geld und hatte sehr bald eine Garderobe, die mich auf die großen Ereignisse des amerikanischen Lebens vorbereitete, aufs Golfspiel, auf Steakdinners, auf Longdrinks, auf Kaminfeuer, auf Geschäftsreisen, auf langgliedrige Frauen.
Die Arbeit in Children's Paradise tat das ihre. Mein

Ich wurde spiegelblank poliert, geglättet, auf Maß gebracht und gleichsam unter verschiedenen Druckstärken und Hitzegraden ausprobiert wie ein Präservativ.

Nach Ostern rief mich Jack Grueneveldt in sein Büro. Er war ganz aufgeregt, knackte mit den Gelenken seiner Finger und lehnte sich weit in seinen Stuhl zurück, so daß ich nur sein Kinn sehen konnte. Auf dem Tisch vor ihm war ein Tuch ausgebreitet. Etwas zeichnete sich darunter ab. Ich konnte nicht erkennen was.
»Nehmen Sie es weg!« Jack setzte sich kerzengerade und deutete auf das Tuch. Sein Lächeln ging zu einem Lachen auf.
Ich zog das Tuch zur Seite, und eine Puppe im Turnertrikot kam zum Vorschein, mein Ebenbild: die gleiche Nase, die gleichen Augen, die gleiche Stirn. Ich wagte kaum zu atmen. Jack hatte mich ohne die geringste Verzerrung auf Kleinformat gebracht.
»Das ist Roberto!« sagte er, drückte einen Knopf, der im Rücken der Puppe angebracht war, und Roberto sprang auf seine Hände, baute eine Brücke, stellte sich wieder auf, ging in eine Standwaage über, schlug ein Rad, einen Salto. Roberto schaffte mühelos alle Bewegungen und Figuren, die Gravitation und Hebelgesetze seinem Körperchen erlaubten. »Ist er nicht ein Darling!« jauchzte Jack und schlug seine Hände zusammen.
»Ich bin Ihnen gut gelungen. Vielleicht ist das Kinn etwas trotzig geraten.«
Jack kniff die Augen zusammen und prüfte mein Gesicht. »Sie sollten sich jetzt im Spiegel sehen. Ganz Roberto! Ich bin so froh, daß ich Sie so hingekriegt

habe. Die Kinder werden Roberto lieben. Ich habe übrigens meiner Mutter von Ihnen erzählt. Sie möchte Sie gern kennenlernen.«

Ich konnte meinen Blick nicht von Roberto losreißen, der noch immer auf der Tischplatte herumhopste. Ein metallisches Zirpen war zu hören. Meine Muskeln kribbelten. Ich wußte beim besten Willen nicht, wie ich mich verhalten sollte. Ich tippte Roberto mit dem Zeigefinger an, aber er ließ sich nicht beirren.

»Das Programm läuft ungefähr eine Minute«, erklärte mir Jack. »Eine Batterie liefert die Energie. Selbstverständlich kann man sie auswechseln, wenn sie einmal verbraucht ist.«

Es knackste. Roberto zitterte ein wenig und blieb stehen, die Arme in die Hüften stoßend.

Jack hob ihn hoch und überreichte ihn mir. Roberto war von seinen Anstrengungen noch ganz warm. Er roch nach Lack.

Jack streckte den rechten Arm aus und rief begeistert: »Bleiben Sie so. Ich werde Sie fotografieren.«

Ich erstarrte.

Roberto schlug ungeheuer ein. Ich sah mich auf Plakaten, in Zeitungen und Zeitschriften. Selbst im Fernsehen hatte Roberto seinen Auftritt.

Ein riesiger Konzertsaal, ein Orchester einsatzbereit im Hintergrund, der Dirigent drahtig vor seinem Pult, nervöses Husten, der Taktstock zuckt, Beethovens Fünfte, und Roberto springt ins Bild, schlägt einen Purzelbaum und sagt: »ICH KANN NOCH VIEL MEHR.«

Bill ließ sich die Sache etwas kosten, und ich wurde durch meinen Doppelgänger eine Berühmtheit. Leute

sprachen mich auf der Straße an und baten um ein Autogramm.
Mein Leben geriet ganz in den Bann des Turnens. Ich lernte Golf spielen, besuchte Galerien und Happenings, machte den Führerschein, erstand einen alten Ford, richtete mir mit Hilfe von Betty im Norden Chicagos eine kleine Wohnung ein mit Blick auf den See, rückte in CHILDREN'S PARADISE eine Stufe weiter. Man mußte eben seinen Orgasmus haben: im Geschäft, in der Kunst, in der Liebe und zuweilen mit sich selbst.
Im Herbst erreichte Roberto die stolze Verkaufsziffer von fünf Millionen. Mir schwindelte.
Zunächst war es gar nicht mehr nötig, irgend etwas zu wünschen, es ging alles von allein und noch dazu ohne Komplikationen. Der Optimismus wurde mir zur Selbstverständlichkeit. Er nahm geradezu hysterische Formen an und blähte meinen Wortschatz auf. Ich redete nur noch in Schlagworten.
Man macht sich keinen Begriff davon, was es heißt, immer wieder vor Begeisterung zu trillern, wenn man nicht selbst einmal dieses Spiel, alles in Superlative zu pressen, mitgemacht hat. Die Welt verschwand hinter einem rosaroten Schimmer, der wichtiger wurde als das, was er verdeckte.

In der Einsamkeit meiner neuen Wohnung, die ich nur gelegentlich mit Frauen störte, begann ich wieder zu schreiben. Zuerst waren es lediglich Stilübungen, um mich flüssiger in der englischen Sprache ausdrücken zu können. Aber nach und nach ging ich dazu über, meine Erlebnisse und Beobachtungen festzuhalten.
Dr. Meadows, den ich in diesen Dingen zu meinem Vertrauten machte, geriet über meine schriftstelleri-

schen Versuche ganz aus dem Häuschen. Seine feisten Backen, die sich immer ein wenig selbständig zu machen schienen, glühten. »Ich muß Sie unbedingt mit Mrs. Perlman bekanntmachen. Peggy fördert Begabungen. Sie sollten Ihren Ehrgeiz nicht in CHILDREN'S PARADISE begraben. Es gibt, weiß Gott, weit bessere Spielzeuge als gerade Spielzeuge.«
Das Schreiben war für mich nichts anderes als die Tatsache bewußt machen, daß ich auf einem Pulverfaß lebte.
In diesem Sommer herrschte im Lake Michigan ein großes Fischsterben. Die einen erklärten es als Folge von giftigen Abwässern, die anderen machten einen heimtückischen Parasiten dafür verantwortlich. Von meinem Fenster aus sah ich den silbrigen Streifen von toten Fischen, der sich am Ufer entlangzog. Es stank abscheulich.

6. Runde

Ich kann einige Treffer landen, muß aber selbst einen Leberhaken einstecken. Komme wieder hoch und versuche, mich mit Klammern über die Runde zu bringen.

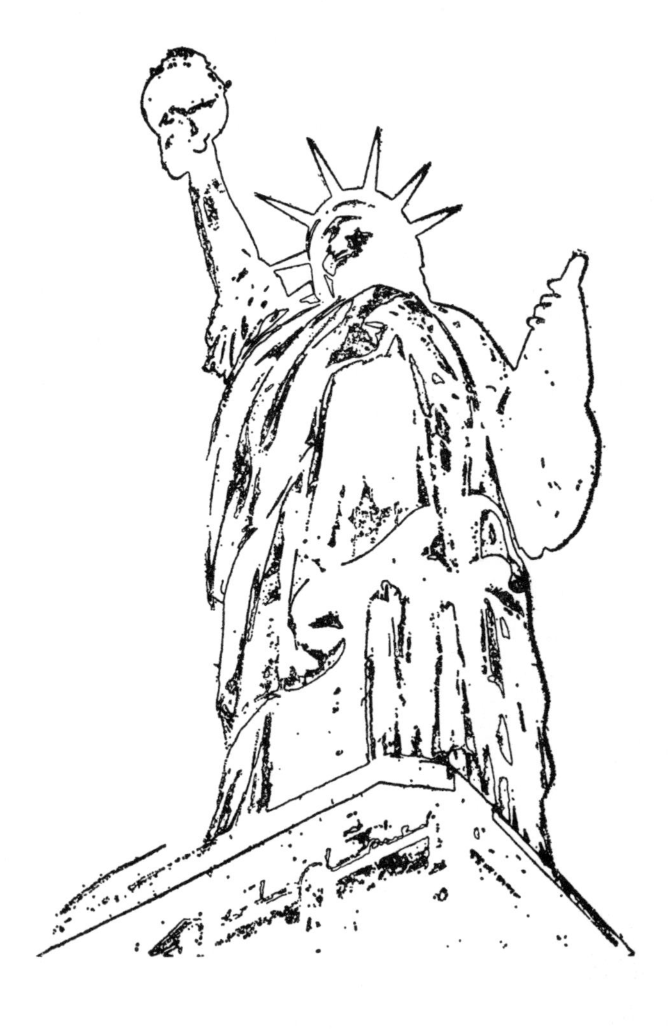

Ein Mann hatte große Lust auszuwandern. Er verkaufte alles, soweit die Wertlosigkeit der Gegenstände nicht seine Barmherzigkeit anstachelte, packte eine vollständige Robinsonausgabe in Ölpapier – wegen der Unbeständigkeit des Klimas. besorgte sich ein Schiff, das zum Untergang neigte, und fuhr nach Westen. Es traf alles ein. Ein Orkan erhob sich. Das Schiff scheiterte. Er klammerte sich an eine Planke, die gerade so groß war, daß er den Kopf nachdenklich über Wasser halten konnte. In der linken Hand führte er das in Ölpapier eingewickelte Buch wie eine Flosse.
Das Glück einer Insel blieb ihm jedoch versagt, so sehr er sich auch um eine vom Meer umfriedete Einsamkeit bemühte. Er trieb dahin, bis die Wellen ihn so abgespült hatten, daß er wie ein Kieselstein zugrunde schaukelte.

Ich habe jedes Zeitgefühl verloren. In New Orleans müßte jetzt die Sonne aufgehen, in Europa wird man zu Mittag essen. Wie entrückt das alles ist! Hört ihr mich? Verdammt noch mal! Hört ihr mich noch?
Die Werte sind katastrophal. Sauerstoff für noch vielleicht drei Stunden. Puls beschleunigt. Schmerzen in den Schläfen. Meine Gedanken kreisen innerhalb des Schmerzes wie ein Rad in einem anderen. Verlangen, alles zu beschleunigen. Wie ist das Wetter bei euch? Sag Penny, sie soll die Shellaktien sofort abstoßen: sonst ist es zu spät. Ford kommt sicher im nächsten Frühjahr mit seinem Elektromodell heraus. Ich mach' weiter, es bleibt mir nicht mehr viel Zeit.

Ich hatte die schlechte Gewohnheit, die Welt zu hassen, abgelegt. Ich verdiente so gut, daß ich mir den Luxus leisten konnte, der einem das Gefühl gibt, dabei zu sein, besaß die notwendigen credit-cards und ein geräumiges Bett, benutzte das richtige Gesichtswasser mit der männlich herben Note und konnte Erwartungen wecken, deren Verwirklichung ich mir freilich meist aufhob.
Bill machte mich zu seinem Assistenten und gab mir ein eigenes Büro und eine Sekretärin, die für mich log und Kaffee kochte. Matilda war geschieden und haßte Männer im allgemeinen, im besonderen fiel sie jedoch immer wieder auf sie herein. Sie lebte von einer seelischen Katastrophe zur anderen und ertränkte ihren Kummer in Arbeit. Matilda kämpfte mit allen Mitteln um ihre Jugendlichkeit, die sich rapide von ihr zu ver-

abschieden begann. Sie färbte sich die Haare leuchtend rot und trug nur grelle Farben.
Jack ging ihr aus dem Weg. Matilda hatte herausgefunden, daß er unverheiratet war und glaubte eine Mission erfüllen zu müssen. Sie flog nur so auf kleine schutzbedürftige Männer.
Ich war ihr einfach zu jung. Sie nannte mich Boß. Damit waren unsere Beziehungen geklärt, was sie jedoch nicht daran hinderte, mich verheiraten zu wollen.
Um ihr Schicksal besser meistern zu können, hörte sie sich Vorträge über die geistige Erweckung des Menschen an. Das hielt jedesmal ein paar Tage vor, dann erwachte sie wieder zu ihrem eigenen Leben. Ihre Stimme, die ein wenig heiser klang, vibrierte nur so vor Erfahrung. Matilda schleppte stets eine Sammlung von Zeitschriften mit sich herum: »True Confessions«, »My True Story« und »True Romance«.
Mich hätte sie gern in einer tragischen Verwicklung gesehen: impotent, zwischen zwei oder mehreren Frauen, krebskrank, als verkanntes Genie oder mit irgendeinem Dämon ringend. Das ganze Leid war für sie nichts als ein Weg zum Happy-End, das sie sich von der verstehenden Liebe einer Frau inszeniert vorstellte.

Das Liebesnest besuchte ich nur noch selten: meist um geschäftliche Dinge mit Bill zu besprechen. Betty entfaltete als Präsidentin eines Frauenvereins eine fieberhafte Tätigkeit, hielt Vorträge über die Aufgaben einer Frau an der Seite eines erfolgreichen Mannes, züchtete Rosen und brachte kleinen schwarzen Mädchen das Topflappenhäkeln bei. Sie zeigte sich gern mit einem breiten Blumenhut, der ihr Gesicht in den Schatten stellte, und verbarg ihre Hände in weißen Handschuhen. Sie setzte ein bißchen Fett in den Hüften an und war Bill endlich die Mutter, die er brauchte.

Den Schlüssel, den sie zu meiner Wohnung hatte, lieferte sie eines Abends bei mir ab. Sie weigerte sich, den Mantel abzulegen, setzte sich noch nicht einmal hin. Als ich sie küssen wollte, seufzte sie, sich aus meiner Umarmung windend: »Wir wollen erwachsen sein!«

Zur Feier der Entsagung hatte sie ein dunkles Kleid angezogen, das wie ein Trauerrand unter ihrem hellen Mantel hervorschaute. Sie strömte einen Körpergeruch aus, der das Parfum, das sie hinter den Ohren und im Halsgrübchen verwendete, noch verstärkte. Es reizte mich, sie aus der Fassung zu bringen, streichelte ihre Brüste und schob mein Knie zwischen ihre Beine. Sie verkrampfte sich. Der Faden war gerissen. Als sie die Treppe hinuntertrippelte, wandte sie sich noch einmal um und sagte:

»Bill denkt daran, dich zum Juniorchef zu machen. Er hat mit mir darüber gesprochen. Er hält dich für sehr fähig.«

Es klang vorwurfsvoll: so, als könnte sie es Bill noch ausreden. Mein Glück hing von ihrem Wohlwollen ab. Sie ging und ließ mich zappeln.

Ein paar Tage später rückte Bill in seinem Plastikzoo selbst damit heraus. Ich fiel Donald Duck um den Hals. Er stieß mir seinen Schnabel ins Auge.

Ich sagte, daß ich glücklich wäre.

Bill schüttelte mir die Hand und schaute mir nach

Staatsmannmanier lange in die Augen. Dann rief er Dr. Meadows und Jack Grueneveldt und verkündete das große Ereignis. Dr. Meadows verlor beinahe seine Zähne und Jack legte mir den Arm um die Schultern, wobei er sich, da er sehr viel kleiner war als ich, buchstäblich an mich hängte.
Vom Gang her – die Türen standen in Children's Paradise stets weit offen – lockte die Musik, mit der die Angestellten und Arbeiter zu großen Taten angefeuert wurden. Breite, nach oben strebende Akkorde. Ich glaubte in einem Film mitzuspielen.

America, here I am.

Lächeln, mein Gott, um jeden Preis lächeln. Das Lächeln mußte klappen. Die Lippen hochziehen, ein Gesicht machen wie bei einer Großaufnahme. Das Beste aus dem Gesicht machen.
»Meine Herren, ich weiß gar nicht, was ich sagen soll.«

Am Abend saßen wir im Stock-Yard-Inn und zersäbelten vier Zentimeter dicke, saftige Porterhousesteaks. Bill begnügte sich mit einem Salat und zog sich die Verachtung des Kellners zu.
Über mir die Fotografie eines stammbaumgewaltigen Zuchtbullen mit liebestraurigen Augen, den Bauch fest am Boden, das Gemächt halb heraushängend.
»Wie fühlen Sie sich jetzt?« wollte Jack wissen.
Ich konnte mir nicht verkneifen, mit der Gabel auf die Fotografie zu zeigen; Jack warf mit einem amüsierten Auflachen seinen Kopf zurück und stieß mir den Fuß gegen das Schienbein. Dr. Meadows, der sich

mit etwas Whisky angeheizt hatte, setzte zu einer kleinen Rede an. Aus dem Stegreif sagte er immer dasselbe.
»Es kommt letztlich nur auf die Kreativität an: Kreativität im Geschäft, im Persönlichen, in der Kunst, in der Politik und beim Essen.«
»Und was verstehen Sie, strenggenommen, unter Kreativität?« fragte ich.
Dr. Meadows nahm einen ausgiebigen Schluck und fuhr fort, noch kunstvoller als vorher.
»Die Kreativität ist der Mut zu Neuem. Nicht einen Blick hinter die Kulissen werfen, sondern neue Kulissen schaffen. Es gibt heute zu viel Kritik in der Welt, aber keine Kreativität.« Er begleitete seine Worte mit einem Nicken und Zuzwinkern, offenbar, um jeden Zweifel einzuschüchtern. Als er geendet hatte, bestellte er noch ein Steak.
»Innen muß es noch blutig sein!«
Bill, der nur eisgekühltes Wasser trank, machte den verzweifelten Versuch, einen neckischen Ton anzuschlagen. »Man muß jedoch als Geschäftsmann immer an die Vielzahl denken. Einzigartigkeiten haben einen schlechten Absatz.« Dr. Meadows' Gesicht wurde immer röter, und seine Augen verschwanden im Delirium seiner Einfälle.
»Man kann in allem Künstler sein!«

Nachher redeten wir über das Geschäft. Die Eiswürfel klirrten in den Gläsern.
Der Alkohol blähte die Worte zu großen Verheißungen auf. »Der steigende Bedarf an Spielzeug birgt den geheimen Wunsch nach einer besseren Welt«, resü-

mierte Dr. Meadows. Er veranschaulichte diesen Satz, indem er mit den Händen flatternde Bewegungen ausführte.
Als wir nachher in die Nacht hinaustraten, nahm er mich zur Seite und lehnte seine massige Brust, die sein schnaufender Atem zum Zittern brachte, gegen meine Schulter.
»Eigentlich schade, mein Junge. Sie sollten schreiben. Sie sind im Grunde Ihres Herzens ein Künstler, aber vielleicht ein Künstler ohne Thema.«
Er wartete. Als ich aber nichts sagte, wandte er sich ab und stapfte zu seinem Auto.
Es hatte keinen Sinn, Trübsal zu blasen. Ich kannte Dr. Meadows' Schwäche für das Künstlerische. Literatur war für ihn so etwas wie Südsee, in der ein Robinson sich auf einer Insel eine neue Welt schuf, eine Welt aus Papier, die, falls sie zusammenstürzte, einem noch nicht einmal den Schädel einschlagen konnte.
Von den Schlachthöfen wehte Verwesungsgeruch herüber. Mondlicht zeigte leere Pferche und Hürden. Das Stampfen von Tieren war zu hören. Ich dachte, daß ich nicht lange satt bleiben würde.

Matilda fand am nächsten Morgen, daß ich schlecht aussähe. Sie witterte Tragik.
Ich stürzte mich in die Arbeit, und Donald Duck quakte, Superman zog nachdenklich die Stirn in Falten, Adam und Eva zeigten, wie es wirklich geht, Judy piepste vornehm, die Guillotinen klapperten, und Roberto stellte sich auf den Kopf. Der Erfolg schmierte meine Gelenke. Das Telefon wuchs fast an meinem Ohr fest.

Man mußte eben auf allen großen Ereignissen in der Welt eine spielerische Antwort finden.

Der Krieg in Vietnam brachte Jack auf die Idee, einen Panzerwagen zu konstruieren, der vorwärts und rückwärts fahren konnte und unter Detonationen Gummikügelchen um sich schoß. Plastikvietkongs ersetzten die Indianer.
Um die Weltraumfahrt kümmerte sich ein zehnköpfiges Designerteam, das beinahe jede Woche mit einem Projekt niederkam.
Auf einer Friedenstaube mit roten Augen, in deren Innerem eine Spieluhr die amerikanische Nationalhymne zirpte, blieben wir sitzen. Ladenhüter, die sich bei der Hektik des Weltgeschehens sehr schnell einstellten, stifteten wir Hilfsorganisationen.
Aus Werbegründen nannte ich mich Uncle Dick, und mein Konterfei schmückte die Titelseite unserer Hauszeitschrift. Zu diesem Zweck hatte man mir Rouge auf die Wangen gelegt. Ich sah kindlicher aus, als ich je war.
Selbst Mr. Layman machte mir Komplimente und schickte mir zu allen Feiertagen aufwendige Kunstpostkarten mit Grüßen seiner ganzen Familie.
Meine Wohnung am Lake Michigan gab ich auf und bezog ein luxuriöses Appartment in einem der Marina-Towers. Chicago spielzeuggroß vor mir: Straßen, Schächte, Schienenstränge, Brücken, Fassaden, verbauter Horizont.
Ich zahlte hohe Steuern, und das Leben war nur noch ein Knopf, auf den man drücken mußte.
Die Fenster blieben geschlossen, so daß die Klimaan-

lage eine Temperatur halten konnte, in der man weder fror noch schwitzte.
Rundungen anstelle von Ecken und Kanten, eine Welt für Umarmungen, Brüste, Hüften, Schenkel, nirgends ein Widerstand, nur noch ein Gleiten.
Reize

WOW

die richtigen Leute die richtigen Namen die richtigen Wörter die richtigen Farben sicher worübermanspricht worübermanschweigt was man ißt was man trinkt wie man verdaut wie man liebt wie man riecht.

Ich habe Mühe mich zu erinnern die Bilder werden an den Rändern unscharf Orte Augenblicke Gesichter austauschbar

war es San Francisco wo ich Penny kennenlernte war es Penny die ich kennenlernte
Penny trug ein rotes Kleid
sie sagte daß sie Kopfschmerzen habe
sie wollte mit mir allein sein
wir gingen in eine Telefonzelle
ihre Arme wie Oberschenkel
ich weiß nicht mehr wie ihre Stimme klingt
Penny war immer gleich am Ziel
wenn es keine Leberflecke gäbe
da nicht allzuviel dagegen sprach heirateten wir
am nächsten Morgen landeten wir in Paris
Europa langweilte mich und Penny fotografierte den Eiffelturm den Papst Zigeunerkinder die Akropolis und Kühe

sie wollte wissen wo ich geboren wurde und ich zeigte ihr irgend ein Haus in irgendeiner Stadt
meine Eltern ließ ich früh gestorben sein
es kam Penny nicht auf die Wahrheit an sondern auf das Gefühl das sie bei einer Sache hatte
es fiel mir schwer CHILDREN'S PARADISE zu verlassen
mein Schwiegervater bestand darauf daß ich in eines seiner Unternehmen einstieg
er wollte schon immer einen Sohn haben und adoptierte mich
meine zweite Kindheit fiel mir leichter als die erste

Dad fand alles in Ordnung
er besaß mehrere Fabriken eine private Fluggesellschaft ein Maklerbüro das die letzten stillen Plätzchen auf dieser Welt aufkaufte und als Paradiese teuer anbot eine Universität
Dad hatte längst die Übersicht über seinen Besitz verloren
er sagte
»Mir kommt gar nicht der Gedanke, daß der ganze Kram mir gehört. Es ist Gottes Eigentum, mein Rolls Royce, der Swimmingpool, meine Sammlungen.«
Dad war sehr fromm er fragte mich gleich ob ich an Gott glaube
er las täglich die Bibel und trug Hosen die sich automatisch öffnen ließen
sein größtes Steckenpferd war die Weltraumfahrt
sein kleinstes Gebisse
Dad sammelte Gebisse
er hatte die größte auf der Welt bekannte Gebißsamm-

lung angefangen von holzgeschnitzten bis hin zu diamantenen Gebissen
mit seinen Raketen war Dad nicht weniger erfolgreich
er plante den Weltraum für den Tourismus zu erobern
aus Children's Paradise brachte ich die nötige Spielzeugbegeisterung mit nach drei Jahren waren wir soweit
die GANYMED I Rakete lauerte auf der Abschußrampe

Penny verging vor Sehnsucht nach einem Kind sie hatte alle Werke über Kindererziehung gelesen in denen die Mutterschaft bis zum Kotzen gepriesen wurde
gute Wetterbedingungen
ich machte mich zusammen mit Buddy Garret für den Flug fertig
meine Potenz wurde in einer Samenbank verwahrt
Dad hatte darauf bestanden
Meine Zukunft
ein blauer Himmel
Penny trug ein rotes Kleid
lange her
Wörter

Der Schiedsrichter macht lange Pausen
zwischen den Zahlen.

In dem Steiß befindet sich der kleine, unzerstörbare Knochen LUS, welcher den Keim enthält, aus dem Gott am Tage der Auferstehung den ganzen menschlichen Körper herstellen wird.

In einer Höhe von 2000 Kilometer ein Stoß
rote Lämpchen
Summtöne
Buddy Garret schreit ins Mikrophon
die Steuerung arbeitet nicht
wir schaffen es nicht mehr zurück
die Bodenstation leiert Notsysteme herunter
Zahlen
Buddy Garret arbeitet fieberhaft
schaut mich groß an
ich begreife nicht was er sagt
er schiebt eine Kapsel in den Mund
beißt zu
sinkt vornüber
ein Trudeln
das ist 12 Stunden her
die Erde schrumpft zu einem Spielball
Farben nur noch Farben
Donald Duck schafft es immer im letzten Augenblick
ich bin neugierig